文景之治

The Reign of Emperor Wen & Jing of the Western Han Dynasty

徐卫民 著

西安出版社

「古都西安」

图书在版编目（CIP）数据

文景之治/徐卫民编著．—西安：西安出版社，2007.6（2015.8 重印）
（古都西安丛书）
ISBN 978-7-80712-324-8

Ⅰ.文…　Ⅱ.徐…　Ⅲ.文景之治　Ⅳ.K234.1

中国版本图书馆 CIP 数据核字（2007）第 078075 号

古都西安·文景之治

著　　者：徐卫民
出版发行：西安出版社
社　　址：西安市长安北路 56 号
电　　话：（029）85253740　85234426
邮政编码：710061
印　　刷：西安建科印务有限责任公司
开　　本：850mm×1168mm　1/32
印　　张：9.625
字　　数：241 千
版　　次：2007 年 6 月第 1 版
2015 年 8 月第 2 次印刷
ISBN 978-7-80712-324-8/K·16
定　　价：20.00 元

△本书如有缺页、误装，请寄回另换。

《古都西安》丛书编纂委员会

序

崔林涛

西安是享誉国内外的历史文化名城，有着深厚的经济社会根基、丰富的文化底蕴和久远的文明传承。在中华民族发展的历史长河中，古都西安处于极为重要的地位，发挥了重大的历史作用，拓印下无比瑰丽的史诗和波澜壮阔的画卷。

“八川分流绕长安，秦中自古帝王州”。西安古称长安，是中华民族的重要发祥地和文化发源地之一。远古时代，“蓝田猿人”就在这里繁衍生息，六千多年前，半坡先民在这里种植狩猎，开掘出了别具特色的“半坡文化”。自公元前12世纪，周文王在此建立丰京，揭开了西安作为帝王京师历经千年，雄踞华夏，成为统一的多民族国家的政治、经济、文化中心的辉煌历史。西安成为与雅典、罗马、伊斯坦布尔等城市齐名的世界历史古都。直至今天，西安城中的塔与碑，城外的陵与墓，连绵的城垣与宫殿遗址，保存的大量珍贵文物以及周乐秦声、汉风唐韵等文化艺术，仍在昭示着这里曾经呈现过的尊贵和豪华、开放和风流。

“一座城市的历史就是一个民族的历史”。古都西安就像一部活的史书，一幕幕、一页页记录下中华民族的沧桑巨变，见证了“文景之治”“贞观之治”“开元盛世”的鼎盛辉煌，然而，往日这个帝王们希冀长治久安、长久平安的长安城随着朝代更迭，数遭兵燹，令人扼腕地一度衰落了。

衰落的根源值得研究汲取，怎样重新激起奋发向上的精神更应当总结和发扬。英国著名历史学家汤因比曾精辟地分析，任何文明都有其生长和衰亡的过程，而能否勇敢地接受各种挑战决定着这种文明的前途。

我们在研究文明生长的时候，发现它的过程是一连串的挑战和应战。应战不仅解决了挑战所提出来的问题，而且还在它每次胜利地解决了一个挑战问题以后，又提出了新的挑战。这样，文明生长的性质的最核心的成分便是一种新的活力、不断的创新。历史在前进，文明在曲折中发展。

西安，曾经创造过昔日的辉煌，西安也曾经历过衰落，西安又迈向创造新的文明的征途。江泽民同志在分析古希腊文明、拜占庭文明盛极而衰时说过，不能紧跟世界发展的潮流，就必将落后。他在西安论述中国实施西部大开发战略时还说过，中国曾有过盛唐时期的辉煌，但安史之乱后衰落了。现在我们的任务是要实现中华民族的伟大复兴。因此，他多次强调我们的各级领导干部和年轻一代要多学习和了解一点历史，从历史中汲取文化的养分。尤其是在改革开放和现代化建设取得巨大成就的今天，面对世界多极化、经济全球化和科学技术迅猛发展，要使中华民族在全球范围内的竞争中不断发展、走向繁荣，就要审视自己的历史和文化传统，继承和发扬民族优秀传统文化，增强民族凝聚力，学习借鉴世界文化优秀成果，始终代表先进文化的前进方向，才能与时俱进，战胜前进道路上的各种艰难险阻，立于不败之地。

先进文化是现代人集古今中外之大成、并且面向未来的创造，是传统与现代、继承与创新的产物。我们有责任大力弘扬先进文化，因为这是永葆历史文化名城活力的根本所在。研究历史，分析现状，面向未来，西安要走向世界，让世界更加了解西安，在社会主义的先进文化中保持优良的文化传统，增强民族的认同感，提高自信心，为经济发展和社会进步提供精神动力与智力支持，成功地应对前进中的每一次挑战。我想这是每一个西安人和关注西安发展的人们不断思索的命题。工作和生活在古都西安的人们要有一种气概，重开现代丝绸之路，重振汉唐雄风，把西安建设成既葆有古都风貌，又具现代文明和时代精神的大都市。

编著《古都西安》这套大型丛书，正是想让人们对西安有更深刻的了解，能够触摸到西安的历史脉络和文化特征，感受到它的灵魂，让西安走向世界，再架起一座中西文化交流的桥梁。丛书按照从古至今、全面系统的原则分篇编排。每篇或按时序，或分类论述，但总的体例大致划一，以求系统、准确、全面而又有重点地介绍西安。丛书在保证学术水准的前提下，尽可能为更广泛的读者所接受，使史学走向大众，更具有严谨的科学性、渊博的知识性和艺术感召力。

有关古都西安的著述很多，但系统地编著一部大型丛书，立体全景地展现西安历史，却是首次。我有幸在西安工作十多年，西安的文化积淀实在是丰厚，这座城市最大的魅力在于它的历史文化。在两个文明建设的实践中，我们深切地感受到，弘扬优秀传统文化，建设社会主义精神文明，有必要也有责任组织和推动一批专家、学者，编撰一部详尽介绍古都西安的大型丛书。为此，我曾多次与史念海先生等专家交流，共同策划。从制定规划、内容、体例讨论论证、专题编著分工、编审等，工作展开已近五年时间，现在要陆续出版了。本丛书的宗旨是崇尚征实，弃绝浮言，全面系统，提倡寓新颖观点于详密材料的治学风格。参与编著丛书的每位作者都在理论阐释和材料整理方面，做出了很大的努力，都有全新的开拓。这是全体作者的心血，更是史念海老先生留给世界、留给当代与后人的一份呕心沥血的遗嘱。这套由他主要审定的丛书陆续与读者见面了，而史先生却已无法全部看到。鲁迅先生曾说过，拿着故人的遗稿，就像手里攥着一把火。这套丛书的问世正是史先生传承给我们的希望之火，也是对他最好的纪念。

望着雄伟壮观的古城墙和高楼林立、华厦争辉、桥涵飞虹、通衢溢彩、万车竞速的西安，感受到汉唐雄风开阔的底蕴，体味着这方水土赋予西安人开拓创新的激情，我们有理由相信，有着强大自我更新能力、包容进取精神的西安人，在中国共产党的领导下，坚定地走有中国特色的社会主义道路，乘着西部大开发的东风，一定能够在这片土地上再创造出新的历史奇迹！

2007年5月4日于西安

目　录

第一章

绪论

汉唐盛世是人们对历史上的汉王朝和唐王朝的赞誉，也是人们在对中国封建社会的各个朝代对比以后得出的结论，因此可以想见，汉唐时期确实是中国古代社会的繁荣时期，当时的社会国泰民安，经济发展。“文景之治”和“贞观之治”正是当时社会的具体反映。

秦始皇是中国历史上不可一世的皇帝，号称千古一帝。他“奋六世之余烈，振长策而御宇内”，建立了中国历史上第一个真正统一的、多民族的、封建中央集权制的政府，自称始皇帝，然后要二世、三世以至万世继续统治下去。但令秦始皇万万没有想到的是，如此强大的秦王朝，仅仅存在了15年，便在农民战争和六国贵族的反抗下，结束了其统治。

继秦而建立西汉王朝的统治者，对于秦王朝15年而迅速灭亡的教训是记忆犹新的，也是非常恐惧的。于是汉前期的统治者不得不改弦易辙，常常以秦的灭亡为反面教材，不断地提醒自己，要实行不同于秦王朝的统治政策，与民休息，恢复经济，以赢得民心的支持，维护汉王朝的统治。

经过汉初高祖、惠帝及吕后的经营，基本上稳定了统治。但是要保证西汉王朝的统治能够长期存在下去，绝不是太容易的一件事。于是到汉文帝和汉景帝时，便通过实行无为而治、与民休息、减轻刑罚、勤俭节约等办法，不仅使当时的社会趋于稳定，也大大促进了当时社会经济的快速发展，从而出现了文景之治的大好局面。

秦汉时期是中国古代历史上的一个重要转折时期，也是我国封建社会的奠基时期，是中国历史进程中具有重要意义的时期。秦汉社会是中国两千年封建社会的诸制之源，是研究中国封建社会历史入门的钥匙。秦汉时期，封建社会处在初创期，制度还没有完善，因此出现许多变革人物和变革事件。西汉文、景两帝统治四十余年，政局稳定，经济得到显著的发展，历来被看做是安定繁荣盛世的典型，史称文景之治。从社会经济文化进步的总历程看，文景时代的成就，使秦以来的历史实现了一个大变化，由急剧转而宽和，由阴暗转而光明。马克思主义者认为历史是人民群众所创造的，但马克思主义者从来也不否认英雄个人在历史中的重要作用。因此对于开创“文景之治”的汉文帝、汉景帝两代君主的研究有着极其重要的作用。

对于文景之治的赞美，自汉代已经见诸史书。《汉书·食货志上》记载：“文帝即位，躬修俭节，以安百姓。”对当时经济的恢复和发展具有重要的意义。汉文帝在位时，贾谊曾经建言重视农耕。他指出：“今驱民而归之农，皆著于本，使天下各食其力，末技游食之民转而缘南亩，则畜积足而人乐其所矣，可以为富安天下。”① 所谓“为富安天下”，在实现文景之治的时代，已经成为汉王朝最基本的行政原则。农耕经济的空前发展，使得粮价普遍降低。楚汉战争时，有“米石万钱”“米斛万钱”的记载。而《史记·律书》中关于当时粮价甚至有曾经达到每石“粟至十余钱”的历史记录。司马迁在《史记·平准书》中充分肯定文景时代的社会经济成就，指出：“至今上即位数岁，汉兴七十余年之间，国家无事，非遇水旱之灾，民则

① 《汉书》卷九《元帝纪》。

人给家足，都鄙廪庾皆满，而府库余货财。京师之钱累巨万，贯朽而不可校。太仓之粟陈陈相因，充溢露积于外，至腐败不可食。众庶街巷有马，阡陌之间成群，而乘字牝者傧而不得聚会。守闾阎者食粱肉，为吏者长子孙，居官者以为姓号。故人人自爱而重犯法，先行义而后绌耻辱焉。”充分反映出当时社会的具体情况，今人也多引此语以证明汉初经济恢复的成功和社会生活的富足。

《汉书·景帝纪》：“赞曰：孔子称‘斯民，三代之所以直道而行也’，信哉！周秦之敝，罔密文峻，而奸轨不胜。汉兴，扫除烦苛，与民休息。至于孝文，加之以恭俭，孝景遵业，五六十载之间，至于移风易俗，黎民醇厚。周云‘成康’，汉言‘文景’，美矣！”在《汉书·武帝纪》赞中也指出：“汉承百王之弊，高祖拨乱反正，文景务在养民，至于稽古礼文之事，犹多阙焉。孝武初立，卓然罢黜百家，表章《六经》。遂畤咨海内，举其俊茂，与之立功。兴太学，修郊祀，改正朔，定历数，协音律，作诗乐，建封禅，礼百神，绍周后，号令文章，焕焉可述。后嗣得遵洪业，而有三代之风。如武帝之雄才大略，不改文景之恭俭以济斯民，虽《诗》《书》所称何有加焉！”

班固对文景“至于稽古礼文之事，犹多阙焉”的评价，其实西汉时已有先声。据《汉书·扬雄传下》记载，桓谭评论扬雄著作时说道：“昔老聃著虚无之言两篇，薄仁义，非礼学，然后世好之者尚以为过于《五经》，自汉文景之君及司马迁皆有是言。”对于文景时代黄老之学居于较高的地位，亦有微词。按照班固的说法，如果仅以经济标尺评断，则哀平时代的历史成就也多应肯定。《汉书·食货志上》：“宫室苑囿府库之臧已侈，百姓訾富虽不及文景，然天下户口最盛矣。”认为虽然当时民间拥有财富的情形不如文景时代，但是国家和社会经济的实际状况，已经达到相当富足的程度。汉代人对“文景之治”的评价还没有绝对化的赞美。通过“周秦之敝”“百王之弊”诸语，我们可以看到，人们只是根据历史比较来肯定文景时代政策的合理性。

唐代历史学者也有相近的认识。对于班固引《论语·卫灵公》孔子“斯民，三代之所以直道而行也”语以及“信哉”的感叹，颜师古注：“此《论语》载孔子之辞也。言此今时之人，亦夏、殷、周之所驭，以政化纯壹，故能直道而行。伤今不然。”《史记·孝文本纪》中以浓笔重墨大量描述汉文帝的节俭形象。班固所谓“至于孝文，加之以恭俭，孝景遵业，五六十载之间，至于移风易俗，黎民醇厚”，也突出褒扬汉文帝之“恭俭”，唐代学者颜师古解释“醇厚”，谓：“醇，不浇杂。”《旧唐书·宪宗纪上》云：“文景化，百王莫先。”“化”，可与“醇厚”对读，从而体现出共同的历史理解。对于班固“如武帝之雄才大略，不改文景之恭俭以济斯民，虽《诗》《书》所称何有加焉”语，颜师古也解释说：“美其雄才大略，而非其不恭俭也。”分析相关资料，进行历史比较，可知对文景时代成就的评价，唐代较汉代有显著的提升。

目前治秦汉史者，大都对文景之治给以较高评价。在本书中，笔者在前人研究成果的基础上，结合自己的研究心得，既对文景之治的积极作用给予较高的评价，也较为全面地指出其负面作用，从而使读者对文景之治有一个比较全面的了解。同时为了更进一步说明文景之治出现的原因和影响，书中对汉初的社会政治、经济、文化等方面也给予一定的篇幅，对汉武帝时期的国富民强也进行了简单介绍。这样就使该书在知识方面更全面一些。

第二章

秦王朝快速灭亡的原因和教训

第一节　秦快速灭亡的原因

秦始皇是中国历史上第一位皇帝，他第一次使中国实现了大范围的统一，结束了春秋战国时期的分裂割据局面，建立了中国历史上第一个多民族的、统一的、中央集权制的封建大帝国。统一后实行了一系列巩固封建大帝国的措施，有些措施影响了中国两千多年。但也由于秦始皇及其继承者实行一系列暴政，导致秦王朝仅仅存在了15年便迅速灭亡，成为中国历史上最短命的统一王朝，这个教训也是十分深刻的。继秦而起的西汉王朝，吸取了秦快速灭亡的教训，实行“无为而治”“与民休息”的政策，于是出现了西汉前期的盛世文景之治，从而巩固了汉王朝的统治。

公元前247年，13岁的嬴政做了秦国的国王。年轻的秦王称吕不韦为“仲父”，让他执掌国政。到公元前238年，秦王政已22岁，举行冠礼，同时平息了嫪毐的叛乱。通过这个历史事件，秦王政不但平定了嫪毐之乱，也削除了吕不韦等的势力，夺回了自己应得到的权力，牢牢地巩固了自己的地位。

秦王嬴政亲政以后，继承其先世的遗志，加速了统一全国的过程，广纳贤士，为己所用。在此期间，他任用了尉缭、姚贾、李斯、蒙恬、王翦等著名的政治家、军事家、外交家，这些人士，为秦王政出谋划策，能征善战，在国家统一过程中发挥了十分重要的作用。从公元前230年到公元前221年，前后用了十年时间，秦军南征北战，先后灭掉韩、魏、楚、燕、赵、齐六国，统一了中国，结束了春秋战国以来长期诸侯割据、战乱频仍的局面，建立了中国历史上第一个统一的、多民族的、封建中央集权制帝国，为生产和社会的发展创造了一个统一安定的局面。

正因为如此，秦始皇认为自己“德兼三皇，功过五帝”，自称为“皇帝”。与此同时，他实行中央集权统治，皇帝权力至高无上。在中央实行三公九卿制；在地方废除分封制，实行郡县制。三公九卿和郡守、县长都由皇帝亲自任命，直接向皇帝负责。这样使秦朝举国上下，车同轨，书同文，行同伦，从上而下建立了一套完整的、金字塔式的封建官僚体制。为了巩固统一的成果，秦始皇在全国实行了统一货币、统一度量衡、统一文字等改革措施，并进行了修驰道、直道等工程，推行“令黔首自实田”的封建土地所有制改革。实行的以上各种政策和措施，不仅影响了以后的两千年封建社会，即“百代皆行秦政事”，而且有的措施迄今仍在发挥作用，如统一文字、货币、度量衡等。这些统一的措施和制度，对当时社会的发展、历史的进步，无疑具有重大的意义，是对旧制度的变革，它不仅改变了割据状态下的政治和文化，而且促进了封建经济、文化的发展。

但是秦始皇的辉煌时期很快过去，秦王朝仅仅存在了15年便迅速灭亡了。开封建社会一代先河的秦王朝，为何享祚如此短暂、快速而亡呢？这个问题是自西汉开始直到现在人们热衷讨论的问题。两千多年来，仁者见仁，智者见智，莫衷一是。有人认为是由于秦的暴政造成的；有人认为是由于秦实行的法家思想造成的。笔者认为秦的灭亡并不是由于实行了法家思想导致的。把秦的速亡归结于法家的思想是汉代思想家的发明。直接建立在秦亡基础上的汉政权急于寻找秦速亡的原因，从而论证其代秦的必然性。陆贾在《新语》中指出：“事逾烦而天下逾乱，法逾滋而奸逾炽，兵马益设而敌人逾多，秦非不欲为治，然失之者乃举措暴众而用刑太亟故也。”司马谈在《论六家之要指》中也指出法家：“可以行一时之计，而不可长用也。”贾谊在《过秦论》中也指出：“仁义不施，攻守之势异也。”这些评论看似正确，实则是不全面、不客观、不公正的，这些人是为汉代统治者的利益说话的。他们只有将秦的统治说得一无是处，才能使后人相信汉代替秦的合法性。因此笔者认为，在研究秦的历史时，我们不能一味迎合汉人的观点，而必须进行公正的评价。我认为对秦的法家思想要有一个合理公正的评价，至少在秦速亡原因问题上不能归咎于法家。秦的速亡是一个复杂的问题，其灭亡的原因是多元的。

秦和隋王朝都是我国历史上的短命王朝，其速亡的原因也是非常相似的。两个王朝都是在经过长期的分裂割据之后统一天下的，而且都实行了一系列巩固统一的措施，但两个王朝并非都是实行法家思想。因此要说秦亡于用法家思想进行统治是不能成立的。退一步来讲，秦王朝是在通过对六国的军事征服之后建立起来的大一统国家，在此以前，还没有一个国家有如此大的领土，因此如何对这样一个国家进行治理，在秦王朝统治者面前应该说是一个比较难的问题，况且又没有可以借鉴的治国经验。

更何况法家思想不像儒家思想有一个长期的实践过程，在长期的实践过程中儒家思想不停地在汲取法家、道家等思想家的思想，从而使儒家思想得到不停地充实、发展，使其更适应于统治阶级的要求，才能长久不衰。但法家思想则缺乏这个机会，存在时间短，因而失去了充实发展的过程。虽然法家思想使秦国很快富强，但由于其他方面的原因导致秦国的速亡，也使法家思想失去了再实践的过程。如果法家思想后来能像儒家思想那样继续作为统治思想，并吸收其他诸子思想，我认为对中国社会的发展肯定会大有好处，我国将会更早一点进入法制化社会。继秦而起的西汉王朝，在统治方法上也是实行外儒内法。正如汉宣帝所云："汉家自有制度，本以霸王道杂之。"[①]特别是汉武帝晚年由于阶级斗争的激烈，法家思想对维护其统治起了很重要的作用。

我们也并不否认秦王朝的用法苛酷，但是历史上很多王朝为了维持其统治也都采取过类似的办法，却并没有导致迅速灭亡，正因为如此，我们也不能认为秦法家思想导致了秦王朝的速亡。过去人们一提到秦法家，就常常会想起它的残酷性，而往往忽视其公正性，这是不对的。笔者认为，在中国古代社会，有法家思想比没有法家思想要好，特别是在封建专制主义集权社会，法治总比人治好，法治是对古代人治社会的挑战。特别是法家提出的"刑无等级"观念，企图改变历史上"刑不上大夫"的传统习惯，在当时确实是难能可贵的。先秦法家绝不主张滥用刑罚、行督责术。栗劲先生对此评价指出："法家刑无等级的原则，主张取消贵族特权，显然是对传统的刑不上大夫的原则予以坚决的否定。它一方面有利于打击旧贵族的特权；另一方面也有利于统治阶级内部建立新的法制秩序。这是极其鲜明的法治主义思想，是法律思想上的一大进步。"[②]

而且秦国在商鞅执政时确实是这样做的，对于太子驷的老

① 《汉书》卷九《元帝纪》。

② 栗劲、孔庆明：《秦汉法律思想史》，黑龙江人民出版社，1998 年版。

师也“刑之以傅”，这样做对于扭转当时的不正之风、维护变法的正常进行起到了很好的作用。我国古代后来之所以没有走上以法治国之路，与历史上对法家的偏见有关系。特别是汉武帝时期推行的“罢黜百家，独尊儒术”以后，历代封建统治者走上了以儒家思想统治为主的道路，法家思想虽然也被应用，但被摆到了不适当的地位。

既然笔者不认为是由于秦实行法家思想导致了秦的灭亡，那么，秦快速灭亡的原因又是什么呢？笔者认为秦的速亡是秦始皇过度的赋税徭役和用人不当造成的。汉武帝和秦始皇的执政政策及人物性格可以说基本是相同的，但汉武帝并没有使汉王朝迅速灭亡，而且仍然维持了一段时间，这与汉武帝晚年的改弦更张和他的继承人调整政策有很大的关系。

秦的灭亡，应该从秦大兴土木、举措暴众等方面来思考，秦统一全国后，当时全国财政拮据，国库空虚，百废待举。当时解决这个问题的办法有积极和消极两种，积极的办法是实行无为而治的政策，与民休息，轻徭薄赋，调动农民的生产积极性，发展生产，以保证社会的稳定，使刚刚取得的政权得到巩固。而消极的办法则是把危机转嫁给老百姓，增加对老百姓的摊派，名目繁多的苛捐杂税和无休止的徭役压得老百姓喘不过气来，挣扎在死亡线上的老百姓忍无可忍，便揭竿而起推翻其统治者。令人遗憾的是，秦王朝的统治者恰恰采用了消极的办法，忘记了创业时的艰辛，大兴土木，不断增加老百姓的赋税和徭役负担。秦统治者自以为能马上得天下就能马上治天下，南征北战，大兴土木，在很短的时间内，修长城，建宫殿，筑驰道、直道，等等，使大量的劳动力用在了非生产性劳动上。其中筑长城用劳役 40 万人，南戍五岭用劳役 50 万人，修建秦始皇陵和阿房宫达 70 余万人，加上其他徭役，役使人数超过 200 万人。范文澜先生指出：“秦时全国人口约两千万左右，被征发造宫室坟墓共一百五十万人，守五岭五十万人，筑长城假定五十万人，再加其他杂役，总数不下三百万人，占总人口的百分之十五。使用民力如此巨大急促，实非民力所能胜任。”①

秦始皇不但为他自己生前建造了豪华的离宫别馆，而且还为其死后建造了豪华的地下宫殿——秦始皇陵。据记载，当时秦始皇在全国修建了700多座离宫别馆，其中关中300，关外400余。而且把都城咸阳附近的270座离宫别馆之间用复道、阁道、甬道等建筑连接起来，特别是秦在渭水以南修建的阿房宫规模空前，其东西长三百丈，南北宽五十丈。迄今仍留下一规模庞大的夯土台基，东西长1300米，南北宽500米，高约7米，规模十分惊人。唐代杜牧的《阿房宫赋》虽不免有所夸张，但也可从一个侧面看出当时的阿房宫的确是非常的豪华壮观。为了修建这么一个能够代替咸阳宫的大型宫殿群，秦始皇动用了全国的人力、物力、财力，给人民造成了莫大的灾难，因此当时曾流传着“阿房阿房亡始皇”的民谚。

规模宏伟的上林苑中离宫别馆栉比鳞次，占用了大量的民田，各种珍禽异兽应有尽有。在北方为抵御匈奴的南侵，把原来秦、赵、燕三国北方的长城加以修葺，连接起来，形成了举世闻名的万里长城。秦始皇不但为生前修建了众多的宫殿，而且为他修建的死后归宿——秦始皇陵园更是有过之而无不及。秦王政13岁刚一即位，便开始了为自己修陵墓的工程，直到50岁死的时候，陵墓还未修完，只因为他的仓促而死，陵墓才草草收工。陵园规模庞大，占地面积达56.25平方公里，目前在秦始皇陵园内已发现各种各样的陪葬坑和陪葬墓600余处，完全是按照“事死如事生”的古代礼制修建的。据司马迁

① 范文澜：《中国通史简编》（第二编），人民出版社，1958年版。

记载:“始皇初即位，穿治骊山。及并天下，天下徒送诣七十余万人，穿三泉，下铜而治椁，宫观百官、奇器珍怪徙臧满之。令匠做机弩矢，有所穿近者辄射之。以水银为百川江河大海，机相灌输，上具天文，下具地理。以人鱼膏为烛，度不灭者久之。”① 从以上很简单的文字记载来看，秦始皇陵确实是一个浩大工程，共修建了38年。可想而知，修建如此大的工程要动用多少劳动力，浪费国家多少钱财，严重影响了社会生产力的发展。据袁仲一先生估计，要完成修建秦始皇陵的工程，需要全国当时的劳动力每人服役120多天。②

关于秦王朝的徭役情况，汉代人有淋漓尽致的描述。《汉书·贾山传》云:“秦王贪狠暴虐，残贼天下，穷困万民，以适其欲也……力罢不能胜其役，才尽不能胜其求。”《汉书·食货志》也云:“至于始皇……收泰半之赋，发闾左之戍。男子力耕不足粮饷，女子纺绩不足衣服，竭天下资财以奉其政，犹未足以澹其欲也。”“至秦……又加月为更卒，已复为正一岁，屯戍一岁，力役三十倍于古。”由于无休止的徭役，繁重的赋敛，造成“海内愁怨，遂而溃畔”。③“劳罢者不得休息，饥寒者不得衣食，亡罪而死刑者无所告诉。人与之为怨，家与之为仇，故天下坏也。”④“百姓靡弊，孤寡老弱不能相养，道路死者相望。”⑤ 忍无可忍的劳动人民只有揭竿而起以推翻秦王朝的统治。

---

① 《史记》卷六《秦始皇本纪》。

② 袁仲一:《从秦始皇陵的考古发现看秦王朝的徭役》,《秦始皇兵马俑博物馆论文选》，西北大学出版社，1989年版。

③ 《汉书》卷二十四《食货志》。

④ 《汉书》卷五十一《贾邹枚路传》。

⑤ 《史记》卷一百一十二《平津侯主父列传》。

在大兴土木工程、劳民伤财之时，为了加强思想和文化上的统治，秦始皇还实行了“焚书坑儒”的愚蠢政策，造成了一次对文化的严重摧残。更为可悲的是，秦始皇非常迷信，受阴阳五行学说的影响很大，不相信科学和自然规律。他知道得来的江山不容易，希望二代、三代乃至万代传下去，因此非常害怕死，而相信方士们提出的“长生不老”邪说。因此他一直在寻求长生不老药，甚至到了疯狂的地步，他多次派方士去求仙药，耗费了大量的人力、物力、财力。他后来率领百官群臣到泰山封禅，五次大规模的出巡，前呼后拥，浩浩荡荡，劳民伤财，虽有巡幸全国以达威慑之目的，但到东海寻求长生不死药则是不争的事实。为了求得长生不老之药，他多次上当受骗。焚书坑儒这一文化史上的悲剧正是其寻求仙药酿成的恶性悲剧。徐福带领五千童男童女到东海求药不还，去了日本。秦始皇自己还亲自出马，到东海中射鲛鱼，充分体现出他求长生不老的急切心情。为了求得长生药，他在东海边一住就是数月，但这些都是徒劳的。长生药未曾得到，反而因多次出巡，长途颠簸，劳累过度，而加速了秦始皇死亡的过程。在第五次出巡的路上就离开了不愿离开的人世，结束了他只有 50 年的生命。

由于秦始皇一生最害怕死，所以当第五次出巡的车队行至平原津时，秦始皇虽然已重病缠身，但群臣也没有一个敢对秦始皇说“死”字。然而事实无情，秦始皇的病情有增无减，开始恶化，秦始皇自己也知道日薄西山，活不了多久。这时才想到了死后皇位继承问题，想起了老成持重、富有政治头脑的长子扶苏（因提出反对秦始皇的焚书坑儒政策，而被贬往北方长城监军），想让扶苏继位，于是让随侍的中车府令赵高赐公子扶苏书信，叫他速回咸阳，守候丧葬。书信封好后，赵高却迟迟不发出，藏在手中，当出行的车队到沙丘（今河北巨鹿县东南）时，秦始皇就断了最后一口气。

秦始皇死后，丞相李斯害怕国无君主，若贸然宣布死讯肯定会引起大乱，因此决定秘而不宣。当时知道秦始皇已死的人只有当时的丞相李斯、秦始皇的小儿子胡亥及宦官赵高，他们把秦始皇的遗体载于可调节温度的辒辌中，每日照常送饭食，而百官奏事及决断都由公子胡亥、中车府令赵高及丞相李斯传诏。与此同时，一个篡权阴谋由赵高、胡亥、李斯共同进行。由赵高、胡亥商议，密谋立胡亥为皇帝。李斯在赵高的诱惑下，利欲熏心，狼狈为奸。他们将秦始皇原来的诏书篡改，派使者赐剑给屯守北边的公子扶苏和大将蒙恬，命他们自杀。因为当时的扶苏为人正直，又有才能，受老百姓的拥戴，是他们篡权的最大障碍，而蒙恬当时带领数十万大军在北方防御匈奴。因此，胡亥要夺得继承权，必先除掉这两个核心人物。传送被篡改的诏书需要时间，因此为了等扶苏、蒙恬的死讯，拉秦始皇尸体的车队故意从北边绕一大圈，从井陉绕道九原再向咸阳折回。当时正值七月，天气炎热，秦始皇的尸体虽置放于辒辌车中，仍开始腐烂发臭，赵高等人为掩人耳目，让车载一石鲍鱼紧随辒辌车后，以假臭掩真臭。当车队行至咸阳时，扶苏、蒙恬已自杀的消息传来，李斯、赵高、胡亥等才公开发丧，九月将秦始皇的尸体埋葬于始皇陵中，即现西安以东 35 公里处的秦始皇陵大封土之下。

秦始皇万万没有想到他这么快就离开人间，也万万没想到他死后，赵高、李斯等发动政变，篡改诏书，使他想立为皇帝的扶苏被赐死，而胡亥当上了皇帝，成为秦二世。胡亥从小娇生惯养，无政治头脑，根本没有治理国家的才能，因而大权被赵高独揽，遂演出了历史上有名的指鹿为马的闹剧。赵高为了进一步取代秦二世，便欲试探文武大臣的心态，一天在朝廷上赵高将一头鹿献给二世，竟说成是一头马。二世笑说，丞相错了，是鹿何谓是马？于是便问大臣，大臣惧怕赵高的淫威，有的说是鹿，有的说是马。事后赵高便将说是鹿的人全部杀害，群臣皆畏赵高。赵高为人阴险毒辣，为了达到自己的目的，无所不用其极，他玩弄权术，使胡亥不理朝政，而自己指鹿为马，为所欲为，使用阴险手段害死了李斯，残害忠良，使秦的大批忠臣良将死于非命，引起了统治集团内部的混乱和诛杀，严重动摇了其统治基础。

二世胡亥虽不理政事，但骄奢淫逸比其父亲秦始皇却有过之而无不及，使阶级矛盾更加激化。公元前 209 年，中国历史上第一次大规模的农民战争爆发了，很快席卷全国，并迅速摧毁了秦王朝的统治。

应该说，在推动秦灭亡的过程中，六国贵族起了极大的作用。秦统一天下后，对六国旧贵族和政治上的反对派实行严酷的镇压。在地方实行郡县制，但只分派原秦国的官吏到各郡县任职，原关东贵族官僚则一律不用。与此同时，还迁徙关东豪富 12 万户于咸阳，引起了关东贵族官僚及其后裔的强烈反抗，有的甚至提出了“复仇复国”的口号。如原韩国贵族张良，在韩国灭亡后沦落为“黔首”，因而对秦朝怀有刻骨仇恨。在其弟死后宁可不举行葬礼，也要以全部家财寻访刺客，所以才有秦始皇东巡路过博浪沙，被刺客用大铁椎猛击乘车的事件发生。国破家亡的楚人更以“楚虽三户，亡秦必楚”相号召。秦始皇不分青红皂白地焚书坑儒，也激起了不同政见的士人的强烈愤慨。到陈胜吴广起义时，全国对秦暴政的各种积怨与愤怒火山般地爆发出来。浩大的战事和工程，耗费了不少国力。秦灭六国的最后阶段，北方匈奴趁机占领了河套地区。当时秦始皇忙于统一战争，无暇顾及，只采取厚币重贿的消极办法抑制匈奴进一步侵略的欲望，没有从根本上消除匈奴的威胁，社会上甚至流传“亡秦者胡也”的说法。秦始皇要去掉这个心腹之患，派蒙恬两次率 30 万大军北击匈奴，收复了河套南北广大地区。为防御匈奴再度南犯，还下令修建了万里长城。这些举措都花费了巨大的人力、财力、物力，使原本脆弱的经济雪上加霜。秦王朝的奢靡残暴给人民带来苛重的徭役赋税。

假如秦始皇能用扶苏执政，秦的统治或许不至于二世而亡。因为扶苏与秦始皇的治国方法明显不同，他亲眼看到秦始皇的治国方法造成徭役繁重、过度赋敛，激化了社会矛盾。因此当秦始皇提出“焚书坑儒”时，扶苏力谏，他指出：“天下初定，远方黔首未集，诸生皆诵法孔子，今上皆重法绳之，臣恐天下不安，唯上察之。”① 史书记载他多次劝谏其父，反映出他与其父治国理念的不同。关于这一点，明清思想家已有高论：“使扶苏嗣位，即二世、三世传之无穷，何所不可。自贼臣赵高杀太子，立胡亥，秦此时已无生气矣。”② 清代的章太炎也有类似言论。

“沙丘之变”使秦始皇一生最后一个不失为明智的考虑化作泡影。扶苏被假诏书“赐死”，胡亥在赵高等人的阴谋策划下登上了皇位，从此加速了秦的灭亡。胡亥名义上执政，大权实则被赵高独掌。赵高玩弄权术，使胡亥不理朝政，而自己则恣意指鹿为马，造成统治集团内部的混乱与诛杀，使大批忠臣良将死于非命，严重削弱了统治的中坚力量。后人因此评论说：“秦使赵高执辔而覆其车。”③

第二节　汉初对秦灭亡教训的总结

秦的快速灭亡，使汉初的统治者记忆犹新。汉朝初年的统

---

① 《史记》卷六《秦始皇本纪》。

② 李贽：《史纲评要》（上册），中华书局，1974 年版。

③ 《盐铁论·刑德篇》。

治者，亲眼看到强大的秦王朝，不费吹灰之力就轻而易举地灭亡了。因此，汉朝的统治者在立国之初就开始反思这一重大问题。从高祖、吕后到文帝、景帝几朝君臣都十分重视这个问题。围绕这个问题的讨论，前后持续了几十年，进而得出了许多有价值的见解，其中的佼佼者就是贾谊的《过秦论》。正是在总结秦亡教训的基础上，西汉政权采取了诸多改进措施。

得民心者得天下。追随刘邦定天下的政治智囊陆贾，在西汉政权立足未稳时便已开始思考秦亡的教训。他在《新语》一书中指出："事逾烦天下逾乱，法逾滋而奸逾炽，兵马益设而敌人逾多。秦非不欲为治，然失之者乃举措暴众，而用刑太极故也。"又指出：古今帝王成败之道，最根本的一条是能否"得民"。陆贾的主张，反映了汉初社会与民休息、恢复和发展生产的客观要求，又是新政权施政的当务之急，所以被高祖和群臣所欣赏，并成为此后几十年里"无为而治"的指导思想。

文帝时，贾谊以"过秦"为题对秦亡教训进行了系统的总结，进一步丰富了陆贾的认识。他指出："夫民者至贱而不可简也，至愚而不可欺也。与民为仇者，有迟有速而民必胜之。"贾谊还进一步指出了"民本思想"，"夫战之胜也，民欲胜也；攻之得也，民欲得也；守之存也，民欲存也。"[①] 这些见解，对于君临天下的帝王来说，无疑具有极大的鉴戒作用。汉初诸帝王以秦亡为教训，推行一系列利民政策。

首先，抑制商贾。刘邦即位之初，社会经过长期战乱，城市人口散亡，经济凋敝。富商大贾乘机囤积居奇，牟取暴利。有的还用钱购买土地，同新兴地主争夺土地与劳动力；有的则凭借巨额财富，操纵物价，并有意给官府制造困难。当时农民之所以贫困，重要原因是商人的盘剥。刘邦看到这种情况对于

① 《史记》卷六《秦始皇本纪》。

恢复人民生计、稳定社会秩序是不利的，因此决定采取抑制商贾的政策。规定商贾及其子孙不得为官吏，商贾不得拥有私有土地，加倍征收商贾的算赋等等。

其次，“扫除繁苛，与民休息。”有鉴于秦王朝“赋敛无度”“戍徭无已”的教训，汉初施行了与民休息、“无为而治”的政策。“休息”，指的是政府征调赋税徭役以不影响农业生产为度；“无为”，则是要求政府不要在赋税徭役制度之外额外征调，少干甚至不干无端扰民的事，以免影响农民生产。

于是政府采取减轻农民的徭役负担的办法，保证从事农耕的时间。如惠帝修筑长安城时，使用奴隶与刑徒代替农民；吕后改戍卒的终身服役制为一岁而更之制；文景时期，很少征发农民筑城、建宫殿、修坟墓及其他劳役的事情发生。这一切表明，西汉前期确实在尽一切可能减轻农民的徭役负担。

同时减轻农民的赋税负担。西汉之初，刘邦就已减田租率为“什五税一”。惠帝、吕后时期也没有改变。文帝前元二年和十二年，曾两次宣布减当年田租率为三十税一，前元十三年，又免除全部田租。景帝以后，基本确立了三十税一的田租率。这些措施，使秦末以来受到巨大破坏的农业经济，很快获得恢复与发展。到汉武帝即位时，国库盈溢，社会财富已是相当充裕了。

其三，“蠲除苛繁”，慎用刑罚。秦王朝采用法家思想治国使秦国迅速强大起来，这一点对秦的发展起了极为重要的作用，但是在执行法律时过于残酷，导致民怨沸腾。对汉初统治者来说，这个教训特别深刻。刘邦入关之初，就谴责秦“诽谤者族、耦语者弃市”的苛法。汉初在法制上的改革表现在两个方面：一是注意依法办事，吏治较为清明；二是在法制内容上有不少更新，刑法较前有所宽松。

其四，与匈奴和亲。亲善邻邦，稳定边防，与周边民族和睦相处是汉王朝初期的基本政策。秦朝初年周边民族不断内犯，秦王朝不得不多次对周边少数民族用兵，导致国力衰弱。这对于西汉政权也是十分深刻的教训。刘邦曾采取主动出击匈奴的战略，却导致“白登之围”，刘邦几乎丧命，汉王朝几乎丧国。但事后冷静分析了敌我双方的形势，改用“和亲”代替战争。吕后时，尽管匈奴冒顿单于傲慢无礼，但是吕后仍然从国家大局出发，还是以友好和善的方式对待之，并许以“和亲”。文、景两帝，也继续实行与匈奴和亲的友好政策。这在一定程度上减轻了匈奴对北部边境地区的袭扰，为内地社会生产创造了一个较好的和平环境，也为休养生息政策的实施创造了一个良好的外部环境。

其五，倡俭抑奢。秦王朝统治者“大兴土木”，追求奢侈腐化的生活，为此而征用的徭役压得老百姓喘不过气来，导致天下反抗。汉初统治者吸取了这一教训，诸事尽量从简，节省财政开支。“文景之治”更是开创了接连两代清明的俭朴之风。而倡俭抑奢之风的形成，首先与统治集团对奢靡的重大危害的清醒认识有关系。文帝之前的社会状况，一方面是经过若干年的休养生息，经济由凋敝走向复苏；另一方面是复苏的经济面对日益见长的奢靡之风，呈现出不堪其负的态势。对此，贾谊在《治安策》里，有非常形象的描绘。大致可以概括为：衣饰务求华丽，饮食务求铺张，居陈务求虚荣，视听务求声色。富人家三日一小宴，五日一大宴，几乎吃尽了五方美味。至于歌舞翩跹、灯红酒绿的淫荡生活，商贾富户竞相攀比，花样翻新。这样一来，生产与消费出现了失衡的状况。“夫百人作之不能衣一人，欲天下亡寒，胡可得也？一人耕之，十人聚而食之，欲天下亡饥，不可得也。”[①] 于是，刚刚稳定下来的社会

① 《汉书》卷四十八《贾谊传》。

局势又显得动荡不安了：杀父害兄、谋夺家产者有之，偷盗宗庙门帘祭器者有之，白昼抢劫肆意行暴者有之，诈骗粮食赋税者有之，伪造凭证巧取豪夺者有之，乘坐公车、挥霍国家资财者有之。总之，为奢靡而追求财利，什么道德良心、社会规则，都难以阻止人们去铤而走险。在痛陈了奢靡之风的危害之后，贾谊指出：当前为政的关键之一，就是要抵制奢靡，倡导俭朴之风；穷家底只有过紧日子，社会才不会由于经济失衡而陷入危机。而要做到这一点，就必须“移风易俗”，从而“使天下回心”。贾谊的主张深为新即位的汉文帝赏识，并决定把倡俭抑奢作为一项保证长治久安的根本政策加以推行，为了教育全国老百姓，他自己首先以身作则，从自己做起，勤俭节约。

与此同时，贾谊还指出倡俭抑奢必须有制度保证。贾谊的这个主张也得到了文帝的采纳。当时，奢侈现象在官宦显贵中尤其严重。比如，淮南王刘长，自恃为皇亲，根本不把朝廷倡俭的指令放在眼里。汉文帝见他留在京城里影响不好，便遣归封邑。但刘长却恶性不改，依然大肆挥霍国家资财，其他的一些官僚也纷纷效仿。仅因每年乘公车游山玩水的费用，就给国家财政和地方财政造成了沉重的负担。于是，文帝以整肃吏治为重点，制定了一系列的制度和措施。比如，郡县罢献、侯国罢贡制度的确立，堵死了王公显宦获取奢侈品的重要渠道；列侯一律回封地就食制度的确立，使得吏卒运输开销越来越大的状况顷刻改善；裁减宫廷郎员、官府吏员的数额和解散中枢警卫部队，从而大大减缩了国家军政开支；于是皇家苑囿一个个变为农田，御用的马匹转给驿站，为落实取消宴游和射猎活动的命令提供了保证。还有官员俸禄的调整，廉吏要求的规定，公车制度的整顿，以及倡俭抑奢法令定期向民众宣讲的举措等等，无不体现了对制度保证作用的重视和依靠。

一般而言，有制度总比没制度好，但事实上，有了制度如不能实行，其坏作用反而更大。汉文帝为了避免那种耽于空言、不见落实的状况出现，首先对高官显贵采取了有法必依、违法必究的态度。文帝前元二年冬十月，朝廷颁布了诸侯一律回到封邑去的诏令，但时隔一年，仍有许多人有令不行，继续滞留长安。于是，文帝颁诏重申，并对曾在挫败吕氏阴谋、保住汉室江山的斗争中立下大功的重臣周勃，给予免去相位、发遣归邑的严厉处分，结果列侯纷纷打点行装，返回封邑。汉文帝之所以能言必信、行必果，与他本人以身作则有极大关系。他在位 23 年，力行俭朴节约有口皆碑。平常穿的是黑色颜料染成的粗布袍，脚下套着木头皮革制成的复底鞋，睡的是莞草蒲叶编成的席子，居室里挂的帘帷全是用大臣上书用的布袋剪裁拼接而成，处处“以示敦朴，为天下先”。向来为封建统治者看重的宗庙和陵寝，其简陋的程度，也为古今罕见。有一次，他想造个露台，召来工匠估算，需要价值百金，其数量相当于十户中等人家的产业，于是马上打消了营建的念头。又有一次，地方上献来千里马一匹，时值罢贡罢献诏令颁布不久，他不仅马上予以回绝，并且察觉到积习日久、改辙不易，于是再下通告，拒绝贡献。此外，汉文帝还注意管好家属。慎夫人是他的爱妾，却“衣不曳地，帷帐无文绣”；[①] 太子（即汉景帝）在他的教育和要求下，自小养成了俭朴的品性，使得文帝开创的俭朴之风，在景帝时期得以继续。

总之，由于汉初统治者能够以史为鉴，汲取秦亡的历史教训，改革秦王朝的弊政，实行了一系列有利于人民休养生息、发展经济、稳定社会、防止统治集团腐败的政策，因而出现了被历代称颂的文景之治。但也应该看到，汉初的改革是有其历

① 《汉书》卷四《文帝纪》。

史局限性的。入粟拜爵，有助于商人政治地位的提高。另外，文帝为求得政治上的安定，对同姓诸侯王的权势虽曾有所限制，但未能采取果断措施消除其动乱隐患，终于在景帝三年爆发了吴楚七国之乱，给国家和社会带来新的灾难。

第三章

西汉初年的社会状况

第一节　西汉初年的政治形势

一、西汉王朝的建立和发展

秦王朝灭亡后，刘邦与项羽之间又进行了长达六年的楚汉战争。汉五年（公元前202年）的垓下之战，导致项羽败亡，刘邦取得胜利。当时刘邦称帝于汜水之阳（今山东菏泽定陶县官固堆），五月移都洛阳。不过在是否定都洛阳问题上是存在激烈争论的。娄敬（即刘敬）面见刘邦，指出：关中乃形胜之地，人口众多，物产丰富，秦曾据之统一六国，应都关中。而当时的朝中大臣，多为关东人，不愿远离故土，认为洛阳有大河、伊、洛之固，不同意迁都。留侯张良则支持娄敬主张，指出洛阳虽然有险可守，但附近土地瘠薄，四面受敌，非用武之地。于是刘邦立即决定移都长安，拜娄敬为奉春君，赐姓刘。至此，经过秦末以来六年的战争，天下又重新归于一统。

汉王朝是在秦王朝灭亡后的废墟上建立起来的，政局不稳，经济不振，社会混乱。立国伊始，百废待兴，当务之急是恢复生产，安定民生，稳固统治。由于战乱，百姓转徙流亡，户口所存仅十之二三。比如，刘邦在路过曲逆县（今河北完县）时，当地的户口仅为秦时的六分之一。尚有许多逃匿山林者。于是刘邦在称帝之后，采取了一系列措施，以巩固新政权，稳定民心，这从高帝五年诏书中就可以看得出来：

1. 复员军队，“兵皆罢归家。”[①] 战争结束后，已没有必要继续保留一支庞大的军队。因为一则国家要为军队支出大量的军费，同时军队若被不轨之徒所操纵，更有害于新政权；二则农业生产当时正需要劳动力。“兵皆罢归家”可谓一举两得，既减少了国家财政支出，又提供了充足的劳动力，同时也满足了士兵希望回家安居乐业的愿望。

2. 恢复秦朝百姓的故爵田宅。“民前或相聚保山泽，不书名数，今天下已定，各归其县，复故爵田宅。”[②] 这是对关中秦民而言的，故爵田宅即秦朝授予的军功爵和土地住宅。秦时关东百姓服役关中，多受秦朝吏卒欺凌，及至秦亡，东方士卒往往乘胜报复，故秦民多逃亡山泽，聚众自保，这不仅使大片土地荒芜，而且是致乱之源，不利于社会安定和巩固新政权。此令对稳定当时民心、发展生产都是有好处的。

3. 免奴为民。“民以饥饿自卖为人奴婢者，皆免为庶人。”[③] 其目的是增加农业劳动力，把这些原来的奴隶列为编户，以扩大国家的赋役来源。

4. 鼓励关东士兵定居关中，规定“诸侯子在关中者，复之十二岁，其归者半之”。诸侯子即东方诸侯之子，“复”即免除徭役。当时关中由于长期战乱，导致人口严重不足，土地荒芜，京城也缺乏拱卫，因此鼓励人们定居关中，以利于发展生产。

---

① 《汉书》卷一《高帝纪》。

② 《汉书》卷一《高帝纪》。

③ 《汉书》卷一《高帝纪》。

5. 赐爵及“以有功劳行田宅”。军吏卒会赦，其无罪无爵及不满大夫者，皆赐爵为大夫。故大夫以上赐爵各一级，其七大夫以上皆令食邑，非七大夫以下皆复其身及户勿事。从军吏卒不但得到爵位，而且“甚多高爵”，并按功劳分配田宅，免其徭役，以示优惠。这些人自然就成了新政权的拥护者和社会基础。

与此同时，刘邦还实行了迁徙豪富以实关中的政策。据《汉书·高帝纪》记载：他接受娄敬（刘敬）建议，于公元前198年，“徙齐楚大族昭氏、屈氏、景氏、怀氏、田氏五姓关中，与利田宅。”共约10余万口。刘邦这次迁徙豪族与秦始皇时期的迁徙有所不同。秦始皇统一全国后，曾“徙天下豪富于咸阳十二万户”。其目的有两个，其一，当时关中地区由于长期战乱，人口大量减少，不利于经济发展，通过迁徙人口，来充实关中的劳动力；其二，是加强对他们的统治，剥夺其财产，使他们远离故土，减少其政治影响，以绝其复国之根基。尽管如此，当秦末农民战争爆发时，山东六国贵族仍然乘机而起。而刘邦迁徙豪富于关中的目的与秦始皇是不同的，是为了依靠他们巩固统治，视之为统治基础，故利其田宅。二者态度不同，效果也完全不同。秦始皇的政策激化了秦政权和东方六国贵族的矛盾；刘邦则赢得了他们的拥护，成为他们的代理人。

由于采取了以上措施，西汉的社会秩序基本稳定了，百姓安居乐业，只要假以时日，经济即可恢复发展。

经济稳定只是巩固政权的一个方面，政治稳定也是非常重要的。西汉刚建国，由于种种原因，皇帝的威严没有表现出来。公元前202年，刘邦破灭项羽，西汉王朝成立，又经过六年的东征西讨，他除掉了异姓诸侯王，巩固了西汉皇权。在这个过程中，刘邦的主要依靠力量是功臣集团。

功臣集团是指创建西汉王朝的政治军事集团，其主要的成员，是原刘邦集团的功臣将吏及其家属，他们凭借军功得到了爵位、田宅、财产、特权，拥有强大的政治、经济势力，构成了汉朝廷最初的统治基础，并主宰了汉初的朝政。这一集团的主要人物如萧何、樊哙、灌婴等，大多是刘邦微贱时的朋友，长年的征战，使刘邦与他们之间，一直类似介于"主仆"关系和朋友关系之间的民间"主客"关系。刘邦的即位，并非依靠贵族血统而世袭，完全依靠战功和长期积累的威望，这些都使汉初的皇权不具有专制皇权的第一个要素，即神秘性，因而便缺乏权威性。同时还有韩信、彭越、英布等七个相对独立的诸侯王国并存，刘邦的皇权还不是权力无限的，即尚不具排他性，只是有限皇权，他和他的继承人还不具备秦始皇那样绝对的君主专制皇帝。"汉五年，已并天下，诸侯共尊汉王为皇帝于陶，叔孙通就其仪号。高帝悉去秦苛仪法，为简易。群臣饮酒争功，醉或妄呼，拔剑击柱，高帝患之"，[1] 就是这一形势的直观表现。因此，剪除异姓诸侯王后，刘邦在分封刘氏诸侯王的基础上与功臣们订立了"白马之盟"，誓词曰"非刘氏不王，若有亡功非上所置而侯者，天下共诛之"。[2] "白马之盟"在实质上确认了功臣集团的政治权力和政治地位，保护了功臣们政治利益，同时还有一个隐含的条件，即非功臣不得为丞相，正式确立了汉初的有限皇权和相对独立的相权。史称"自汉兴至孝文二十余年，会天下初定，将相公卿皆军吏"。[3] 形成了汉初的"布衣将相"之局。

正因为如此，汉高祖时朝廷上的秩序杂乱无章，君不君、

① 《史记》卷九十九《刘敬叔孙通列传》。

② 《汉书》卷十八《外戚恩泽侯表》。

③ 《史记》卷九十六《张丞相列传》。

臣不臣的现象相当严重。之所以造成这种情况，是由于刘邦出身于一个基层管理小亭长，由一介平民而成为皇帝，其手下的大臣大多也是当年跟随他的一些狐朋狗友，因此根本就没有把刘邦当回事。萧何、曹参出身胥吏，韩信家贫无行，常从人寄食，周勃是吹鼓手，樊哙以屠狗为业，彭越以强盗起家，黥布是囚徒，陈平是游士，只有张良是破落贵族出身。这些人都是编户齐民，彼此之间本无尊卑之分，至刘邦称帝，仍一如既往，因而在朝会之时，经常出现“群臣饮酒争功，醉或妄呼，拔剑击柱”的混乱现象，根本不把刘邦这个皇帝的威严放在眼里。对此，“高祖患之”而又无可奈何。这时曾屡受刘邦侮辱的一群儒生把他从窘境中解脱了出来，其代表人物就是叔孙通。

叔孙通曾做过秦王朝的博士，对儒家礼仪颇有研究。秦末农民起义之后，先投奔项梁军，后跟随义帝。刘邦东进入彭城，又加入刘邦麾下。其时戎马倥偬，无所作为。及至刘邦称帝，深感群臣无礼时，叔孙通的才能得以显示，遂上言：“儒者难与进取，可与守成。臣愿征鲁诸生，与臣弟子共起朝仪。”[①] 得到刘邦允许之后，他便带领儒生，参照前朝礼仪，根据刘邦君臣的文化特点，制定了一套简便易行的朝仪形式。汉七年，在新落成的未央宫中，举行了群臣朝见皇帝的大典。黎明前，朝中车骑列阵，卫卒各执兵刃，旌旗排列，环匝四周，殿下郎中数百人挟台阶而立，然后由谒者引导群臣上殿，以秩位高低为序，各立两旁。然后刘邦乘辇上殿，百官欢呼，依次上前祝贺，刘邦赐酒，各有定数仪式，数尽而罢。有不如仪者即逐出殿外。于是文武肃穆，君臣分明，没有一个敢欢哗失礼者。

① 《汉书》卷四十一《樊郦滕灌传靳周传》。

这次朝会之后，刘邦衷心地发出了“吾乃今日知为皇帝之贵也”的感叹。叔孙通因此而受到高祖的重用，执掌奉常，专司礼仪法式，后来的汉代诸朝仪形式皆出自其手。

二、铲除异姓诸侯王

自西汉政权诞生后，直到高祖病死，在六七年的时间里，西汉中央政府同异姓诸侯王的斗争，成为当时历史的主要内容。

刘邦做皇帝以后，就打算建立一个新的大一统的刘家天下，他本身就是一个有野心的人，当他还是一个小亭长时，看到秦始皇出巡的壮观场面就发出了“大丈夫当如此也”的赞叹，已初步表露了他的心迹。其文臣武将为之出生入死，也是为了封王封侯，而刘邦文不如张良、萧何，武不如韩信、曹参，他的成功实赖于文臣武将，因此其胜利果实，必须论功行赏。所以在汉初继续实行秦王朝郡县制的同时，不得已实行了封国制度，这就是西汉历史上的“郡国并行制”。笔者认为这是汉高祖刘邦不得已之做法，并非是他自愿的。因为他知道这样做是有风险的，但又不得不做。

汉制，爵分二等，大者王，小者侯。汉朝初年，共封了八个异姓王，分别为：

一为赵王张耳。张耳，大梁（今河南开封）人，和刘邦曾是故交，先为陈胜校尉，攻下赵地30余城，佐武臣为赵王，秦亡之后，受项羽封为常山王，治襄国（今河北邢台），被陈余击败，投刘邦。汉四年，立为赵王，五年死，子敖嗣。

二为韩王信。韩王信，韩国宗室之后，随刘邦入汉中，还定三秦，略定韩地，汉二年封为韩王，后降楚，旋归汉。五年（公元前202年）王颍川，刘邦与之剖符为信；六年徙王太原，治马邑（今山西马邑）。

三为楚王韩信。韩信，淮阴人（今江苏淮阴），出身贫贱，先从项梁、项羽叔侄，不得重用，转投刘邦，因萧何推荐而为大将，为刘邦论楚汉短长，制定夺取天下的方略，还定三秦，北取赵燕，东伐三齐，屡建奇功。汉四年二月，刘邦立韩信为齐王，治临淄（今山东淄博市），五年正月夺韩信军，六月改封于楚，王淮北，治下邳（今江苏邳县内）。

四为淮南王英布。英布，六（今安徽六安）人，因坐法受黥刑，故又称黥布，曾率骊山徒逃亡为盗，陈胜起义以后，英布率众反秦，后投项氏叔侄，被项羽封为九江王，治六。楚汉成皋对峙，因随萧何游说而归汉，汉四年七月立为淮南王。

五为梁王彭越。彭越，昌邑（今山东金乡西）人，常在巨野泽中打鱼为生，兼为盗。秦末聚众起兵，后归附刘邦，略有魏地。楚汉战争中，彭越常阻断项羽粮道，汉四年七月，立为梁王。

六为燕王臧荼。臧荼本为楚故将，被楚封为王，后降汉，受汉封为燕王，治蓟（今北京）。

七为燕王卢绾。卢绾，丰人，与刘邦同里，二人同日生，长大后为刎颈之交，乡人多以此为贺。刘邦起兵，绾以宾客的身份跟随左右，备受亲幸。汉五年九月，臧荼以谋反罪被俘，绾继立为燕王。

八为长沙王吴芮，吴芮秦时为番阳令，颇得民心，号称番君，秦末率越人反秦，受项羽封为衡山王，治邾（今湖北黄冈）。后佐汉有功，改封长沙王，治临湘（今湖南长沙）。

这些诸侯王，占据着大片土地，俨然独立王国。在封王的同时，又封一百余人为列侯。始封之日，群臣争功，各不相让。在封王的过程中，汉高祖以萧何功最高，封为酂（今河南永城西北）侯，食邑八千户。萧何是一个文人和儒士，没有军功，因而引起众多武臣的不服，他们认为“臣等身被坚执锐，攻城略地，大小各有差。今何未有汗马之劳，徒持文墨议论，不战，顾反居臣等上，何也?”刘邦回答说：“夫猎，追杀兽兔者狗也；而发踪指示兽处者人也。且诸君独以身随我，多者两三人，今萧何举宗数十人皆随我，功不可忘也。”[1] 这才平息了众议。刘邦把萧何比做猎人，把其他功臣（主要指武将）比做猎狗，未免有些尖酸刻薄，但揆诸当时的实际情况，他的话是正确的。其次封张良为留侯（今江苏沛县东南），迄今在陕西汉中市的留坝县还有张良庙。封曹参为户牖侯。其余依次行赏，共封 137 人，食邑各有等差。

汉高祖之所以封这些异姓王，是由当时的实际情况所决定的，实出于无奈。自己卧榻之旁，岂容他人鼾睡。这些异姓王，武略过人，辅以封土，一旦有变，将何以处之。所以必除之而后安。特别是西周时期分封制造成的春秋战国长期分裂局面，对于汉高祖来说，也是不能不考虑的经验教训。因此笔者认为汉高祖封王实质是缓兵之计，让那些为汉王朝立下汗马功劳的大臣在得到封侯的同时，不要反叛，更不要对汉王朝存有戒心。而当汉高祖政权稳固时，便开始对这些人下手。在诸侯王中最先发动叛乱的是燕王臧荼，当刘邦刚即位，他就迫不及待地发动叛乱，被刘邦所率领的大军很快击溃。尽管如此，这为西汉王朝发出一个信号，中央王朝与诸侯的斗争是不可避免的，必须予以打击。

在所封诸侯王中，对刘邦政权影响最大的要算韩信了。因此刘邦首先要对付的就是军功最高、威胁最大的楚王韩信。韩信和萧何、张良并称为汉初三杰，在三杰中，高祖对韩信疑虑也最大。因为他武力高强，带兵有方，且握有很大的兵权。封韩信为楚王之后，高帝即诏韩信逮捕其帐下的钟离昧。因为钟

---

① 《史记》卷五十三《萧相国世家》。

离眛原是项羽的部将，和韩信私交甚好，出于义气，韩信迟迟不奉诏，这就招致了高帝的进一步猜疑。高帝六年十月（公元前 201 年），有人上告，谓韩信出巡县邑，常列兵相随，意欲谋反。刘邦欲兴兵讨伐，但患力不能胜，乃用陈平计，假装到云梦游猎（今湖北云梦），令诸侯王会于陈（今河南淮阳），以便乘机逮捕韩信。韩信自徙封淮阴之后，就知道高帝在怀疑自己，听到高帝欲出游云梦的消息后，更是心存疑惧。但他自以为无罪，也对得起高祖，遂往陈谒驾；此时的钟离眛明白韩信与高祖关系之微妙，也体谅韩信的难处，遂自刎以清除韩信见驾的障碍。韩信便以钟离眛的头献给高帝，但韩信至陈，未及陈情就被软禁，于是叹道："果若人言：狡兔死，走狗烹；高鸟尽，良弓藏；敌国破，谋臣亡，天下已定，我固当烹。"[①]但当时要说韩信谋反，还缺乏证据，高祖遂改封其为淮阴侯，并令其徙于长安，就近加以控制。高帝十年，赵相国陈豨反于巨鹿（今河北巨鹿），高帝亲征，韩信舍人因与韩信不和，遂密告吕后说韩信欲为陈豨内应，吕后用萧何计，使人诈言陈豨已死，令韩信入宫向吕后致贺，然后擒杀韩信于长乐宫，诛灭三族。

其次是韩王信。韩王信王颍川，其地"北近巩、洛，南迫宛、叶，东有淮阳，皆天下劲兵处"，战略地位极为重要。高帝怕其图谋不轨，遂改徙太原以备匈奴。高帝六年秋，匈奴大军围韩王信于马邑，信遣使与匈奴谈判和解。高帝发兵来救，怀疑韩王信私通匈奴，责备他不全力抵抗，韩王信惧诛，就投降匈奴，成为汉边之大患。七年冬，高帝率兵讨伐韩王信，进攻匈奴，被围于平城白登山，最后用陈平计始得脱围。韩王信的叛逃，增加了匈奴对汉的威胁，但是作为汉王朝的一个异姓

① 《史记》卷九十二《淮阴侯列传》。

王国，却从此消失了。

赵王张耳死后，子敖嗣，娶刘邦长女鲁元公主，可谓亲幸无比。汉七年，高帝从平城败回，途经赵国，张敖事以子婿之礼却遭到高帝谩骂，引起赵相贯高、赵午等人的不满，于是准备杀死刘邦以泄愤，后被告状，谋反未果，张敖、贯高等被捕至长安，后查明张敖不知此谋，改封为宣平侯。

高帝十年，征梁王彭越兵以击陈豨，但彭越称病，另派使者领兵随高帝，高帝大怒，扈辄劝彭越反，彭越不从；当时正好彭越的太仆有罪惧诛，遂密告彭越谋反。于是刘邦便废彭越为庶人，迁往蜀地。在赴蜀途中，巧遇吕后去洛阳，彭越哭诉自己无罪，请吕后说情，愿回故乡昌邑为民。吕后假装同意，至洛阳，对高祖说，迁彭越于蜀，等于放虎归山，不如诛之以绝后患。于是杀彭越，为起到杀一儆百的作用，将彭越的尸体剁为肉酱，传示诸侯王，灭其宗族。

英布见韩信、彭越相继被杀，恐惧不安，便私下召集军队以防不测。其中大夫贲赫与英布有隙，遂上告英布谋反。英布见事已如此，遂起兵反叛。高帝带兵将亲自讨伐，英布兵败被杀。

随后卢绾也因谋反被黜。高帝平陈豨之叛，令卢绾从东方进攻陈豨，陈豨向匈奴借兵，卢绾看到异姓诸王大部分被除，深感自身难保长久，也想借匈奴力量牵制汉朝，遂遣使让匈奴攻燕，然后以此为借口不出兵攻陈豨。陈豨被平之后，高帝得到真情，遣使召卢绾入朝，卢绾称病不至。其时高帝已病，见卢绾不奉诏，以为卢绾果然背叛自己，即令樊哙领兵攻燕。卢绾念及和高帝情分，带着家人和几千骑兵在长城下观望，想等高帝病愈后入朝请罪，不料高帝一病不起，他知道朝中再也不会有人原谅自己了，于是投降匈奴。

至此，高帝所封八个异姓王，只有长沙王吴芮，因地盘小、势力弱，对汉王朝尚构不成威胁，所以才得以延续下来，至文帝时才以无子而国除。

三、大封同姓王

铲除异姓王的目的是要建立刘氏的一统天下。刘邦错误地认为，秦始皇虽然建立了一个统一、强大的嬴氏天下，但由于没有分封同姓子弟，因而陈胜一反，没有人来支持，结果迅速而亡。所以在消灭异姓王的同时，与刘氏兄弟杀白马为盟："非刘氏而王者，天下共击之。"于是填补空缺，大封同姓为王。当时共封了十个同姓王，他们分别是：

荆王刘贾（高帝从父弟）。随刘邦起事，在楚汉战争中，曾率兵入楚地，焚烧楚军积聚的粮食，并参与了垓下之战，诛杀项羽。高帝六年，刘邦囚禁韩信后，将楚分为两个诸侯国，立刘贾为荆王。"王淮东五十二城"，① 都吴（今江苏吴县）。高帝十一年英布反叛时，刘贾被英布杀死。

楚王刘交（高帝弟）。都彭城（今江苏徐州市）。灭秦后被封为文信君，"常侍上，出入卧内"，② 与刘邦关系最为密切。后与刘贾一起被封，为楚王。高帝六年亡。

吴王刘濞（高帝侄）。都广陵（今江苏扬州）。高帝十一年，荆王刘贾为英布所杀，无后，刘邦遂立刘喜之子刘濞为吴王，王"三郡五十三城"。③

齐王刘肥（高帝子）。将胶东、胶西、临淄、济北、博阳、城阳三十七县封给刘肥，都临淄（今山东淄博），高帝六年立。

赵王如意（高帝子）。为其宠姬戚夫人所生。高帝九年立，

① 《史记》卷五十一《荆燕世家》。
② 《汉书》卷三十六《楚元王传》。
③ 《汉书》卷三十五《荆燕吴传》。

都邯郸（今河北邯郸）。

燕王刘建（高帝子）。十二年立，都蓟（今北京市）。

淮阳王刘友（高帝子）。十一年立，都陈（今河南淮阳）。

淮南王刘长（高帝子），在镇压了淮南王英布叛乱后，十一年立刘长为淮南王。都寿春（今安徽寿县）。

梁王刘恢（高帝子），高帝十一年在镇压了彭越后，立刘恢为梁王，都睢阳（今河南商丘）。

代王刘恒（高帝子），高帝十一年镇压陈豨后，立刘恒为代王，都晋阳（今山西阳曲县）。

至此，高帝兄弟子侄全封为王，各据一方，唯有兄伯之子刘信一人为侯，其原因是因为高帝年龄尚小时，其母待高帝有些小气。

刘氏家天下建成了，为防止别人横生枝节来抢夺地盘，高帝临终前，遂与诸大臣约定白马之盟，“非刘氏而王者，天下共诛之”，以保证刘家皇祚永存不替。

异姓王除尽，同姓王封毕，但宗室子弟坐享其成，并无斩将搴旗之功，也无运筹帷幄之才，能否保证江山世代相传，高帝是有所忧虑的。他隐约地感觉到有某种力量在威胁着刘家江山。高帝十二年，平定英布叛乱，荣归故里，和当年做泗上亭长时的旧相识及乡亲父老子弟欢聚一堂，抚今追昔，不禁慷慨高歌：“大风起兮云飞扬，威加海内兮归故乡，安得猛士兮守四方。”表露了他的忧虑心情。这次出征回来不久，便于当年五月病死于长安。

四、诸吕专权

汉高帝死后，其子刘盈即位，是为汉惠帝。刘盈，吕后子，为太子时，高帝因为他为人仁弱，怕将来难以摆脱吕后的控制，不保汉祚，几次想另立戚姬儿子赵王如意为太子。但一则有大臣张良等力保，二则高帝定天下，吕后也有一份功劳。史称吕后“为人刚毅，佐高祖定天下，所诛大臣多吕氏力”。[①]吕后追随高帝，南征北战，长兄吕泽、次兄吕释之都以战功封侯，高帝出征异姓诸王时，京师所依靠的主要是吕后。故在高帝时，吕后已形成一股势力。三则如意年幼，不足以担当一国之主的重任。所以高帝虽知刘氏江山受到吕氏威胁，但是无可奈何。

惠帝即位，母以子贵，吕氏以太后身份操纵政权。她首先想到的就是先除掉情敌兼政敌戚夫人，割去戚夫人的手足，饮以暗药，名为“人彘”。又召赵王如意进京，将他毒死。惠帝见其残忍，自己又无能为力，遂以饮酒为乐，国家大事，均由吕后决定。惠帝二年，齐王刘肥入朝，惠帝对齐王执家人礼，因齐王年长，使坐上座，吕后大怒，欲用毒酒杀齐王，齐王惊觉，佯醉离席，才免一死。后齐王把自己封地中的城阳都献给吕后的女儿鲁元公主，作为她的食邑，又尊鲁元公主为齐王太后，才安全离开长安。

惠帝在位七年，于公元前188年病死。惠帝皇后无子，吕后便把后宫美人子立为太子。惠帝死后，太子为帝，史称少帝。由于年幼，吕后临朝称制。高后四年时，少帝知道自己并不是皇后亲生，于是口出怨言，结果被吕后废掉，另立惠帝儿子恒山王刘弘为傀儡皇帝。

吕后称制，想立诸吕为王，又害怕违反高帝白马之盟“非刘氏而王者天下共诛之”的遗训，乃先问右丞相王陵，王陵果然以高帝遗命为根据，反对王吕氏子弟。吕后大为不悦，复问左丞相陈平、绛侯周勃，陈平、周勃等见吕后权力在手，阻止无住，不如做个顺水人情，回答说：“高帝定天下，王子弟；

① 《史记》卷九《吕太后本纪》。

今太后称制，王昆弟诸吕，无所不可。”[①] 吕后大喜，以王陵为太傅，剥夺他的实权，排除分封吕氏子弟的干扰。先后封长兄周吕侯吕泽之子吕台为吕王，台弟吕产为梁王，次兄建成侯释之子吕禄为赵王，吕台子吕能为燕王；除追封的两王外，吕氏一门凡四王六侯。与此同时，吕后对刘氏宗室不附己者则肆意杀戮，赵王如意死后，徙高祖子淮阳王刘友为赵王，刘友王后是吕氏女，刘友另有所爱，吕氏女则告刘友谋反，吕后把赵王友召回长安，幽禁而死。赵王友死，复以梁王刘恢为赵王，吕后为监视其动向，仍以吕氏女为赵王后，赵王从官都是吕氏子弟，自己没有任何自由，被迫自杀；吕后又派人杀掉燕王刘建之子，夺其国。

吕后王诸吕，剪宗室，必然引起宗室和群臣的反对。大丞相陈平和太尉周勃两人原本有矛盾，将相不和，但因诸吕专权，危及他们的利益，于是二人在陆贾的调解下，团结一致。陈平不惜重金，使陆贾游说朝臣公卿，准备消灭吕氏集团。朱虚侯刘章借酒令之机，以耕田为喻，说：“深耕溉种，立苗欲疏，非其种者，锄而去之。”[②] 讽喻吕氏专权不是正宗，向吕后发出了警告。吕氏集团和宗室功臣的斗争开始由水下浮出水面。

吕后八年（公元前180年）七月，病重，临终前为控制京师，防止功臣宗室对吕氏集团发难，“令赵王吕禄为上将军，军北军；吕王产居南军”，并告诫吕禄吕产说：“我即崩，帝少，大臣恐为变，必据兵卫宫，慎勿送丧，勿为人所制。”[③]

吕后死后，诸吕计划诛杀功臣以绝后患。由于朱虚侯刘章

---

① 《史记》卷九《吕太后本纪》。

② 《汉书》卷三十八《高五王传》。

③ 《史记》卷九《吕太后本纪》。

之妇是吕禄之女，因而刘章知道了诸吕的阴谋，便立即通知齐王刘襄，起兵进攻长安，诛诸吕，刘章和诸功臣做内应。齐相召平反对齐王起兵，被杀。齐王布告天下，说明起兵的目的是“诛不当为王者”。消息传到长安，相国吕产派颍阴侯灌婴领兵迎击齐军，行至荥阳，驻军不前，和齐王联合，告谕诸侯，静观诸吕动态。吕禄、吕产想发兵诛刘氏宗室及功臣，一则信心不足，畏于周勃、刘章的威望；二则怕齐王的军队，犹豫不决。周勃和陈平计议，劫持郦商，令其子郦寄游说吕禄放弃北军，郦寄和吕禄友善，吕禄听信了他的话，想归将印于周勃，一时放松了警惕，给了周勃以可乘之机。当吕产等知道灌婴已与齐王联合的消息时，周勃已假借符节（汉制无符节不得入军营，其时襄侯纪通掌符节，私予周勃），进入北军。又使郦寄矫诏令吕禄把北军交给周勃，回到自己封国去。吕禄不识真假，交出印信。周勃遂下令军中说：“为吕氏右袒，为刘氏左袒。”这时的士兵都左袒。周勃又令朱虚侯刘章监宫门，不许吕产入宫，以防南军有变。吕产不知道吕禄已离开北军，想入未央宫发动南军叛乱，被阻于殿外。周勃令朱虚侯率军千余人诛杀吕产，夺取南军，随后将吕氏宗族，不管老少，一律处死。吕氏集团被彻底消灭。

对于吕后在历史上的作用，我们觉得要一分为二进行评价。首先要肯定她在西汉初年对巩固统一所作出的贡献，当然她对汉王朝带来的副作用也不可否定。

两千年来对吕后的评价很多，争议也很大，而资料大多是来源于司马迁的《史记·吕太后本纪》以及相关传记中。她在司马迁的笔下是一个性格鲜明而又复杂的人物，司马迁为她做了本纪，这是空前绝后的，她是正史中第一个有文字记载的皇后。

作为妻子，吕雉不失为高祖的贤妻，更是其身边一位出色的谋臣；作为母亲，她以皇太后的身份控制了软弱的惠帝，惠帝因病早殒，吕后临朝称制，完成了汉初政治、经济的恢复工作。虽然她强烈的变态心理使她在政治斗争中杀戮大臣，残害政敌赵王如意、戚夫人等，但是她对稳定汉初政局所起到的积极作用也不容忽视。

吕后的人生大致可以分为三个阶段，第一个阶段是刘邦称帝以前的贫民生活；第二个阶段是刘邦在位时期的皇后生活；第三个阶段是刘邦死后临朝称制的生活。她的政治生涯也可以大体分为三个阶段。

吕后“高祖微时妃也”，在刘邦任亭长时，她听从其父吕公之意嫁给刘邦为妻。据说吕公“好相人”，他认为“相人多矣，无如季相”，就拒绝了那位已经当上县令的好友的求婚，而将自己的女儿嫁给了“好酒及色”的刘邦。父亲的安排并没有直接为吕雉带来荣华富贵，她仍然表现出与其他女性的不同。她没有抱怨，并且努力地完成她作为贤妻所承担的责任，为刘邦生儿育女，甚至是下地劳动。高祖怀疑自己有“天子气”，“隐于芒、砀山泽岩石之间”，而吕后“常得之”。问其原因，吕后曰：“季所居上常有云气，故从往，常得季”，高祖听了之后十分高兴。作为妻子，她不但没有埋怨丈夫不脚踏实地的工作反而宽容地理解了他的行为，这不能不说是吕后眼光独到。高祖的成功，与吕后的支持是分不开的。

吕雉不仅在生活中支持刘邦，在刘邦完成的统一事业中也起到了积极作用。刘邦公元前 206 年被封为汉王，公元前 202 年称帝，到公元前 195 年逝世，在位前后共 12 年。吕后在楚汉相争的五年中，曾与刘邦父母一起被俘在项羽军中，直到垓下之围的前三个月才被送还给刘邦，在这段时间中不可能起什么作用。她的作用，主要是在刘邦称帝后的七年中。她不仅“佐高祖定天下”，而且与刘邦同掌实权，在稳定西汉初年政局中发挥了不亚于刘邦的作用。

刘邦称帝后，其政权的生存还有两个最大的威胁，即各地异姓王的割据势力和北方的匈奴，而北边的异姓王后来又往往勾结匈奴发动叛乱。在刘邦消灭各地异姓王的过程中“所诛大臣多吕后力”。

“汉四年”，韩信降平齐地，刘邦“善遇之”，遣张良往，立韩信为齐王。他在楚汉之争中具有举足轻重的作用。“为汉则汉胜，与楚则楚胜。”楚使者来说，韩信以“汉王遇我甚厚”而拒绝。破项羽后，“高祖袭夺齐王军”。汉五年，徙韩信为楚王。汉六年，有人上书告楚王谋反，高祖用陈平计，“吾将游云梦”，会诸侯与陈，实则生擒韩信。“至洛阳，赦信罪，以为淮阴侯。”自此，“信知汉王畏恶其能，常称病不朝从。”[1]汉十年，陈豨反，韩信欲暗自相助，在关中举事为应。吕后闻讯，与萧相国设计，骗得韩信入贺，于长乐宫钟室中斩之。高祖回到长安之后，见到韩信已死，“且喜且怜”，但心中更多的还是除去韩信这个心中大患后的开心。吕后为高祖除去了韩信，并不是她的个人行为，说明吕后深知高祖的谋略，也知道困扰丈夫一统社稷江山的问题所在。她利用自身的才智，完成了高祖立国后的关键一步。

诛杀彭越，定计者也是吕后。楚汉相争时，彭越就常助汉军击楚。垓下之围，刘邦借助的主要是韩信和彭越的力量。楚汉之争结束之后，刘邦立彭越为梁王。陈豨反汉时，高祖向梁国征兵，彭越称病，不亲往。刘邦怒彭越不亲来，使人责问。后又有人告彭越谋反，刘邦逮捕彭越，囚之洛阳，贬处蜀青衣。彭越西行至郑，道遇吕后从长安来，向她哭诉。吕后允诺为他求情，和他一起回到洛阳。吕后向刘邦建议说：“彭王壮

① 《史记》卷九十二《淮阴侯列传》。

士。今徙之蜀，此自遗患，不如遂诛之。”于是吕后又设计派舍人告彭越谋反，灭其宗族。

韩信、彭越被诛，所用之计都是吕后直接或间接设计的，当时的情况使得刘邦和吕后也不得不如此，自陈胜、吴广揭竿起义，至秦的灭亡，再到楚汉战争，前后两百多年的战争之后，刘邦成了最后的赢家。汉朝建立之后，由于韩信、彭越等诸臣在战争中均屡立军功，这必然使汉朝的建立者刘邦心有不安。异姓王不除，汉朝就不可能有安定的天下。从客观形势来看，中原人民在经历了秦朝的短暂统一之后，又度过了近两百年的战争岁月，人们从客观上要求统一的环境来恢复生产，和平生活。高祖正是在这样的历史条件下进行了统一的斗争，显然，在这其中吕后扮演了不可或缺的角色，也使她的政治才能得到了充分的发挥。

吕雉过人的才能还不仅于此。在太子的人选问题上，她依然表现出冷静、坚强的一面。吕雉是刘邦的发妻，是刘邦称帝后的皇后。那么，她的儿子刘盈理应成为太子。而高祖常以刘盈“仁弱”“不类我”为理由，意欲废太子，立其宠姬戚夫人之子如意为太子。在这个时候，吕后已不得宠，刘盈亦不得高祖喜爱。同时刘邦应该也考虑到因幼主仁弱，吕后可能会干政的情况，提出废太子一事。面对此事的反复而不决，戚夫人采取了在刘邦面前进言，“日夜啼泣”的办法，她在大臣中没有根基，哭诉的对象也只有刘邦一人；由于她和高祖过分亲密，一些大臣也对她十分反感，她和儿子如意当然得不到大臣的支持。

吕雉则不同。她开始时也是手足无措，“吕后恐，不知所为”，但是毕竟在早年艰苦的生活中，流离的战乱中，生活的磨练使吕雉学到了很多的东西，也使她的性格变得坚强刚毅。在大臣的谏言声中，她很快看到了自己的优势。在诛杀韩信、彭越等人的过程中，她已经和很多的大臣有过接触，有良好的基础，她获得张良、萧何、樊哙、叔孙通等人的支持。她甚至请来了商山四皓，在“太子天下本，本一摇天下振动，奈何以天下为戏”的呼声中，刘邦最终下了不易太子的决心。

吕后敏锐的政治眼光不只如此。高祖征讨黥布时，曾被乱箭射中受伤，当病情严重之后，吕后一面为刘邦请来医生，一面向他询问可信赖之臣。刘邦一一作了安排。这虽然只是一件小事，但是足见吕雉的考虑是十分全面的。此时，太子之事已定，高祖身后，只有他们孤儿寡母相伴。作为母亲的她当然了解自己儿子的个性，要维护儿子的皇位，要巩固自己的地位，就必须要得到大臣的相助。在此时听取高祖的意见也是为日后做好打算。这与高祖驾崩之后四日密不发丧的考虑是一致的。

在一步步地完成她的计划之后，刘盈终于登上了皇帝的宝座。但是吕后万万没有想到，在她打击了自己的政敌赵王，并将戚夫人变为“人彘”之后，其子也因此“因病，岁余不能起”，“以次日饮为淫乐，不听政，故有病。”七年秋八月戊寅，孝惠帝崩。在不到十年的时间里，吕雉遭受了丧夫、丧子的双重打击，但是“刚毅”的吕后并没有因此倒下，“发丧，太后哭、泣不下”，在大臣承诺让诸吕入宫执掌大权之后，她才表现出作为母亲应有的悲恸。

在吕后临朝改制的八年中，面临外有强藩、内有强臣的严峻形势，为了维护自己的统治，她采取了一系列的措施来固本、制藩，对于制约、打击反对势力、加强中央集权统治起到了积极的作用。

惠帝先是由母亲安排娶了嫡亲外甥女，鲁元公主之长女为妻。吕后称制后，又将吕禄之女嫁给刘弘为皇后。这一做法加强了对皇权的控制，其目的是为了保护其长远的政治利益。除此以外，封齐惠王的儿子刘章为朱虚侯“以吕禄女妻之”；赵王友“以诸吕女为后”；“梁王恢之徙王赵，心怀不乐”，“太后以吕产女为赵王后”等。吕后频频安排刘、吕联姻，不仅通过赐婚等形式来收买刘姓诸王，以化解他们和吕氏家族的矛盾，又通过刘、吕家族之间确立后代的血缘关系来使双方达到权力平衡。同时，诸多吕家女成为各王府中的“眼线”，安插在诸王身边，已达到牵制、制约的目的。

从吕后临朝开始，就不断地排除异己，封吕氏为王。追尊吕台的父亲吕卓为武王，成为分封诸吕为王的开端，封郦侯吕台为吕王，吕禄为胡陵侯，吕产改封为梁王等等。直到七月中，“高后病甚”仍“令赵王吕禄为上将军”。

这种种的行为被世人看做是独断专权，而笔者认为吕后立诸吕为王并非蓄谋篡权，是为了保卫太子及皇位，所依据的力量是吕氏家族，也只能是吕氏家族。在经历汉初制强藩、诛强臣的斗争之后，吕后再也不可能冒险去相信刘姓诸王和朝内重臣。所以在权衡利益得失之后，她先是变相废了右丞相王陵，任命对她分封诸吕没有意见的陈平、审食其为相，一步步开始了她分封诸吕为王的计划。如果说她封吕氏为王的目的是为了吕氏家族的利益，不如说是为了皇位和她已经巩固的政治地位。吕后分封诸吕为王，主观上是为了维护自己的统治和汉朝天下的平稳，但在客观上埋下了祸患，导致了吕雉身后吕氏家族的灭亡。

从主要方面看，吕后是一个应该肯定的历史人物。她对历史发展所起的积极作用，不仅表现在她帮助刘邦完成统一事业还在于在她统治期间实现“与民休息”。实际上，从高祖开始面对由于长期战争而造成的政治、经济状况，政府就已经采取了一系列的措施。但是由于天下并未真正太平，这些措施也就形同虚设。到惠帝继位，吕后临朝之时，才真正实现了“与民休息”。

在黄老思想的指导下，政治上，以清静无为、无为而治来实现对统治阶级内部关系的调整；经济上，以轻徭薄赋来达到休养生息的目的。《史记·吕太后本纪》中“太史公曰：孝惠皇帝、高后之时，黎民得离战国之苦，君臣俱欲休息乎无为，故惠帝垂拱，高后女主称制，政不出房户，天下俨然。刑罚罕用，罪人是希。民务稼穑，衣食滋殖。”这应该说是对当时社会情况的最真实地描述。

从《史记》的记载中，我们可以看到吕后并不只是汉高祖后宫中的平凡的佳丽，她是一个有权力的皇后，是西汉开国大业的积极参与者。虽然由于她自身强烈的变态心理做出了一些常人无法想象的事情，但是这一切都掩盖不住她非凡的政治才能。她的统治不仅为恢复汉初政治、经济、文化的发展作出了巨大的贡献；为巩固新生政权奠定了物质基础，提供了相对安定的环境；同时为文景之治起了铺垫的作用。应该说司马迁对于吕后的记载是真实的，对吕后的评价也是客观公允的。我们应该看到她作为人在个性上的不足，但同时也应承认从主要方面看，她是对历史起了积极作用的。

五、黄老政治与文景时期的繁荣

强大并不可一世的秦皇朝，转瞬间灰飞烟灭，给刘邦一个机会，使他从一个泗上亭长，数年间成为一代君主。短短数年间，发生了如此重大的变化，提供人们可以思考的问题很多很多，那么到底是什么原因促成这一历史变化？秦朝为何速亡？汉朝怎样才能长治久安？这是汉初君臣常常思考的问题。高帝起初崇尚武力，以为自己是马上得天下，只要有武力就可以治国，无需诗书礼乐，但当陆贾问他：“马上得之，宁可以马上治之乎？……向使秦已并天下，行仁义，法先圣，陛下安得而有之？”高帝无言以对。从而使他明白打天下和治天下并非一回事，乃令陆贾“试为我著秦所以失天下，吾所以得之者，及古成败之国”。[1] 陆贾遂奏上《新语》十二篇，指出秦之灭亡原因在于举措暴众，刑罚严酷，徭役繁重，致使民不堪命，起而亡之。当今之务是实行无为而治，与民休息。“是以君子之为治也，块然若无事，寂然若无声，官府若无吏，亭落若无民；闾里不设于巷，老幼不愁于庭；近者无所议，远者无所听；邮驿无夜行之吏，乡闾无夜名之征；犬不夜吠，鸟不夜鸣，老者息于堂。于壮者耕耘于田，在朝者忠于君，在家者孝于亲。”[2] 不能靠严刑苛法压迫人民，而要靠教化使人民自觉遵守法律。这是符合当时社会要求、适应人民愿望的，也深得高帝赞赏，遂作为制定政策的指导思想，这就是汉初的黄老政治。陆贾应该是汉初弘扬黄老学说的第一人。

文、景两朝，是汉代的转折时代，由于清静无为，国家少事，政治清明，赋税徭役较轻，国家经济、人民生活和汉初相比，都有了明显的变化，司马迁在《史记·平准书》中对此有两段生动的描述，一是汉初的经济萧条，“汉兴，接秦之弊……自天子不能具钧驷，而将相或乘牛车，齐民无藏盖。”二是经过文景时期的发展经济，国家进入繁荣时期，“至今上（汉武帝）即位数岁，汉兴七十余年之间，国家无事，非遇水旱之灾，民则人给家足，都鄙廪庾皆满，而府库余货财，京师之钱累巨万，贯朽而不可校。太仓之粟陈陈相因，充溢露积于外，至腐败不可食。众庶街巷有马，阡陌之间成群。”前后对比，确实不可同日而语。

① 《汉书》卷四十三《郦陆朱刘叔孙传》。
② 《新语·至德》。

第二节　西汉初年的经济状况

西汉前期，高、惠、文、景诸帝都采取了各种与民休息的措施，鼓励生产，发展经济，到景帝末年，农业、手工业、商业都出现了比较繁荣的景象。

一、农业的发展

农业是中国古代社会的支柱产业。汉初统治者吸取秦朝对农民无限度地榨取导致迅速灭亡的教训，他们在农业政策上实行与民休息政策，重视发展生产，有限制地收取赋税、征用劳役，主要表现在三个方面：

首先是奖励农业生产。高帝时复员军队，按军功行田宅，复除徭役；并召还流民，复故爵田宅，以扩大农业人口，把劳动力和土地结合起来。惠帝时，凡是尽力农耕，产量过人者，则免除其徭役。文帝亲自执耜耕作“藉田”，“以给宗庙粢盛”，“皇后亲桑以奉祭服”，以示天下先；又于十二年置“孝悌力田”作为民之表率。景帝即位后，继续执行这一政策，又明令禁止官吏征调民夫从事采矿冶炼工作，以保证农业生产的正常进行。

其次是减轻田税劳役。“汉兴，天下既定，高祖约法省禁，轻田租，什五而税一，量吏禄，度官用，以赋于民。”[1] 这是量出为入的政策，汉初君臣提倡节俭，支出有一定限制，政府的负担减轻了，自然也就减轻了对农民的剥削。文帝时偃武修文，“丁男三年而一事。”[2] 文帝二年、十二年先后减免田税的

---

① 《汉书》卷二十四《食货志》。

② 《汉书》卷六十四《贾捐之传》。

一半，十三年更下诏“其除田之租税”。[①] 直到景帝二年才恢复征收田税，税率为三十税一，后遂成为定制。其间十三年没有田税。田税的减免虽然照顾了田多人少的地主利益，但对占有小块土地的农民也有好处。

第三是国家放宽对土地的限制，允许农民自由开垦。从西周时期开始，实行土地国有制，“溥天之下，莫非王土，率土之滨，莫非王臣”，农民没有任意垦种的自由。秦始皇三十一年虽“令黔首自实田”，让农民自由开垦，但是山川林泽苑囿，仍在国家控制之下；而农民一旦定居下来，均列入什五乡里编制，登记户籍，没有迁徙自由。秦末战乱，人民迁徙流亡，离开了土地。汉初恢复民故爵田宅，按军功授田宅，其时人少地多，虽不存在土地不足问题，但有土质好坏之分，人们都想垦耕那些出力少而收益多的肥沃之地。而有的地区人口集中，土地还不足使用，所以萧何奏请开放上林苑，让农民耕垦采猎，高帝不允，并下萧何于廷狱中。文帝后元六年，“弛山泽”，[②] 即放松对山林川泽的管制，与民共利。景帝即位，令郡国“或硗狭，无所农桑毄畜，或地饶广，水泉利，而民不得徙。其议民欲徙宽大地者，听之”。[③] 秦和汉初都有农民移徙的情况，但或因天灾人祸，农民被迫流亡；或由政府强制迁徙，都没有允许农民可以随便离开土地瘠薄的狭乡向土地广饶且有水利的宽乡迁徙。有如此规定，标志着国家对土地人口管理的放松，目的是“农桑毄畜”。

由于上述农业政策的推行，加之汉初七十余年，内外少事，社会安定，农业得以稳步发展，人人安居乐业。史称当时

① 《汉书》卷四《文帝纪》。

② 《汉书》卷四《文帝纪》。

③ 《汉书》卷五《景帝纪》。

“百姓无内外之徭，得息肩于田亩，天下殷富，粟至十余钱，鸣鸡吠狗，烟火万里，可谓和乐者乎？太史公曰：文帝时，会天下新去汤火，人民乐业，因其欲然，能不扰乱，故百姓遂安，自年六七十翁，亦未尝至市井，游敖嬉戏，如小儿状。”①这就是中国封建社会自给自足的小农经济的真实写照。

汉初农田耕作主要是延续战国时代的漫田法，还比较粗放，基本上属于广种薄收的类型。因为当时人少地广，资源丰富，人们不需要改进耕作方式，所获得的产品也能满足生活需要。按当时一般标准，五口之家，约耕百亩之地，每亩产量在一至一点五石之间，土地肥沃者或超过此数，反之则不足此数；地广人稀之处，一家所耕或不止百亩，反之亦然。

汉初，由于各地的自然环境不同，农业发展很不平衡。关中地区是都城所在地，“膏壤沃野千里”，因而“于天下三分之一，而人众不过什三，然量其富，什居其六”，是天下财富汇聚之所。“三河在天下之中，若鼎足，王者所更居也，建国各数千百岁，土地小狭，民人众，都国诸侯所聚会，故其俗纤俭习事。”齐地少农耕之地，多盐碱砂碛而近海，故盛产渔盐。“巴蜀亦沃野，地饶卮、姜、丹砂、石、铜、铁、竹之品。”②长江中下游及淮南地区，水土温湿，多山林水网虫瘴之处，农业落后于黄河流域，如楚“有江汉川泽山林之饶；江南地广，或火耕水耨。民食鱼稻，以渔猎山伐为业，果蓏蠃蛤，食物常足。故呰窳偷生，而亡积聚，饮食还给，不忧冻饿，亦亡千金之家”。吴越地区“丈夫早夭”。③ 而当时的北方中山、雁门以北，接近游牧地区，半农半牧，边地则和塞外无殊，主要是畜

① 《史记》卷二十五《律书》。
② 《史记》卷一百二十九《货殖列传》。
③ 《汉书》卷二十八《地理志》。

牧，不少地区以骑马射猎为业，男寡耕嫁之利，女乏机织之饶，农业远远落后于中原地区。

当时农业发展是不平衡的，原因很多。主要包括：一是自然环境的影响。包括水资源、气候、土壤等。黄河流域由于土壤肥沃，水资源丰富，宜于耕种，因而成为华夏文明重心之所在，人口密度大，开发早，有悠久的农业传统。当然这是以地理条件为前提的，如燕齐之地，开发也很早，但限于地处丘陵，沙质土壤，农业难以发展起来，而以桑麻、渔盐、畜牧见长。气候对农业的影响是巨大的，这一时期北方雁代地区，由于气候严寒，宜于畜牧。而南方长沙以南，气候温湿，易染疾病，人口稀少而物产丰富，渔猎采集即可维持生活，故其气候虽宜农业特别是水田，也没有中原发达。二是统治者的扶持，如关中地区，除其自然条件外，汉初诸帝的屡次移民关中也是一个重要因素。在当时关中缺乏的是劳动力，移民关中，增加了关中的劳动人口，从而促进了关中农业生产的发展。

畜牧业和经济作物种植业是农业经济的重要补充，在谷物种植不发达的地区，牧业和经济作物往往比较发达。汉初牛马极少，政府鼓励养马，发展畜牧业，特别是北方，今天的山西、陕北、河北北部、辽宁一带畜牧发达，凡养马多者和种粮多者一样可以免除徭役，牧民们有一套比较完整的牲畜饲养技术和知识，出现了专职的相马、相牛者。

经济作物如桑麻果蔬，早就受到重视，班固说“还庐树桑，菜茹有畦，瓜瓠果蓏殖于疆埸，鸡豚狗彘毋失其时”，[①]这只是小规模的家庭副业。西汉前期，已出现了专门种植经济作物的专业户，司马迁在《史记·货殖列传》中记载许多人家有“千树枣”“千树橘”“千树萩”“千亩卮茜”“千畦薑韭”，

① 《汉书》卷二十四《食货志》。

"此其人皆与千户侯等",这些富同千户侯的人都是靠种植经济作物起家的。

二、手工业的发展

农业与手工业两者有不可分割之关系。汉初农业的发展,促进了手工业的进步;同时,农产品的丰富,满足了手工业者生活需要;另外,农业所需之各种生产工具要靠手工业供给,二者互相促进,使汉初手工业出现了繁荣的景象。

秦王朝在政治上实行中央集权的同时,经济上也严格控制私人手工业的发展,所谓"上农除末",不仅把东方六国的大手工业者剥夺净尽之后迁离故土,而且手工业各个重要部门如盐、铁、酿酒、铸币等也全由官府垄断,即使市场贸易也多由官府控制,结果窒息了民间经济活力。西汉之初,一反秦政,采取放任政策,各种手工业生产由民间自由经营,被封闭了的能量顿时迸发出来了,司马迁指出:"用贫求富,农不如工,工不如商,刺绣纹不如倚市门。"[①] 反映了当时商品生产、商品观念已影响到社会生活的各个方面。

西汉前期手工业主要有如下几个部门:

(一)纺织业

纺织是我国传统的手工业,男耕女织是理想的田园生活方式,但"男耕女织"主要是为了自己穿衣之用。汉初纺织目的已不限于此,而成为某些地区农民的主要生产手段。如齐地"膏壤千里,宜桑麻,人民多文采布帛渔盐"。鲁地"颇有桑麻之业",因为这些地区多丘陵,土多含沙,桑麻成为重要经济作物,纺织业发达是其特点,其产品不仅在市场流通,且供应皇室享用,皇室专于齐地设三服官。其余著名者如蜀地纺织品

① 《史记》卷一百二十九《货殖列传》。

（蜀锦）享誉颇高。他们所从事的主要是商品生产。

纺织是最普遍的手工业，为了获取利润，竞相改进技术，产品质量不断提高，花样翻新品种繁多。1972 年在湖南长沙马王堆西汉前期墓葬中出土的纺织品是当时手工业发展的典型反映。手工产品有绢、绮、锦、刺绣、麻布等。一件成品汇集了织、绣、绘、印等多种工艺，饰有各种动物纹、云纹、卷草以及天上、人间、地下的神话世界。特别是其中的一件素纱禅衣，重量只有 49 克，完全可以和现在的高级尼龙纱相媲美。[①]根据墓中出土的织物分析，当时已采用提花技术，使用提花装置。印花技术也十分先进，有几件织物需要套印八次才能完成。如果仅仅把纺织作为家庭副业，是难以达到这样先进工艺的，普通农家也无力购置如此先进的织机。可见当时的纺织业已达到较高的水平。

（二）漆器制造业

漆器是重要的生活用品，漆器制造历史悠久，现在各地已出现了大批的战国漆器。西汉前期是漆器大发展时期，规模大、种类多、质量高，在日常生活中已完全取代了先秦时代的青铜器。1972 年在长沙马王堆两座汉墓中总计出土了 500 余件漆器，几十个品种，“有盛食物的鼎、盒、盘（食盘）、盆；有盛酒的钟、圆壶、方壶；有日常生活用具的屏风、几、案、卮杯、耳杯、匕 、勺；有盥洗用具的卮、沐盆；有陈放梳妆用具的圆奁盒、方奁盒；还有属于文娱用品的琴、陆博以及兵器中的髹漆品等。”[②] 漆器分木胎、竹胎、夹纻胎三种。木胎

① 傅举有：《不朽之侯——马王堆汉墓考古大发现》，浙江文艺出版社，2002 年版。

② 傅举有：《不朽之侯——马王堆汉墓考古大发现》，浙江文艺出版社，2002 年版。

的制作分三种方式：一为镟木制法，选出适宜的木材，镟出外形，凿空或剜削腹腔；二为斫木制作，将木料削斫成器；三是卷木制法，薄木片卷成器形，接口处或用钉接，或用金属片包卷衔接，再用金属片包扣口沿、底边。竹胎，即用竹子作胎，镂成器形，雕以花纹然后髹漆彩绘。夹纻胎是先用泥做成器形，再用麻布或帛缠绕若干层，辅以黏合剂成为胎骨，然后在胎骨上髹漆。待干后，去掉泥胎，再于内面髹漆。这三种制作方法根据需要灵活采用。

漆器都有花纹，其颜色有黑、朱红、深棕、金和白色，其成分为朱砂、氧化铁、石绿等。颜色艳丽，光洁美致，至今灿烂如新。

漆器制造业的主要原料是生漆，为了满足社会需要，不少地方都种有大片漆林，范围遍及黄河中下游、珠江流域以及巴蜀等地。《史记·货殖列传》云："山东多渔盐，漆、丝、声色。"《盐铁论·本议》云："兖、豫之漆、丝、絺、纻"，"陇蜀之丹漆旄羽。"散见于漆器铭文上的地名有野王（今河南沁阳）、番禺（今广州）、咸阳（今陕西咸阳）、许市（今河南许昌）。长沙马王堆汉墓中出土的漆器，主要是成都市产品，铭文有"成市""南乡""北市"等，"成市"即成都市，南乡、北市等大概是作坊名。漆器产区和生漆产品均在一起，产漆地区即产漆器，反之亦然。

（三）盐铁业

盐铁是人们日常生活生产必需品，是当时最重要的手工业生产部门。战国时各国盐铁政策不统一。在秦国，国家控制山泽等矿冶资源，盐铁基本官营。东方各国则把山川林泽除特别重要的以外，按一定比例折合成良田分给农民，这些山林川泽或盐碱之地不宜农耕，但有的地区却有盐铁资源，当地农民因以发展盐铁矿冶业，煮盐炼铁采铜，铸造生产生活用具，行销各地，遂成巨富。秦统一以后，把以盐铁业起家的豪富当不安定的社会因素，剥夺其财产，迁之于异乡，私营盐铁业受到沉重打击，但并没有剥夺盐铁业者致富的途径。他们远离故土，迁往荒山野岭之地，仍重操旧业，特别是始皇三十一年“令黔首自实田”之后，农民可以自由垦田，盐铁业者也可以自由开采，故私人盐铁业者又有所抬头。

西汉立国，复故爵田宅，承认百姓原有财产的合法性，各安其业，继之以经济放任政策，“开关梁，驰山泽之禁”，① 鼓励人民致富，因而盐铁业迅速发展起来了。人民经营盐铁，官僚贵族也经营盐铁，当时以盐铁致富的比比皆是。著名的如蜀地卓氏，原是赵国人，被秦迁于蜀之临邛，“即山鼓铸，运筹策，倾滇蜀之民，富致僮千人，田池射猎之乐，拟于人君。”南阳孔氏，原是魏国人，被秦迁于南阳，“大鼓铸，规陂池，连车骑，游诸侯……家致富数千金。”鲁地邴氏，“以铁冶起，富至巨万。”齐地刀闲驱使奴隶，“使之逐渔盐商贾之利，或连车骑，交守相……起富数千万。”② 等等。吴王刘濞也煮海水为盐，采铜铸钱而富比天子。

蜀卓氏“有僮千人”，僮即奴隶。用奴隶生产是汉代手工业生产的一个显著特点，因为山川林泽虽然没有限制，可以随意开采使用，但对编户百姓却不能随便驱使，不能随意用来为自己开矿煮盐，因为他们都是国家的编户齐民，是国家赋税力役的承担者，若要驱使农民为自己生产，必须出相当的价钱雇佣，要让他们有能力交纳赋税，交钱代役，养家活口，而且要双方自愿。而奴隶在汉代是不具备国家臣民资格的，他们不入国家户籍，只是作为主人的财产而存在，因此主人可以任意役

① 《史记》卷一百二十九《货殖列传》。
② 《史记》卷一百二十九《货殖列传》。

使，所以一般工商主都尽量买奴隶，当时的奴隶来源有二：一是家贫自卖为奴者，二是被人掠卖为奴者。这样尽管一次付钱可能多一些，但可以让他们长期为自己创造财富，只要不让他们冻死饿死就行了。所以汉代工商主包括盐铁业主在内大多是奴隶主，特别是盐铁业主，拥有奴隶最多。

当时盐的品种有海盐、池盐、井盐等。《史记·货殖列传》云："夫天下物所鲜所多，人民谣俗，山东食海盐，山西食盐卤，岭南、沙北固往往出盐，大体如此矣。"张守节《史记正义》云："谓西方咸土也。坚且咸，所出石盐即池盐。"池盐指盐湖水经过煮制后生产的盐。巴蜀地区所产为井盐。海盐的质量最佳，池盐次之，其余杂质较多。但古时交通不便，海盐太贵，各地因地制宜，所以制盐业遍及全国各地。

西汉前期，任民冶铸，所以冶铁较战国时代又有很大发展，在人们日常生活和生产过程中铁器逐步代替了铜器。对冶铁依赖性最强的是农业，"铁器者，农夫之死士也。"① 当时的农具如犁、耙、锄、铲等都是铁制的。其次是手工业生产工具、兵器以及人民日常生活用具如针、刀、锁、剪刀等等，特别是煮盐用的牢盆也是铁制的。铜固然可制作牢盆，但造价太高，且铜可铸币，所以当时多用铁做牢盆。正因为盐铁和人民日常生活关系密切，史书上才把盐铁并举。

（四）铸币业

货币既是商品交换的支付手段，也是财富的象征，在当时人看来，货币"轻微易藏，在于把握，可以周海内而无饥寒之患"。② 西汉初年币制屡变。在秦时，货币通用铜钱，外圆内方，钱文著明半两，与实际重量相等。汉高祖时，认为秦钱太

① 《盐铁论·禁耕篇》。

② 《汉书》卷二十四《食货志》。

重难用，改铸三铢钱，因其形状似榆荚，故名荚钱。所谓秦钱重难用只是托辞，并非改币的真正原因。因为铜钱是称量货币，不像现代纸币仅仅是价值符号，其价值与重量是相称的；因为秦钱半两，耗铜量大，而汉初立国，官营手工业尚不发达，国家没有足够的铜来铸币，以满足日益发展的社会经济对货币量的需求，遂改大为小，改重为轻，原来的一枚可以改为四枚，仍表明重量为半两，在流通领域中与秦半两通用。但一则秦钱和荚钱差别太大，人们必然择重舍轻，二则荚钱太薄，很快就磨损锈蚀。故到高后二年改行八铢钱，仍文曰半两。这样耗铜太多，六年改行五分钱。文帝五年，改用四铢钱，同时宣布废除盗铸钱令，允许私人铸币。之所以如此，是因为国家储铜少，私人矿冶业兴起，经济日益发展，对钱币需要量增加，官府无法满足，物贱钱贵，于是盗铸钱币的事屡有发生，法不胜禁，而文帝在各方面都执行放任政策，故废除盗铸钱法，允许私铸，满足那些铸钱者的愿望，同时也解决了货币供求矛盾，而社会普遍铸钱，铸钱的利润也会相对降低。铸钱业遂迅速兴起，成为手工业的重要部门。

钱是人们须臾不可离开的东西。有了钱就有了一切，所以当时的矿业主、地主、官僚、商人等等，只要有条件无不以铸钱为发财的捷径。那些即山鼓铸开矿采铜者更是以铸钱为业，普通农民也有弃农采矿，铸钱致富者。贾谊指出："今农事弃捐而采铜者日蕃，释其耒耨，冶镕炭炊，奸钱日多，五谷不为多。"[①] 宠臣邓通因文帝之赏赐蜀严道铜山，铸钱致富；吴王刘濞在孝惠高后时就招致天下亡命，因豫章郡铜山私自铸钱，文帝时更是大张旗鼓地冶铸，于是"吴、邓钱布天下"。

铜钱是称量货币，其价值决定于其质量、重量及铸费。文

① 《汉书》卷二十四《食货志》。

帝五年以前，钱的实重低于钱文，而在流通过程中，仍按半两使用，利润就高得多，所以很多人盗铸以牟利。文帝解除禁令，听任自由铸钱，货币数量增多，不像以前那样物贱钱贵，铸钱之利相应减少。为了获取利润，就要设法降低铸币成本。当时规定铸币用铜，兼用锡，有的就掺以铁和铅，贾谊指出："法使天下公得雇租铸铜、锡为钱，敢杂以铅、铁为它巧者，其罪黥。然铸钱之情，非淆杂巧则不可赢。"① 要赢利就要掺假，所以景帝中元六年"定铸钱伪黄金弃市律"。黄金自秦时作为上币使用，是货币的一种。汉代的黄金特别多，但大多是作为赏赐用的，一斤黄金值铜钱一万。由于伪造黄金可以牟大利，故制定专门法律禁止制造假币劣金。但既然允许自由铸币，假币劣金就不是一纸法令所能禁止的。

汉初私人铸币盛行，从而解决了货币供给不足的矛盾。利润相对降低，铸伪钱又为法所不容，那么行业内部势必展开竞争，以质量取胜，保证信誉，扩大发行量，发行越多，利润也就越大。这就要改进技术，提高质量。

私人铸币业的发展，固然有助于繁荣社会经济，但也有不利之处。一是币制混乱，在文帝五年以前，官府垄断铸币权，但币品屡变，各种重量的货币并行，已很混乱；放铸之后，虽有统一规定，但各地手工业主"各隐屏而铸作"，形制、钱文、质量、重量势难一致，外加伪钱劣币和以前旧币，以至于"民用钱，郡县不同。或用轻钱，百加若干。或用重钱，平称不受。法钱不立，吏急而一之乎，则大为繁苛，而力不能胜；纵而弗呵乎，则市肆异用，钱文大乱"。② 反而不利于商品流通的正常进行。二是地方各自铸钱，富过公室，加速了土地兼

① 《汉书》卷二十四《食货志》。

② 《汉书》卷二十四《食货志》。

并，冲击个体农民，这些人因其财势，称霸乡里，目无王法，扰乱社会秩序，削弱中央的统治权威，一些诸侯更以其富厚，不把汉廷放在眼里，如吴王刘濞就是依靠其经济实力举兵叛乱的。这些问题直到汉武帝中期，实行由国家统一铸币才得到彻底解决。

三、商业的发展和抑商政策

西汉立国以后，为了缓和阶级矛盾，促进经济发展，于是下令："海内为一，开关梁，弛山泽之禁，是以富商大贾周流天下。"① 国家统一，社会安定，开放关梁，为商业的发展提供了有利的环境，而农业、手工业的发展又为社会提供了大批产品，商业因之迅猛发展起来。主要表现在以下几个方面：

（一）市场繁荣，交易之物应有尽有

在这里我们必须感谢汉代的大史学家司马迁，由于他的远见卓识，在《史记》中记载了大量当时的商业活动，才使我们今天能看到有关当时商业的资料。对此司马迁曾有过一段形象的描述："通邑大都，酤一岁千酿，醯酱千瓨，浆千甔，屠牛羊彘千皮，贩谷粜千锺，薪稿千车，船长千丈，木千章，竹竿万个，其轺车百乘，牛车千辆，木器髹者千枚，铜器千钧，素木铁器若卮茜千石，马蹄躈千，牛千足，羊彘千双，僮手指千，筋角丹沙千斤，其帛絮细布千钧，文彩千匹，榻布皮革千石，漆千斗蘖麹盐豉千稿，鲐鮆千斤，鲰千石，鲍千钧，枣栗千石者三之，狐貂裘千皮，羔羊裘千石，旃席千具，佗果菜千锺，子贷金钱千贯，节驵会。贪贾三之，廉贾五之，此亦比千乘之家，其大率也。"② 一个市场，大到奴隶车船，小到瓜

① 《史记》卷一百二十九《货殖列传》。

② 《史记》卷一百二十九《货殖列传》。

果蔬菜，无论是海中特产，还是地下珍异，应有尽有；有坐贾，有行商；有以货易钱的，也有专事高利贷的；有买卖公平的，也有哄抬物价、欺行霸市的。市场之繁荣，令人叹为观止。

（二）商品生产的发展

商品生产是指为了交换而进行的生产活动。一户农民，耕田百亩，自给有余时才出卖产品，这不算是商品生产。战国时诸侯割据，关卡林立，商品流通范围有限，商品生产也就受到限制。秦朝统一为时甚短，即陷入战乱，只有西汉王朝才具备大规模商品生产和交换的条件。据《史记·货殖列传》记载，北自长城脚下，南达南海之滨，东起东海沿岸，西至巴蜀地区，遍布商品生产者，各因地所宜，或渔或牧，或桑或麻，或漆或树，“陆地牧马二百蹄，牛蹄角千，千足羊，泽中千足彘，水居千石鱼陂，山居千章之材，安邑千树枣，燕、秦千树栗，蜀、汉、江陵千树橘，淮北、常山以南、河济之间千树萩，陈、夏千亩漆，齐鲁千亩桑麻，渭川千亩竹，及名国万家之城带郭千亩，亩钟之田，若千亩卮茜，千畦姜韭。”这些千足羊、千亩姜、千树枣等显然都是为了交换而种植牧养的，从事的是商品生产。而这些仅是就各地特产而言的，至于那些五花八门的手工业主更是遍布全国各地，他们所从事的当然是商品生产。

（三）商业城市的繁荣

西汉前期，全国各地形成不少商业城市，最大的首推长安。汉长安城规模很大，面积达36平方公里，是当时世界上的最大都市，比罗马城还要大三倍多。另外如江陵、番禺、临淄、洛阳、邯郸等地，也是重要的商业城市。

当时的长安城中有五大宫殿群，城外还有一个建章宫建筑群。当时未央宫的主要工程是营建大朝正殿——前殿和东阙、北阙。未央宫是作为正式皇宫建造的，自公元前198年，终西汉一代它一直作为首都长安的皇宫。未央宫在我国古代宫城发展史上占有重要的位置，其对后代宫城建制的影响是深远的。萧何还在长乐宫与未央宫之间修筑了武库，在长安东南修建了中央粮库——太仓。汉长安城城墙的修筑晚于未央宫。汉惠帝刘盈即位后，开始修筑长安城城墙，至公元前190年，长安城修筑才告竣工。高祖和惠帝执政时期还修筑了东市、西市和北宫、社稷、高庙等重要建筑。这时的长安城已初具规模。

西汉中期，汉武帝在长安城内修筑了桂宫和明光宫，在长安城西侧上林苑内营筑了建章宫。在都城西南郊开凿了昆明池，充实了上林苑中的各种宫观建筑，大规模扩建了皇室避暑胜地——甘泉宫。汉长安城的建设，这时达到了顶峰。

在汉长安城遗址的不少地方，西汉时代的高大城墙仍然屹立于地面之上。长安城周长25700米，城内总面积36万平方公里。周筑城墙，墙基宽16米，城墙原来高度在10米以上。城墙为版筑夯土墙，墙体坚硬如石。城墙四角营筑有角楼。城墙外侧有宽40米～45米、深3米的壕沟，一为增强城市的防御功能，二为便于城内排水。长安城每面各开三座城门，全城共12座城门。从已发掘的宣平门、霸城门、西安门和直城门来看，每座城门都有三个门道，城门进深16米。每个门道宽约8米，可通行四辆车。三个门道可容12辆车通行，这就是班固《西都赋》中描述的“披三条之广路，立十二之通门”。都城的12座城门大小并不完全一样，与长乐宫、未央宫相对的四座城门建筑宏伟、壮观，宽约52米，其他城门宽约32.4米。汉长安城东面的三座城门门两侧墙各向外折出一部分，似为后代城之雏形。

汉长安城内的道路规整，有八座城门各有一条大街通入城内。八条大街街道笔直，或南北向，或东西向。它们在城内交叉、汇合，形成了八个“丁”字形路口和两个“十”字形路口。八条大街长度不等，最长者达 5500 米，最短者也有 800 米。这些大街一般宽约 45 米（安门大街宽约 55 米），其间有两条排水沟将大街分为平行的三股道。中股道宽约 20 米，两侧的两股道各宽约 12 米。中股道即“驰道”，是专供皇帝行走的，其他官吏和平民只能走两边的道路。

长安城地处关中地区中心，是西汉首都之所在，达官显贵、富豪大家聚居于此，而关中物产丰富，故成为最大的商业城市，我们从其城市规模可以看出它的经济繁荣情况：《三辅黄图》云：“汉旧仪曰：长安城中经纬各长三十二里十八步，地九百七十二顷，八街九陌，三宫、九府、三庙、十二门、九市、十六桥。”“庙记云：长安市有九，各方二百六十步，六市在道西，三市在道东；凡四里为市，至九州之人，在突门夹横桥大道，市楼皆重屋。又曰：旗亭楼在杜门大道南，又有当市楼者有令署以察商贾货财买卖贸易之事，三辅都尉掌之。直市在富平津西南二十五里，即秦文公造，物无二价，故以直市为名。”但长安城修于惠帝时，其基本规模前后当无甚大变化。所谓九市就是九个贸易市场，按商品性质分类，同类商品集中于一地；各市都设亭管理，收取商税，维持治安。

其余著名的商业都会，如成都，是巴蜀地区商品集散地，当时人以一睹成都市井繁华而快，武帝时僰道令犯罪，临刑前曾遗憾地说：在四川当官，竟然没看到成都市之景象，认为是一生中最大的憾事。洛阳，居天下之中，交通十分方便，“东贾齐鲁，南贾楚梁。”东西南北的贸易都经过这里，是关东地区最大的商业都会。临淄，是齐鲁地区的经济中心，有人口 10 万户，市租（即市税）日至千金（等于 1 千万钱），其富庶豪华可以和长安相媲美。这些都是大的商业都会。此外如宛市（今河南南阳）、江陵（今湖北江陵）、番禺（今广州）、邯郸

（今河北邯郸）、吴市（今江苏苏州）等都是当时地区性商业大都市。这样全国就形成一个庞大的商业网络。

（四）富商大贾众多

在当时工和商多数是合一的，凡经营手工业、经济种植业、畜牧业的都经营商业。除此之外，专门从事长途贩运、囤积居奇者也为数不少，如关中著名的田氏、韦氏、栗氏、杜氏，都富至百万。宣曲任氏在秦末农民战争中，囤积粮食，成为屈指可数的大富翁。洛阳人师史，转车百数，行商遍于全国，有钱7千万。每一商业都市都有许多富商大贾。

在封建社会，商业是经济活动中最活跃的因素，商业的发展必然冲击社会的方方面面，导致人们的生活方式、社会观念等无不随着变动，而受冲击最严重的则是农业。主要表现在以下几个方面：一是商人兼并农民。商人的致富手段就是通过不等价交换获得巨额利润，农民人数最多，是消费主体，所受的剥削也就最重。晁错曾指出："今农夫五口之家，其服役者不过二人，其能耕者不过百亩，百亩之收不过百石。春耕夏耘，秋获冬藏；伐薪樵，治官府，给徭役；春不得避风尘，夏不得避暑热，秋不得避阴雨，冬不得避寒冻，四时之间无日休息。又私自送往迎来，吊死问疾，养孤抚幼在其中。勤苦若此，尚复被水旱之灾，急政暴虐，赋敛不时，朝令而暮改，当具有者半贾而卖，亡者取倍称之息，于是有卖田宅、鬻子孙，以尝债者矣。而商贾大者积贮倍息，小者坐列贩卖，操其奇赢，日游都市，乘上之急，所卖必倍。故其男不耕耘，女不蚕织，衣必文采，食必粱肉；亡农夫之苦，有阡陌之得。因其富厚，交通王侯，力过吏势，以利相倾；千里遨游，冠盖相望，乘坚策肥，履丝曳缟。此商人所以兼并农人，农人所以流亡者也。"[①]

① 《汉书》卷二十四《食货志》。

农民是封建国家一切财政开支和各种劳役的主要承担者，商人兼并农民，使他们卖田宅、鬻子孙，离乡背井，逃亡他方，既扰乱了社会秩序，也减少了国家的税源和兵源，同时加深了土地集中的过程，从而促进了大地主的发展和小农的分化。

商人的高利贷剥削，不仅对农民如此，对达官贵人也不放过，如桥姚在北边以牧致富，吴楚七国之乱，长安有些列侯封君要从军平叛，向桥姚借钱，桥姚以为东方胜负未分，诸侯封邑都在关东，怕一旦失败自己亏本而不借。只有无盐氏贷出千金，利息是百分之一千，七国乱平，一岁之中，无盐氏成为关中首富。对封君贵族如此，对普通百姓可想而知。

二是促使农民弃农经商。农民终年辛苦，还是穷困不堪，甚至卖儿卖女，为了求得生存，除了到处逃亡、铤而走险之外，便是弃农经商，所谓“背本趋末，浮食者甚众”。[①] 如洛阳“贫人学事富家，相矜以久贾”。即使那些书香门第也经不起金钱的诱惑，弃文经商者大有人在。如鲁地邴氏因冶铁富至巨万，“贳贷行贾遍郡国，邹鲁以其故多去文学而趋利者，以曹邴氏也。”[②] 除经商以外，有条件有能力者就是采铜铸钱。结果是社会上钱多了，粮食并没有增加，却相应减少。于是有识之士深为此担忧，贾谊就曾两次上书文帝：一是建议“驱民而归之农，皆著于本”。把农民从市场上、从矿山旁、从冶炉边以及经商世家那里吸引到土地上来；另一次是建议把铜锡资源收归国有，垄断铸钱材料，改由官铸。前者只能是书生之论，除非农业劳动收入和经商相等或高于经商才能办到。后者则不失为解决币制混乱、打击私人铸钱业、驱民归农的一条有效措施，但不合文帝放任政策，因此未被采纳，直到汉武帝中

① 《汉书》卷二十四《食货志》。
② 《史记》卷一百二十九《货殖列传》。

期才付诸实施，但其主观意图和客观效果都有异于贾谊所论。

三是形成以功利为中心的社会风气。人人经商，人人求富，金钱成为人们追求的最高目标，“利”成为决定人们行为方式的最终力量。司马迁引用的俗语一针见血地指出了这一点：“天下熙熙，皆为利来；天下攘攘，皆为利往。”①

商品经济对社会的冲击特别是对农业的冲击，早已被人们所认识，所以战国时李悝、商鞅变法都实行抑商政策，秦统一后仍然实行“上农除末”政策，以限制商人发展。西汉之初，高帝采取三项政策抑商：一是“重租税以困辱之”。②即加重征收商税和商人人口税。例如人口税（即算赋）商人要加倍交纳，和奴隶相同。二是在政治上贬低商人的社会地位，高帝八年令“贾人不得衣锦绣绮縠絺纻罽、操兵、乘骑马”。③不得衣丝乘车。把商人打入贱民行列，从而使百姓不屑与之为伍，以削减商人队伍。三是不准商人从政当官。

孝惠、高后时，认为政权已经稳定，需要发展生产，于是放弃高压政策，一切放任自流，“复弛商贾之律，然市井之子孙亦不得仕宦为吏”，此后，只剩下高帝所定的最后一条即商人子孙不得为吏了。文帝时又开关梁、弛山泽，进一步放宽了对商人限制。既然商人仕途无望，遂全力积财求富。利之所在，亦即权所在，政治权力只是经济权力的集中体现，商人握有诱人的金钱，何愁权势？他们交通王侯，力过吏势。所以汉初诸帝虽然屡次下诏重农抑商，然而正如晁错所说：“今法律贱商人，商人已富贵矣；尊农夫，农夫已贫贱矣。”④ 尽管制

① 《史记》卷一百二十九《货殖列传》。

② 《史记》卷一百二十九《货殖列传》。

③ 《汉书》卷一《高帝纪》。

④ 《汉书》卷二十四《食货志》。

定许多制度以限制商人的发展，但由于巨大的利益，商人们不惜铤而走险经营商业。应该说汉朝初年的放宽对商业发展的政策是正确的，对于恢复秦末汉初的经济是有积极意义的，后来的经济繁荣就是建立在商业发展基础上的。

汉初为了发展经济，实行一些鼓励商业发展的政策是正确的，对于促进当时的经济发展大有好处。中国封建社会为了维护统治，实行“重农抑商”政策，以促进农业的发展，维持社会的安静。但是没有商业的发展，社会的向前发展必然受到限制，同样的，要不是汉初放松对商业的限制，就没有或者影响文景之治的出现。

第三节　西汉初年的政治制度

汉承秦制表现在许多方面，在官僚制度上尤其如此。事实上，汉之与秦，有因有革，即使在刘邦立国之初、戎马倥偬之际，也并不是全沿袭秦制。后世诸帝也各因时变，有所兴革，使秦始皇所制定的各项制度因此得以发展完善。

一、中央和地方官制

西汉前期的中央官制的基本框架和秦朝无异，不同的是改变了一些官职名号，充实了一些官僚机构，强化了一些官僚机构的职能。皇帝自不待言，是天下的最高权威，一言九鼎。在其下形成一个金字塔形的官僚体制。中央最高行政长官是丞相，金印紫绶，秩万石。高帝十一年为表示对萧何的尊宠，改名相国，惠帝以后复名丞相，其职权“掌丞天子，助理万机”。[1]陈平曾担任过丞相，述其职责是：“宰相者，上佐天子

① 《汉书》卷十九《百官公卿表》。

理阴阳、顺四时，下育万物之宜，外镇抚四夷诸侯，内亲附百姓，使卿大夫各得任其职焉。"[①] 大体说来，西汉初年之丞相权力是比较重的，确实是一人之下、万人之上。其主要职能包括：

一为用人权。自秦时已然，秦昭王时范雎曾云："今自有秩以上至诸大吏，下及王左右，无非相国之人者。"[②] 汉初公卿大臣各级官吏多是功臣，空缺不多，丞相的这一权力无从表现，但仍然存在，如武帝时田蚡为相，"荐人或起家至二千石，权移主上。"[③] 这显然是自汉初沿袭下来的。

二为诛罚百官之权。文帝时，申屠嘉为相，文帝宠臣邓通对其无礼，申屠嘉以不敬罪召邓通至相府欲杀之，因文帝遣使说情，邓通才免于一死。内史晁错有罪，申屠嘉奏诛之，未准，申屠嘉对长史说："吾当先斩以闻，乃先请，固误。"[④] 内史是京畿地区最高行政长官，位列九卿，丞相都可以先斩后奏，对其余百官可想而知。

三是考课郡国，奏行赏罚。自战国开始，地方郡县长官要把该管区内一年之收成好坏、人口增减、治安状况上报中央，谓之上计，秦汉仍之。刘邦入关，萧何首先接收的是"秦丞相、御史律令图籍藏之……汉王所以具知天下阸塞、户口多少、强弱之处，民所疾苦者，以何具得秦图书也"。[⑤] 这种图籍就是考课郡国的依据。因上计事繁，丞相府设专人负责，如萧何为相时，因张苍熟悉全国图书计簿，通晓历法，令张苍以

① 《史记》卷五十六《陈丞相世家》。
② 《史记》卷七十九《范雎蔡泽列传》。
③ 《汉书》卷五十二《田蚡传》。
④ 《汉书》卷四十二《申屠嘉传》。
⑤ 《史记》卷五十三《萧相国世家》。

列侯居相府，专司郡国上计事，称为计相。

四是总领百官，奏事朝议。有重大决策，由丞相召集群臣，共同商讨，然后由丞相将讨论结果上奏皇帝。如诸吕乱后，群臣商议迎代王刘恒为帝，即由丞相陈平领衔上奏。

以上诸项均是就群臣百官而言，即使对皇帝，丞相也不是唯命是从，当丞相认为皇帝命令不合时宜或有违制度时，甚至可以拒不执行。如景帝欲立皇后之兄王信为侯，丞相周勃认为"高帝约，非刘氏不得王，非有功不得侯，不如约天下共击之，今信虽皇后兄，无功侯之，非约也。上默然而沮"。①

丞相权重事繁，相府吏员也较其他官府为多，相府设长史总领诸事，分东西二曹，东曹负责督察地方不法事，西曹负责朝中事务及上报地方情况；每曹之下各有掾司，其人数因时而异，最多时达300余人，多由丞相自行任命。

丞相权力过重，必然不利于皇权。汉初之所以相权太重，既有其历史传统，又有现实原因，皇帝虽然不快，一时也无可奈何，虽然有时也找借口打击一下相权，甚至免相，但并未从制度上予以削弱。这个问题直到汉武帝时期才得到彻底解决。

御史大夫，作为丞相副手，银印青绶，位在丞相之下，诸卿之上，分掌监察，"典正法度，以职相参，总领百官，上下相监临。"② 主要属员有御史丞和中丞，秩千石。其中御史中丞最为重要，负责图籍秘书，外监察郡县，内领侍御史十五人，检查公卿奏牍，按章举劾。御史大夫官秩虽低于丞相，但权力却很重要，并非唯丞相之命是从，相反还起着制约相权的作用，奏事不必通过丞相，皇帝诏书还要通过御史大夫下达丞相，如高帝十一年诏就曾云："御史大夫（周）吕下相国，相

① 《汉书》卷四十《周勃传》。

② 《汉书》卷八十三《朱博传》。

国（赞）侯（萧）何下诸侯王。”所以史书常把相府、御史并称二府。

太尉，掌管军事，金印紫绶，位比丞相。但太尉并不直接掌握军队，也没有发兵权，如诸吕为乱，南北军分别掌握在吕产、吕禄手中，周勃虽为太尉，没有皇帝符节不能入南北军，结果只能采用欺骗的方法才得以领北军，达到消灭诸吕的目的。观西汉前期，太尉亦非常置，而是根据需要，有军事行动则设，无则罢。原因在于军权系国之安危，不能轻易予人，必须掌握在皇帝手中，有事时，皇帝一人难以周全，遂设太尉以佐之，事毕则罢。太尉任命一般由功高之臣担任，如周勃、周亚夫之为太尉，都起于军功。

太尉官位如此显赫，也并非完全虚设，其职权为备顾问、出谋划、参议全国武备建设。在当时，军政还没有完全分开，行政长官兼长军事，军事长官也可干涉行政事务，朝中大政，太尉也有参与。

丞相、太尉、御史大夫是中央最高官职，可以认为是三驾马车，习惯上称为三公。分掌行政、军事、监察大权，是国家的政务官。在三公之下又分设若干个职能部门，是国家的事务官，是在秦九卿基础上发展起来的。主要有：

太常，即秦奉常，景帝中元六年更名太常，负责宗庙、陵寝的日常管理、祭祀、礼仪工作。在先秦时代，“国之大事，惟祀与戎。”降至西汉，祭祀仍是国之大事，故多选出那些饱学谨慎、通晓礼仪的人充任，其地位在列卿之首。下有属官若干，如太乐、太祝、太宰等，分管各种具体事务；又有博士，掌通古今，备顾问应对。当然博士不仅备太常顾问，也备皇帝、朝廷顾问。

郎中令，承秦而设，武帝太初元年改名光禄勋，负责朝廷内部警卫仪仗工作，属官有大夫、郎、谒者。大夫掌议论、备顾问；郎守门户，警卫宫殿内诸门，皇帝外出充当侍卫，又分议郎、中郎、郎中等，其中议郎和大夫性质相同，不属于侍卫人员，是议论之官。谒者主要充当行礼时的司仪。其中大夫、郎都无定员，郎最多时可达千人。

卫尉，承秦而来，景帝初一度改名中大夫令，后元元年复名卫尉，负责守卫宫门，属官有公车司马、卫士、旅贲三令丞等。其中公车司马负责天下上书奏事和司马门防卫。卫士分屯于各宫墙垣之内，负责检查日常出入宫廷者的身份，以备不测。旅贲令是负责传递信息的官吏。

太仆，承秦而来，负责皇室车马及国家养马业。当时马在社会生活中的作用很大，交通与军事都离不开马。汉初少马，“自天子不能具纯驷”，更缺乏骑兵，因此国家一方面鼓励民间养马，另一方面建立国营养马场，有三十六苑之多，每一苑有1万匹马左右，称做牧师苑，归太仆掌管。

大理，秦名廷尉，景帝中元六年更名大理（武帝建元四年复名廷尉），掌管刑法，是最高的司法官；地方的疑狱大案，要上报廷尉，廷尉仍不能判结，上奏皇帝，先提出处理意见，由皇帝裁决。属官有廷尉正和左右监，分管衙中日常公务和刑犯羁押工作。

宗正，承秦而来，具体负责皇族和外戚成员的封爵赏赐和日常事务，皇室和外戚犯法罪当髡以上都由宗正来审理，一般司法机关不能过问。此职多由皇室成员担任，属员有都司空令、丞，内官长、丞，诸公主家令、门尉等。

大行令，承秦而来，秦名典客，景帝中元六年更名大行令，武帝太初元年改名大鸿胪。负责各少数民族和诸侯王入朝进见的接待礼仪工作，郡国上计吏来京住宿游览也归其掌管。

大农令，即秦的治粟内史，景帝后元元年更名大农令，武帝太初元年更大司农。负责全国农业、手工业生产、国家财政收支，主要属员初设两丞，武帝以后增加甚多。

少府，承秦而来，负责山海池泽之税，以供皇室开支，是皇室的最高财政长官，皇室成员及其服务吏员的衣食住行均归其负责。

中尉，承秦而来，武帝太初元年更名执金吾。负责京畿诸县及京城的治安保卫，是京师地区最高军事长官。属官有丞、侯、司马、千人等，武帝太初以后，职掌有变化。

以上诸官，统称列卿，秩均中二千石，是中央官制的主体，其余次要的还有将作少府，景帝中六年改名将作大匠，专司宫室建筑；典属国专门负责管理少数民族事务以及司太子家事的东宫诸官，等等。

地方官制，由于汉初实行郡国并行制，一方面沿袭秦的郡县制，另一方面又实行分封制。刘邦先是封异姓王，后又大封同姓王，中央直辖区只有 15 个郡，其余均在诸王手中。虽然诸王国之内也是实行郡县制，但多出了一套王国官制。

郡一级行政长官和中央一样，也是三驾马车，设郡守、郡丞和郡尉。郡设郡守，景帝中元二年改名太守，是一郡的最高行政长官，下设郡丞协助郡守管理民政事务，设都尉辅佐郡守分管军事。地处边远之郡有守土之责，军务较重，一都尉不足以胜任军事，另设长史一人管兵马，或增设都尉一至二人。

郡守秩二千石，都尉秩比二千石，郡丞和长史秩均六百石，故都尉、郡丞、长史虽同为郡守佐官，但都尉权、秩均高于丞、长史。郡丞、长史一切听命于郡守，都尉则否。都尉是一郡军队的直接统帅，社会治安、征兵练兵等都由都尉全权掌管，其统属于郡守者，一是接受郡守检查，二是发兵权在郡守手中。

郡以下设县，根据地区大小、户口多少、治理难易和治绩好坏，分别设县令、县长。大县为县令，小县为县长。县令秩千石至六百石，县长秩五百石至三百石，下设县丞、县尉以佐之。县令（长）、丞、尉的权职划分、属员设置略同于郡，只是规模较小而已。在有少数民族地区，设道，与县平级。

县之下设乡，乡设三老管教化，啬夫管调解民事纠纷、收取赋税、征发徭役；游徼负责社会治安。

乡下设里，里是最基层的行政组织，五十家为一里，设里正主之。普通居民则按伍（五家）为单位编制起来，伍有伍长，什伍相互监督，相互保护，防止奸盗不法行为。

在地方行政系统中，另有专门负责邮驿和地方治安的机构，谓之亭，设有亭长等小吏，刘邦就曾干过这种小吏。

封国官制分王国、侯国两种。汉初王国辖地辽阔，占地多达数郡几十城，王是一国的最高统治者。下设太傅主要教导国王，不干预政事；设内史治民事，相负责王国百官事，中尉负责一国军事；其余列卿大夫之设和中央相同，各有属员，职务划分略同于汉廷，只是规模小于汉廷。

在汉初，王国官员除太傅、丞相由汉廷代置以外，其余诸官均由王自行任用，王几乎享有一国完全的军政诸权，可以为所欲为。自景帝平定吴楚七国叛乱之后，剥夺了王的治国权，主要官吏均由汉廷任命派遣，省去御史大夫、廷尉、少府、宗正、博士诸官，王国官职吏员大为减少。

侯国相当于县，官职较少。负责诸侯家事者有家丞、行人、洗马等。列侯是侯国的最高统治者，具体政务则县令负责，其属员和普通县相同。在西汉前期，侯国官吏都由列侯任免，武帝以后有变化。

第四节　西汉初年的法律制度

公元前 206 年，刘邦初入咸阳，为取得关中百姓的支持，下令废除秦朝苛法，与老百姓约法三章："杀人者死，伤人及盗抵罪。"① 这只是当时策略性的权宜之举，但对于当时秦国大众来说，有此约法无疑同于大赦，对刘邦的成功起了重要作用。

及至统一全国，萧何乃根据秦律内容，结合现实需要，作律九章，即著名的《九章律》。按传统说法，《九章律》是李悝《法经》之盗、贼、囚、捕、杂、具之外，增加了户（婚姻赋税）、兴（征发徭役）、厩（畜牧）三章而成。实际上律名、内容都是删除秦法而来，秦简的出土说明了这一点。

在制定《九章律》的同时，高帝又令叔孙通制定朝仪，颁为律，谓之《傍章律》十八篇，系摭集先秦及秦朝礼仪而成。《九章律》是汉律的主体，其刑罚多取秦律，可分为四类：死刑、肉刑、徒刑与罚金。死刑有三：斩首、腰斩、磔。肉刑有四：黥（在脸上刺字）、劓（割鼻）、刖（砍去左右脚）、宫（又称腐刑，破坏人的生殖机能）。徒刑有五年、四年、三年、二年、一年之分；又有是否戴刑具、是否剃去头发之别；又根据事役不同而有不同刑名等等。另有经济处罚，即罚金，多至数斤、少至二两。《九章律》也沿袭了秦的连坐法、夷三族等刑罚。

惠帝文景时期，实行无为政治，表现在法律方面就是减省刑罚，《九章律》内容屡有变动。惠帝四年，废除秦立的《挟书律》。高后元年，除夷三族罪、妖言令（即妖言惑众罪），但以后又有恢复。文帝元年除连坐，二年除妖言诽谤罪，认为此罪之立，百姓群臣不敢尽情议评朝政，不能广开言路。五年除盗铸钱律，即放任私人铸钱。十三年除肉刑事，代以笞刑。这是西汉前期法律的一次重大变动，起因于太仓令淳于意有罪当

① 《汉书》卷一《高帝纪》。

刑，其女缇萦上书陈情，认为人死不能复生，肢体伤残不能再完，即使想改过自新也没有机会，故愿意自己入宫为奴婢，以赎其父之罪。文帝为其孝心所感动，同时亦觉得其言之成理，于是下令废除宫刑，罢黥、劓、刖诸肉刑。规定："当完者为城旦舂，当黥者髡钳为城旦舂，当劓者笞三百，当斩左趾者笞五百，当斩右趾及杀人先告、及吏坐受贿枉法、守县官财物而即盗之、已论命复有笞罪者，皆弃市。"[①]即用徒刑、死刑代替肉刑。髡即剃发，钳即铁镣；城旦舂是四岁刑，男子旦起治城，曰城旦；女子舂米，曰舂，均不着刑具。"髡钳为城旦舂"即髡钳之后判为城旦舂。笞即打板子。文帝的本意是减刑，但此举的结果适得其反。行刑用的竹板子没有具体规定，法吏多以重者为之，犯人再强健也难以支撑三五百下杖打，刑者多死，侥幸不死者也得落下残疾。斩右趾者即弃市，贪赃枉法、监守自盗等不一定有死罪，结果也是弃市，所以当时评论说："外有轻刑之名，内实杀人。"[②] 故景帝即位，再次减刑，改笞五百为三百、三百为二百；又定箠令：规定竹片长五尺、宽一寸，最薄的一端半寸，削平竹节；行刑时只准打臀部，中间不得换人。这样犯人可以苟活性命了。

景帝时，晁错为内史，更改律令三十余章悉被采纳。中元二年，改磔为弃市，允许以腐刑代替死刑。司马迁就是受的这种刑罚。

法律是维护统治的工具，随着统治的需要，可以减省刑法，也可以增加。文帝废除三族法不久，后元元年，因新垣平谋反，又恢复三族罪；又作酎金律（诸侯、王献于朝廷用于祭祖之金曰酎金），具体规定酎金的成色、重量、形状，不如律

① 《汉书》卷二十三《刑法志》。

② 《汉书》卷二十三《刑法志》。

者罚。景帝时，鉴于伪币流行，又作伪黄金弃市律。在封建社会里，法律的改变是以皇帝的意志为根据的，皇帝可以随时更改法律，上述法律的变动都是如此。

因为法律的增减变动取决于皇帝意志，皇帝的命令诏书也就成为法律，称为令。根据命令发布时间的先后，有令甲、令乙、令丙之别，令是律的另一种形式。同样具有法律效力的还有案例，一些典型案例和经过钦定的特殊案例都可以作为后日审案的依据，作为律、令的补充，称为比。律、令、比是汉代法律的主体。

总括西汉前期法律演变趋势，在汉初是有选择地因袭秦律。从惠帝以后，逐步减轻秦法之严苛。在执行过程中，文帝时是“务在宽厚，耻言人之过失。化生天下，告讦之俗易。吏安其官，民乐其业”。[①] 甚至一年之间，“断狱数百，几致刑措。”[②] 这虽属夸张溢美之词，但当有一定根据。为防止官吏贪赃枉法、制造冤案，皇上也带头守法，如文帝出行通过渭桥，桥下有人走出，惊动乘舆，廷尉张释之判云：“此人犯跸，当罚金。”文帝以为触犯天颜，当重治，张释之云：“法者，天子所与天下公共也。今法如是，更重之，是法不信于民也。”文帝最后还是同意了张释之的判决。又有人盗高庙座前玉环，张释之依法定为弃市，文帝则要处以族刑，最后也被张释之说服。[③] 在封建专制的时代里，文帝能带头守法，对于维护法律权威和法制秩序无疑有着重要作用。西汉前期 70 年间，是汉代法治最好的时期。关于汉朝初年的法律情况，我们可以在新近发现的张家山汉简中看出。

---

① 《汉书》卷二十三《刑法志》。
② 《汉书》卷四《文帝纪》。
③ 《汉书》卷五十《张释之传》。

法律是统治阶级意志的体现，是阶级统治的工具，在制定和执行过程中，对统治阶级就有种种优待。主要有如下三项：

一项是量刑从轻。高帝七年规定："令郎中有罪耐以上，请之。"惠帝即位后下诏："爵五大夫、吏六百石以上及宦皇帝而知名者有罪盗械者，皆颂系。上造以上及内外公孙耳孙有罪当刑及当为城旦舂者，皆耐为鬼薪白粲。"[①] 即对六百石、爵五大夫以上以及皇亲等量刑从轻。文帝时贾谊上书认为公卿大臣有罪不能下吏审讯，只能皇上免官降用或者赐死，否则高官要受狱吏审讯，有失尊严。自此以后，大臣有罪均不受刑，轻者免降，重者赐死。

二是买爵或入粟免罪。惠帝元年规定："民有罪，得买爵三、十级以免死罪。"[②] 当时一级爵两千钱，共 6 万钱即可赎命。司马迁当时就是因为没有太多的钱用来赎罪，而被处于宫刑。文帝采纳晁错建议以粟抵罪。普通百姓是出不起这么多钱粮赎罪的，这些规定显然是有利于地主官僚，为他们欺压人民提供了保护伞。

三是以爵抵罪。有爵位者犯罪便"夺爵为士伍"，有官者免官，用爵位也可以抵罪，无爵之平民就只好服刑了。

我国古代封建法律的特点之一是民法和刑法不分，司法机关和行政机关不分，汉代也是如此。地方郡县守令既是行政长官，也是司法长官，判案是其经常的政务，其属下有决曹专职办理诉讼、刑讯事宜。在中央虽设廷尉专职司法，但遇有疑狱大案，都要奏请皇上裁决，或者会同其要员审理，叫做"杂治"。所审之案大都是地方难决或皇帝命令审理的。从中央到地方都有监狱，中央的隶属廷尉，因其所理多是承诏而办的要

① 《汉书》卷二《惠帝纪》。

② 《汉书》卷二《惠帝纪》。

案，故名为“诏狱”。

法律规定，诉讼有两种，一为官吏纠举犯罪，即官吏认为犯人犯法而治之；另一为当事人自诉或当事人的亲属代为告劾。判决书称为“鞫”，对判决不服，可以要求重新审讯，叫做“乞鞫”。遇有疑案一时难决者，可逐级上报直至奏请皇帝裁决。百姓遇有特殊情况也可以越级上诉，可以上书朝廷，如缇萦就是上书文帝而救父的。但在一般情况下，地方案件都由地方裁决，只是死刑要上报廷尉核准批复后，方能执行，一般的死刑都在秋后执行。

第五节　西汉初年的赋税徭役制度

汉代的赋税种类甚多，大体上可以分为田税、商税、人口税、资产税和山林川泽之税等。

汉初土地制度沿袭秦制，刘邦复故爵田宅的诏令就是宣布承认秦朝土地的占有状况。不同的是大乱过后，地多人少，汉初君臣都大力鼓励农民垦荒，减轻田税。西汉立国之初，一度采取十五税一制，不久因对异姓诸王连年用兵，用度不足，改用十税一制。到惠帝元年复十五税一。至文帝前元十二年，令百姓半出田税，次年令“除田之租税”。景帝元年“令田半租”，即三十税一，至此三十税一成为定制。

三十税一是田税而非田租，田税是土地管理权的经济体现，亦即国家向土地所有者征收的土地税。田租是土地所有权的经济体现，也就是土地所有者地主向租种土地的农民所征收的地租，二者所代表的经济关系不同。先秦时代土地所有权先是属于周天子和各级奴隶主贵族，后属于封建国家，农民没有土地私有权，起码没有完整的土地私有权，所以租税不分，到汉代租税在概念上仍然不分。但在汉代，土地私有权已确立，一般说来，国家对农民耕种的土地已变成行政意义上的管理关系，所征收的是田税。当时五口之家，百亩之地，可收百石强，交税三石多一点，田税负担不重。汉初百亩之田系沿用战国国家授田制之下每家百亩的计算方法，农民实耕已有变化，但出入并不大，收税仍按每户百亩征收。至于田租率则远高于税律，董仲舒说自秦以来农民无地或少地者“耕豪民之田，见税什伍”。[①] 所谓“见税什伍”，即收取百分之五十的田租，租率高于税率，有汉一代基本上都是这样的水平。

商税是市场交易税。汉初经济放任，商业发达，行商坐贾、城乡居民，会于一地，以其所有易其所无，进行货物交易，国家则设专官管理之。一来维护治安，调解纠纷；二来收取商税。收税办法，区别对待，对那些专业商人，另立户籍，谓之“市籍”，定期收税。这在西汉前期未见记载，但在以后的记载中可以看到，例如何武，“兄弟五人，皆为郡吏，郡县敬惮之。武弟显家有市籍，租常不入。市啬夫求商捕辱显家，显怒，欲从事中商。武曰：‘以吾家租赋徭役不为众先，奉公吏不亦宜乎。’武卒白太守，召商为卒吏，州里闻之皆服焉。”[②]

秦汉时期已有市籍，对商人实行歧视政策，“重租税以困辱之”，这必然是建立在市籍的基础上才有实现的可能。

除一般市场外，在军队屯驻区还设有军市，以方便军士生活。参与军市贸易的人也同样要交税，如文帝时，“魏尚为云中守，其军市租尽不飨士卒，出私养钱，五日一椎牛，飨宾客军吏舍人，是以匈奴远避，不近云中之塞。”[③] 军市和普通的

① 《汉书》卷二十四《食货志》。
② 《汉书》卷八十六《何武传》。
③ 《史记》卷一百二《张释之冯唐列传》。

市不同，军市归驻军管辖，军市令由部队长官任命。魏尚为云中太守，总揽军政大权，而军权尤重，故过问军市租的使用，将军市租用于改善军队生活，是按制度办事，不贪不占，故为后人传颂。

汉代商税率记载不详，但是商税是当时政府一宗大收入则是没有问题的，因为汉代的商品经济已经较为发达，市场越大市税也就越多，如《史记·齐悼惠王世家》记载："齐临淄十万户，市税千金，人众殷富，巨于长安。"汉代黄金一斤值一万钱，一个临淄市一天市租达一千万钱，全国所得可以想见。

人口税也是汉代最重要的税收之一，可分为口赋和算赋两种。口赋是未成年人的人口税，据《汉旧仪》载："算民年七岁至十四岁，出口钱，人二十三。二十钱以食天子，其三钱者武帝所加，以补车骑马。"说明在武帝以前口钱为二十钱。算赋是成年人的人口税，"民年十五以上至五十六岁出赋钱，人百二十为一算，为治库兵车马。"① 这里记载的是汉昭帝以后的制度，在汉昭帝以前百姓年六十岁才免交算赋。

人口税大约始于战国时期，秦朝予以制度化。汉朝始于高帝四年（公元前 203 年），"初为算赋"。这里的算赋也含口钱，所以史籍把收口钱算赋统称算民。一般收算赋是在八月，届时和户口登记检查一并举行，又称案比，具体工作由乡啬夫负责。算赋额也可以变动，遇有灾荒或某种庆典或者为了示恩于民，皇帝可以下令临时减免，如文帝曾一度下令每人只交四十钱，以后诸帝也都有临时减免的记载。

人口税并非所有的人都交纳同样数额，因身份不同，税额有区别。汉初对商人实行重税政策，商人算赋加倍。此外，为了鼓励人口增殖，提倡早婚早育，惠帝六年规定："女子年

---

① 《汉书》卷一《高帝纪》注如淳引《汉仪注》。

十五以上至三十不嫁，五算。”即“自十五至三十为五等，每等加一算也”。[1]

资产税是家庭固定财产税，土地、房屋、车马、奴隶作价以后，累计每万钱收一算即百二十钱，谓之资算。以万钱起征，不足者免征。

山林川泽之税是百姓使用山林川泽所纳的所得税。细分则有矿产税、渔税、牧税等。矿冶资源都在山林之中，百姓如欲开采，如采铜炼铁，都要经过官府许可，即注册纳税，国家则设专官收取，如铁官、盐官在西汉之初即专司此事。同理，放牧渔采所用也是皇家资源，也要交纳。税额多少，征收方法，大致同于田税。

汉代财政分皇室和国家两个系统，上述各项税收也分属这两个系统。其中人口税、田税入国库，归大司农掌握；山林川泽之税，则供皇室使用，由少府掌握。各个诸侯王国的财政收支也是如此。

徭役分兵役和劳役两种。汉景帝以前，凡男子自 17 岁开始登记于户口本，叫做傅籍，表示成丁，也叫做“正卒”，开始服役。景帝二年，“男子二十始傅”。[2] 正卒中经过挑选身强力壮者服兵役，其余服劳役。兵役分三种：郡兵、戍卒、卫士。男子傅籍以后，首先在本郡（县）当兵一年，或步兵（材官），或骑兵（骑士），或水兵（楼船士），因地而异，一年期满，罢役返乡，国家有事，随时听调。戍卒是守备之兵，国家随时征内郡正卒戍边，为期一年，到期轮换，在制度上人人都有戍边一年的义务。卫士是戍卫京师宫廷者，属卫尉统率，时间一年，轮番调自郡县。正卒充卫士就不戍边，反之亦然。边

① 《汉书》卷二《惠帝纪》。

② 《史记》卷十一《孝景本纪》。

郡之民守土任重，戍卒之役与郡兵之役往往合二为一。诸侯王国民只充戍卒，不当卫士，目的是为了防止诸侯王在中央卫士中安插亲信，于朝廷不利。

劳役包括国家兵役之外的各种事役，如修城筑路、挖渠引水、修建陵墓以及为战争前线运粮送草等等。这是西汉徭役制度中的大头。从制度上来讲，每人每年服役一月，叫做更役，服更役者又叫更卒。服更役者有时也包括女子，如惠帝三年："发长安六百里内男女十四万五千人城长安，三十日罢。"五年"复发长安六百里内男女十四万五千人城长安，三十日罢"。更役为期一月，故"三十日罢"。[①] 服更役有两种方式：一种是自己服役叫"践更"，另一种是出钱让人代役叫"过更"，代役钱因时而异，就目前所知，在西汉是每月三百钱，到后来便逐步演变成为一项固定的税收，即更赋，数额也有所增加。封建社会是等级森严的社会，人和人是不平等的，虽然在制度上看人人都要承担赋税徭役，但实际上相当一部分人可以种种借口而减免。有的以身份免除，如皇室成员、贵族、三老、孝悌、力田等。有的以功劳复除，如高帝十一年规定"士卒从入蜀汉关中者，皆复终身"，次年诏"吏二千石入蜀汉定三秦者皆世世复"。[②] 丰沛是刘邦的故乡，也免除一切徭役；至于各级官吏大都是不予赋税徭役的。有时为了提倡孝道，奖励高年，也减免年八十以上老人的家人的部分算赋徭役，但这为数极少，以当时之生活条件、医疗水平，年过八十者实属寥寥。故各种减免的阶级性是很明确的。主要是为地主阶级着想，一切赋税徭役主要是由农民阶级负担的。

① 《汉书》卷二《惠帝纪》。

② 《汉书》卷一《高帝纪》。

第六节　西汉初年与匈奴和南越的关系

我国是一个多民族组成的国家，历史上周边少数民族众多，大多数情况下关系处理是好的，能够和睦共处，但也有相互斗争的时候。周边各少数民族往往有自己相对独立的政权，这些地方性的民族政权，有时对中央王朝俯首称臣，有时则独立于中央统辖之外，有时处于战争状态，有时则和平友好，之所以如此，是由二者的力量对比所决定的。西汉前期汉与周边民族匈奴、南越关系就是如此。

一、匈奴的强大与汉匈和亲

匈奴是“逐水草而居”的游牧民族，当草原无法满足要求时，便向内地进犯，战斗力很强，秦汉时期一直是中原王朝的大敌。秦朝覆亡，中原战乱，一度北退的匈奴又趁机越过蒙恬修筑的长城，进入中原边界。其时冒顿立为单于，东灭东胡，西破月氏，南服河套一带的楼烦、白羊诸部，北并浑窳、屈射、丁零、隔昆、新犁等部族。辖区东起辽东、西至西域、南括河套与燕代为界，有控弦之士 30 万众，势力强大起来。

冒顿是匈奴族的杰出领袖，他在扩疆拓土、统一北方游牧地区的同时，整齐制度，建立比较完整的国家机构。单于之下，依次为左右贤王、左右谷蠡王、左右大将、左右大都尉、左右大当户、左右骨都侯，军政合一，以军事为主，凡成年男子都编为骑兵，所有官吏都是将领，单于是最高军事统帅，自左右贤王以下至大当户，统领万骑者有 24 人，称为万骑长。万骑长之下各置千骑长、百骑长、什长、裨小王、相封、都尉、当户、且渠等军官，各以部众多寡为别。单于把国土分为三部，按左右划分，东部由左贤王及左谷蠡王等左官将统领，面对上谷（治所在河北怀来一带）以东地区，包括辽东、朝鲜在内。右贤王及右谷蠡王等右官将辖西部，面对上郡（治所在今陕西榆林东南）以西，包括西域地区。单于居中面对代郡（治所在今河北蔚县内）、云中郡（治所在内蒙托克托县内），驾驭左右。从十骑长到单于，形成一个金字塔，单于高居塔尖之上，自称“撑犁孤涂单于”（撑犁意为天，孤涂意为子，单于为广大貌，言其像天那样广大的首领），指挥其臣民，不时以阴山为依托，河套为跳板，突破汉朝防线，掳掠边民畜产。

高帝六年，韩信降匈奴，领兵南侵。次年高帝御驾亲征，领兵 32 万北击匈奴。冒顿佯败，为诱兵之计；高帝轻敌，领少数骑兵冒进追击，大队步兵未能跟上，被冒顿 30 万骑兵围于平城（今山西大同）附近白登山上达七日之久，几陷绝境。最后陈平派人贿赂阏氏（单于正妻），请阏氏劝单于退兵。冒顿也因原先约定的韩王信的部队未能按时到来，而汉朝援兵陆续抵达，料不能胜，遂解围而去。经过这次交锋，高帝明白难以用武力征服匈奴，遂采纳刘敬建议，对其实行“和亲”政策。高帝九年，刘敬奉宗室女以公主名义，嫁给单于，结好匈奴。此后在惠帝三年、文帝六年、景帝元年和五年都先后将公主远嫁匈奴。

“和亲”政策是委曲求全之计。当时，汉朝初建，战乱始息，民力国力都十分疲乏，无法遏止匈奴南侵，不得不屈辱求和，以减边患。条约也是不平等的，汉朝付出的代价也是巨大的，这从和约的内容可以看出。

第一，汉朝以公主嫁给单于为阏氏，一次汉赠匈奴黄金千斤；每年奉送大量的絮、缯、酒、米、食物。文帝后元二年，又把絮、缯等物品改为贵重的金、帛、丝等物。即每年用这些东西为匈奴族纳贡。

第二，汉王朝开放“关市”，允许两族人民自由贸易，汉朝从匈奴购进皮毛马匹，匈奴则从内地购进生活用品及大量急需的金属，以供制造兵器之用。

第三，汉匈结为兄弟，相约以长城为界，北面游牧地带是匈奴领地，南面农业区是汉朝辖区，双方互不侵犯。

这三项内容，第一项显然是不平等的，匈奴等于变相掠夺。第二项从理论上讲是有利于民族文化交流的，是可行的，对双方都有好处。但在当时特定的历史环境之下，对汉朝也有其不利的一面，这就是大量铜铁流入匈奴，匈奴将从汉朝购得的铜铁主要是用于造兵器，而这些兵器主要是用来侵扰汉朝的。因此不加限制地开放关市，并非有利无害。当然，汉朝也可以获得匈奴良马，发展骑兵，对付匈奴，利弊兼有。第三项只要匈奴一方能遵守就有利于双方经济的发展。因为汉朝当时的国力太弱，根本无力北进，所以汉朝奉行第一项就是希望用金钱美女使匈奴遵守第三项。

当时的匈奴还处于奴隶社会初期，带有许多原始社会末期的生活方式，掠夺是其获取生活资料的手段之一，特别是面对一个物产富饶的农业区，更乐于采用掠夺方式，获取财物和奴隶；其同意“和亲”，并非是仰慕中原文明、中原礼义大大超越了他们的社会阶段，而是为了获得汉朝财物；当奉送的财物满足不了其欲望时，就不管什么兄弟之约、甥舅之义，照样纵兵掳掠。当时的陇西、北地、上郡、云中、上谷、辽东等郡（今甘肃临洮、庆阳，陕西榆林，内蒙托克托，河北怀来，辽宁辽阳一带地区）常遭侵扰，匈奴铁骑所达之处，蹂躏庄稼，抢掠财产，杀戮黎民，焚烧村庄。单是云中、辽东两郡，每年被杀掠的人口就达万人以上。匈奴根本不把和约放在眼里。惠帝三年，冒顿单于传书侮辱吕后，要吕后嫁给他。吕后虽然大怒，仍强咽耻辱，婉言谢绝，并以宗室女为公主嫁于单于，可见其气焰之逼人。文帝十四年，匈奴 14 万骑大举南下，入朝那（今甘肃平凉西北）、萧关（今宁夏固原县东南），杀北地都尉，掠杀吏民甚众，前锋直逼雍（今陕西凤翔）、甘泉宫（在今陕西淳化县西北甘泉山），直接威胁到长安的安全。

事实证明，“和亲”并不能带来持久的安宁，因为匈奴族是以掠夺汉朝财物为目的的。相反“和亲”却助长了匈奴的气焰和贪欲。要保持安宁，必须有强大的武力作为后盾，汉朝君臣是明白的。但军事是以经济作为基础的，经济力量不足，军队就无从强大。故文帝一面与民休息，发展生产，一面采纳晁错主张，加强边防守备。晁错分析了汉与匈奴双方军事优劣，总结了秦朝边备之得失，提出两项措施：一是“以蛮夷制蛮夷”，即利用归附汉朝的少数民族如胡人义渠诸部防御匈奴。因为匈奴长于骑战，适于山险之地，但武器质量低劣；汉军长于步战，适于平原之地，有武器之利。归附胡人其生活习俗、作战方式同于匈奴，给他们配上先进的武器、边地之良马，就能提高战斗力，可以有效地阻止、反击匈奴的侵扰。二是移民实边，增加边地人口和军事力量。按当时汉朝的规定戍边一年，一般情况下还不适应边地气候，不了解匈奴作战特点。等到适应了，也已期满应当返乡了，故其战斗力受到限制。如果招募内地居民移居边地，给予田宅房屋，借予种粮农具，供给衣食，免其赋税，赐予高爵，直到自给为止，使之边耕田边戍边。这样久戍边地，成为边民，熟悉匈奴作战特点，适应边地气候，保家和卫国相一致，戍边能力和主动性都优于从内地征发的戍卒，既减少了百姓戍边之苦，又增加了边防能力。文帝采纳了晁错的这一建议，文帝十三年罢戍卒令，就是募民实边的结果。当然，这只是消极防御。与此同时，也着手积极防御即反击的准备，大力发展养马业，以扩大骑兵，景帝时扩大官营养马规模，在西边诸郡，建 36 个牧师苑即养马场，每个牧师苑有马 1 万，以满足军事需要。这些都为汉武帝的大规模反击匈奴奠定了基础。

二、赵佗称王南越及汉越通好

秦统一六国后，开始征服东南、南、西南的“百越”诸部，设郡统治。秦亡之后，这些地区的民族又纷纷独立，只有今浙江、福建一带的闽越、东瓯的君长无诸和摇先是反秦，后佐刘邦攻项羽，受封为闽越王和东海王，其余诸部都脱离了中央政权，其中以南越王赵佗势力最大。

南越位于今两广地区，秦置南海郡治之，郡治番禺（今广州市），目前已在广州市内发现了南越时期的王陵和宫苑遗址，规模庞大，设施先进，有不少文物可以反映当时西汉政府与南越之间的交流情况。

秦末战乱，南海郡尉任期病重，临终前召真定人（今河北正定）龙川县令赵佗，嘱其拥郡自立，保境安民，以观中国之变。赵佗遂杀秦朝官吏，断绝和中原关系，吞并桂林、象郡，统一岭南，自立为南越武王。西汉初年，由于一来诸事纷繁，二来国力不继，关山阻隔，鞭长莫及，无力统一南越，乃派陆贾为使，劝赵佗归汉。赵佗初不为礼，当陆贾晓以利害后，赵佗才受汉封为南越王，向汉称臣，贸易往来，各安其分。

到高后时，误听人言，下令禁止出售铁器给南越，怕南越将铁器改铸兵器；不利于汉对南越的统治。赵佗遂背汉自立，出兵进攻与其接壤的长沙国，破数县。高后命将征伐，因天气湿热，士兵多病，无功而返。赵佗遂贿赂闽越、西瓯，让他们拥护自己为共主，东西万余里，自称南越武帝，乘黄屋左纛、天子仪仗，与汉朝等，俨然一个南方大国。

文帝即位以后，以德治国，改变吕后时的政策，对赵佗进行攻心战。首先为赵佗先人修墓，派人守坟，置陵邑，实际上这是要赵佗知道不要忘记自己是中原人，然后派陆贾再使南越，谕意赵佗，劝他取消帝号，不要有二心，不要挑起边衅。赵佗大受感动，立即上书，表示自己是高后所迫，出于无奈才称帝，实无反心。立即取消帝号，称臣纳贡，如诸侯礼，友好往来。终文、景之世，相安无事。

第四章

黄老思想与无为而治

不可一世的秦皇朝，转瞬间灰飞烟灭，刘邦从一个小小的秦王朝的亭长，数年间便成为汉代皇帝，是什么原因促成这一历史变化？秦朝为何速亡？汉朝怎样才能长治久安？这是汉初君臣时常思考的问题。

汉高祖起初崇尚武力，以为江山是马上得到的，只要有武力就可以治国，无需用诗书礼乐治国，但当陆贾问他："马上得之，宁可以马上治之乎？……向使秦已并天下，行仁义，法先圣，陛下安得而有之？"这一段话使他明白打天下和治天下并非一回事，于是令陆贾"试为我著秦所以失天下，吾所以得之者，及古成败之国"。陆贾遂奏上《新语》十二篇，指出秦之灭亡在于举措暴众，刑罚严酷，徭役繁重，致使民不堪命，继而亡之。当今之务是实行无为而治，与民休息，发展经济。做到"是以君子之为治也，块然若无事，寂然若无声，官府若无吏，亭落若无民；闾里不讼于巷，老幼不愁于庭；近者无所议，远者无所听；邮驿无夜行之吏，乡闾无夜名之征；犬不夜吠，鸟不夜鸣，老者息于堂。于壮者耕耘于田，在朝者忠于君，在家者孝于亲"。不能靠严刑苛法压迫人民，而要靠教化使人民自觉遵守法律。这是符合当时社会要求、适应人民愿望的，因而也深得高帝赞赏，遂作为制定政策的指导思想，这就是汉初的黄老政治。陆贾是汉初弘扬黄老学说的第一人。

继秦亡而建的西汉王朝，在其立国之初，虽然在政策上有些与秦相反，废除苛法严刑，宽以待民，实行“仁”政。但在思想领域却并没有立刻把儒家思想作为其统治思想，反而大力推行从未受统治者重视和实践过的“黄老政治”达六七十年之久。此后，儒学才在汉武帝的支持和推行下，取代黄老思想，取得独尊之地位，影响至深至远。可以看出，在从先秦多元文化到儒学独尊的历史进程中，当时主要的诸子思想派别，如法家、道家、儒家都先后受到了历史实践的检验。前二者由于不合时势，或过于严酷，或太过放任，皆不能适应统治者的需求而被迫淡出历史主流文化之外，或以“儒表法里”的形式得到运用，或以社会主流文化的辅助成分而存在。

第一节　何谓黄老思想

黄老思想虽然在汉初发挥了极为重要作用，但对黄老思想的深入研究则是由于在马王堆汉墓中发现了有关黄老思想的资料。1973 年冬天在湖南长沙马王堆发掘了被推定为汉初期的三座古墓，在其中一座墓中出土了大量的简帛文献，这是一次非常重要的考古发现，对于研究和考证历史上的若干问题、特别是黄老思想提供了第一手的资料。这些文献中除了分别被命名为甲、乙本的两种《老子》以外，其他无论其名称还是作者都不得而知。特别引人注目的就是《老子乙本》前一部分所收录的文章，即几篇古佚书。这几篇古书即为在《汉书·艺文志》里只流传下名称的《黄帝四经》，这对于研究黄老思想大有裨益。

虽然黄老之名是汉代记载中才有的，但黄老之学在战国时就有了，当时就有一批“学黄老道德之术”的人。黄老这一类的人有一个共同之点，就是他们都和老子一样“贵道”。因为司马迁说："老子所贵道，虚无应变化于无为，故著书辞称微妙难识。"①

其书言简意赅，学者不仅有钻研的兴趣，而且可以按己意加以发挥，所谓"因发明序其旨意"，不是一般的叙述老子的"旨意"，而是从中得到启发，推陈出新地加以阐明。这些人似乎没有很深的门户之见，能够择善而从，兼采别家之长，能够"与时迁移，应物变化"。他们"各著书言治乱之事，以干世主"。② 可以说就是要共同探索一条"无为而无不为"的政治路线。"其术以虚无为本，以因循为用。无成势无常形，故能究万难之情；不为物先，不为物后，故能为万物主。有法无法，因时为业；有度无度，因物与合。"③

沿着这条线索发展，最终就形成了道家的黄老学派。偏离了这个方向的，或遭淘汰，或形成新的另一个学派，如法家、名家之类。这样，我们也就容易理解司马迁的《史记·老子韩非列传》了，他说"主刑名"的申不害，"喜刑名法术之学"的韩非，都"本于黄老"，正是黄老之术发展情况的客观表述。

黄老之学（黄老道德之术）发生和流行于战国时期，黄老道家学派的形成则在秦汉之际。最早提出道家的是司马迁的父亲司马谈的《论六家之要指》，或曰"道家"或曰"道德家"，他所概括的特点主要是黄老道家。"道家"这个词的使用则早一些，《史记·陈丞相世家》中记载："陈平曰：'我多阴谋，是道家之所禁'。"而司马迁最后又用自己的话说："陈丞相平，少时本好黄帝老子之术。"可见陈平所说道家就是黄老。在司马迁父子心目中，乃至在多数汉代士人心目中，道家就是黄

① 《史记》卷六十三《老子韩非列传》。
② 《史记》卷六十三《孟子荀卿列传》。
③ 《史记》卷一百三十《太史公自序》。

老。老子是具体的、最可信的，他们也是按黄帝学派的观点来理解老子的。

黄老中的“黄”指黄帝，“老”指老子。然而对西汉黄老学说的产生时间、代表人物、代表性著作等问题，学界尚未形成统一的认识。正如丁原明先生《黄老学论纲》指出的那样：“黄老学”，过去通称“黄老之学”或“黄老道家”。自1973年长沙马王堆汉墓出土了《经法》《十六经》《称》《道原》四种古佚书后，学术界开始重新审视和检讨“黄老学”。有的学者根据四种古佚书的内容特色，将其称为“黄学”或“黄帝学”，而把老子一派道家的学说称为“老学”。还有的学者根据四种古佚书、《慎子》以及《管子》中某些篇章的道、法结合特点，将这类学说统称为“道法家”。这样一来，便有一个对战国以来的那派托黄帝、宗老子的道家如何称谓的问题。实质上对中国古代学派的称谓应以原典为是，应符合历史的真实记录。黄帝和老子都是单独提到的。而把他们集合成一个名词、名称或概念是出自汉人之手。《史》《汉》所谓“黄老之术”“黄老术”“黄老之言”“黄老言”以及“本于黄老而主刑名”“皆学黄老道德之术”等等不同记载，就证明“黄”“老”并称或者合称是汉代人的做法。实质上，从先秦将黄帝、老子单独记述到汉初出现“黄”“老”并称或合称，并非仅是名称的改变，而是暗含着一个时代的学术思想的变迁，标志着一个新学派的成熟，也是时代的需要，即汉初社会需要这样的理论。

既然汉人将“黄”“老”并称或合称，那么就证明这个黄老，已作为一种社会思潮存在着，既然这个作为社会思潮存在的黄老有“言”有“术”，那么就证明它已经自成一家。正是在这个意义上，我们才提出用黄老学这个概念，来称谓那个时代的“黄老术”“黄老言”的。熊铁基先生认为：“秦汉之际的道家，应该被称为‘新道家’。《吕氏春秋》和《淮南子》这两部书是新道家的代表作。”一个学派的形成应有相对独立的、比较全面系统的思想理论。可以代表黄老道家思想理论的第一部大型的著作就是吕不韦的《吕氏春秋》，而最后集大成者则是汉代刘安的《淮南子》一书。①

黄老思想实质上是当时人们按照传统的老子思想加上当时人的需要而形成的观点，或者说是当时的思想家们为了迎合统治者的需要而提出的思想。所以，黄老之学是对老子的思想的一种发展或改造，其实质和核心还是老子的思想。而老子思想的主旨是“无为而无不为”。这正是西汉初年“黄老政治”的核心所在。

第二节　汉初的儒道之争

黄老之学在汉初得以兴盛，既有其政治、经济上的原因，又有其赖以存在的思想文化环境，也与统治者的提倡有关系。它能满足当时社会的客观需要，是汉初特定时代的产物。

秦二世而亡，在秦末农民战争中，出身社会下层的刘邦虽骁勇不及贵族出身的项羽，但在众多文臣武将的帮助之下，通过长期的楚汉战争，依靠智慧，终于逼得西楚霸王在垓下自尽，并建立了西汉政权。作为西汉政权的开创者，已经对秦末的农民起义有了清醒的认识，引以为戒、不重蹈覆辙是他们巩固政权的唯一出路。

汉初在究竟使用哪种思想作为指导思想上曾发生过一次儒道之争，因此司马迁在概括当时的社会情况时指出：“世之学老子者则绌儒学，儒学亦绌老子。道不同不相为谋，岂谓是

① 熊铁基：《秦汉新道家》，上海人民出版社，2001年版。

邪?"[1] 汉高祖刘邦溲溺儒冠，开口就大骂"竖儒"，所谓"沛公不好儒"原因何在？一方面是因为鞍马未定，用不着儒生和《诗》《书》，所谓"乃公居马上而得之，安事《诗》《书》?"[2] 另一方面也因为他周围有陈平等一批学黄老之术的人，他们实际是绌儒的。所以像陆贾《新语》那样的新道家的代表作特别受欢迎。当时儒者是难以得到任用的，所以没有人敢以儒生身份去见高祖。以《诗经》见长的申公，在"高祖过鲁时"，"以弟子从师入见高祖于鲁南宫"。是否挨骂不得而知。没有得到任用是可以肯定的。当时唯一的例外是叔孙通，他开始是"儒服"、刘邦"憎之"。乃"变其服，服短衣，楚制，汉王喜"，从而捞到一个"博士，号稷嗣君"。《集解》引："徐广曰：盖言德业是以继踪齐稷下之风流也。"然而他只在那里"帮闲"，其门下"儒生弟子百余人"不敢言进，"专言诸故群盗壮士进之"，一时间弟子们极为不满，但他算识时务者。他深知"汉王蒙矢石争天下，诸生宁能斗乎?"他等待时机，所谓"儒者难与进取，可与守成"。五年后，由于刘邦对当时朝廷混乱的秩序不满，遂任命他整理朝仪，从而使他在"定汉诸法仪"中露了头角，也使刘邦感叹："吾乃今日知皇帝之贵也。"司马迁最后说："叔孙通希世度务，制礼进退，与时变化，卒为汉家儒宗。大直若诎，道固委蛇，盖谓是乎?"[3] 所谓"汉兴，然后诸儒始得修其经艺，讲习大射乡饮之礼"。[4] 这显然要经历一个过程。

从此以后，对于儒生，皇帝不仅不再拒而不见、开口便骂

---

① 《史记》卷一百二十一《儒林列传》。

② 《史记》卷九十七《郦生陆贾列传》。

③ 《史记》卷九十九《刘敬叔孙通列传》。

④ 《史记》卷一百二十一《儒林列传》。

了，而且从文帝开始有所征用。然而在武帝之前儒生得到使用也是不多的。虽然说孝文帝时，颇惩用“文学之士”。[①] 但总的状况却是，“孝文本好刑名之言，及至孝景，不任儒者，而窦太后又好黄老之术，故诸博士具官待问，未有进者。”[②]

汉初，“学老子者则绌儒学”，可以说是占了主导地位的倾向，“孝文好道家之学，以为繁礼饰貌，无益于治。”[③] 同时，在《史记·儒林列传》中，记载了辕固生与黄生的一次辩论，景帝袒护了习道论的黄生。此外，在窦太后身上表现得也特别突出。史载：“窦太后好《老子》书，召辕固生问《老子》书。固曰：‘此是家人言耳。’太后怒曰：‘安得司空城旦书乎？’仍使固入圈刺……应手而倒。太后默然，无以复罪，罢之。”[④] 又，“窦太后好黄老之言，而魏其、武安、赵绾、王臧等，务隆推儒术，贬道家言，是以窦太后滋不说魏其等……乃罢逐赵绾、王臧等……魏其、武安由此以侯家居。”[⑤]这里不仅看到了学老子者绌儒学占主导倾向的情况；同时，也看到了“儒学亦绌老子”的事实，反映出两者争夺主导权的斗争是激烈的，但结果仍然是黄老道家在当时更适合统治者的统治，因而占有主导地位。

尽管汉初儒家学者在政治上没有得势，但是他们仍然看不起学《老子》的人，极力贬低道家之言，称之为“家人言”。所谓“家人言”，就是一般人都知道的常识。这也从侧面说明当时道家风行一时的历史实际。其实，无论儒道以及其他各家

① 《史记》卷一百二十一《儒林列传》。
② 《史记》卷一百二十一《儒林列传》。
③ 《史记》卷二十三《礼书》。
④ 《史记》卷一百二十一《儒林列传》。
⑤ 《史记》卷一百七《魏其武安侯列传》。

著书立说，虽然水火不相容，但无非都是想实现自己的政治主张，达到自己的政治目的。司马谈对各家思想的异同曾说过这样一段话："天下一致而百虑，同归而殊途，夫阴阳、儒、墨、名、法、道德，此务为治者也，直所从言之异路，有省不省耳。"① 他首先说的是各家之同，即"务为治"，目的都是为了"治"，为了政治上占有统治地位。各家之不同，不过是如何治理的不同考虑，主张采取不同的途径和道路。这种概括无疑是正确的。

因此，诸子百家的思想主要是政治思想，他们出发点、落脚点以及思想的核心内容和主张也大同小异，随着社会的发展和变化，各家彼此之间或明或暗的相互吸收。因此，在政治思想方面，既有儒、法、道之间的争胜事实，甚至意气用事，如"辕生与黄生之争"，同时也有各派合流之发展趋势。这种合流既表现为儒道互补、外儒内法等，更表现为内容上互相吸收、互相利用。比如，道家"采儒、墨之善，撮名法之要"，② 正是对当时所谓百家争鸣情况的真实反映。

道家学派源远流长，其学派正式称为"道家"，乃始于司马谈《论六家之要旨》，时称"道德家"，后又简称为道家。道家学派，实始于老聃。其核心思想是"道"。整个学派皆以"道论"为理论基础，纵论社会兴衰成败之奥义，其学说见之于《老子》一书，该书大抵有四个方面的内容，即道论、政治论、人生论和辩证论。然后世之道家，则分别从政治论和人生论两个方面有所侧重地发展了老子开创的道家学说。以《文子》《黄老帛书》的作者为代表的一派侧重发展了老子思想中的政治论部分。以"道论"为核心，兼采儒、法、刑、名各家

① 《淮南子·泰族训》。

② 《史记》卷一百三十《太史公自序》。

思想，论社会政治、管理之术，以“时论”“条件论”深化了老子关于矛盾转化的辩证法思想。沿着《文子》《黄老帛书》政治论派的思想路线，《管子》与稷下道家充分采撷儒、法、刑名、阴阳、墨等各派思想，形成了稷下黄老道家学派。稷下黄老道家之徒，主要是指田骈、慎到、环渊、接子四人。司马迁指出：“慎到，赵人，田骈、接子齐人，环渊楚人，皆学黄老道德之术，因发明序其旨意，故慎到著《十二论》，环渊著《上下篇》，而田骈、接子皆有所论焉。”① 但这些后期的道家学者，已摒弃了老子的无为思想，而是“著书言治乱之事，以干世主”。

到战国中后期，老子思想与假托中的黄帝思想结合起来，逐渐形成了黄老道家学派。汉初之黄老就是道家，与老庄道家不同，即秦汉道家与先秦道家不同，其政治思想更加明确突出，被称为“新道家”。② 虽未被秦始皇所采纳，但它所代表的思想更符合长期战乱后的汉初。新道家的政治思想突出“清静无为”，然而它也维护和主张统一局面下的“清静无为”。例如，黄老道家最早的重要代表作是吕不韦的《吕氏春秋》，在秦统一前，就明确阐述了大一统的政治主张，反复强调“乱莫大于无天子，无天子则强者胜弱，众者暴寡，以兵相伐，不得休息”。“天下大乱，无有安国；一国尽乱，无有安家；一家尽乱，无有安身，此之谓也。”③它也同样主张政治统一并要求思想统一，“听群众人议以治国，国危无日矣”，要“齐万不同，愚智工拙，皆尽力竭能，如出乎一穴”。④汉初黄老道家思想实

① 《史记》卷七十五《孟子荀卿列传》。

② 熊铁基：《秦汉新道家》，上海人民出版社，2001 年版。

③ 《吕氏春秋·不二》。

④ 《吕氏春秋·不二》。

行无为政治，其目的、结果也都是“载其清静，民以宁一”。[①]至于黄老道家集大成之作《淮南子》，更是在完全肯定统一的思想下实现无为而无不为的政治，它的立论基础“道”，是“覆天载地，廓四方，柝八极”的，[②]是统一的、无所不包的，它“观天地之家，通古今之事”，这种种论述的最终目的都是要“以统天下，理万理，应变化，通殊类”。[③]

第三节　西汉初年黄老无为思想盛行的原因

作为一种社会思潮，必然有其广泛的社会基础。汉初讲黄老思想，实行黄老的政治主张，除了陆贾的《新语》外，主要依据似乎只有一部《老子》。虽然，汉初没有什么突出的黄老道家代表人物和代表作品，但事实上有一批人在推行黄老思想。史书记载中最明确的如曹参、陈平、窦太后等，事实上执行了黄老道家的政治主张，后来之所以出现《淮南子》这种总结性的著作，与汉初的政治实践有直接关系。

汉初的政治可以概括为无为政治，是以黄老道家思想为指导的，是黄老道家政治主张的实践。无为政治以道德为理论基础，为政必须“修其本”“秉其要”；基本要求是“反于朴”“达于道”；基本特点是“清静”“自然”。无为政治的目的是“无为而无不为”，它既坚持“道德自然”“贵因”“贵柔”“守雌节”等基本观念，又把仁、义、礼、法以及贤人政治等纳入自己的思想范畴。具体的政治主张是针对历史和现实而提出

① 《汉书》卷三十九《曹参传》。

② 《淮南子·原道训》。

③ 《淮南子·要略》。

的，突出的如主张君主无为，要求君主节欲反性。如“为治之本，各在宁民”[1] 等等。

实际上《老子》一书在汉初是黄老思想的主要代表，之所以广为流传成为一股强大的社会思潮，是与汉初的政治指导思想分不开的，也是当时社会现实需要的反映。长时期的战乱以后，在较长时间内，人们最普遍的社会心理是渴望社会安定。“天下初定……参尽召长老诸先生，问所以安集百姓。而齐故诸儒以百数，言人人殊，参未失口所定。闻胶西有盖公……盖公为言治道贵清静而民自定，推此类具言之。……其治要用黄老术，故相齐九年，齐国安集。”[2] 曹参继萧何为相国三年，“百姓歌之曰：萧何为法，讲若画一，曹参代之，守而勿失，载其清静，民以宁一。”[3] 平民百姓希望安宁清静的社会心理跃然纸上。

汉初的政治家们在面对当时政治、经济现实的同时，考虑到普遍要求安稳的社会心理，并且通过对这种社会心理进行了理论的阐释，加以总括提高，进而成为政治指导思想，因此形成一股强大的社会思潮。陆贾在《新语·慎微》中说：“故没道者易见晓，所以通凡人心。”又“无道莫大于无为”。[4] 由此可见，无为政治是因通“凡人”求宁静之心而产生的。这与《老子》所言“我无为而民自化，我好静而民自正”极为合拍。当时上下都读《老子》，“窦太后好黄帝、老子言，帝及太子、诸窦，不得不读《黄帝》《老子》，尊其术。”平民百姓读《老子》的记载也有材料从不同角度得以说明。如“陈平少时家贫，好

① 《淮南子·泰族训》。
② 《淮南子·原道训》。
③ 《汉书》卷三十九《曹参传》。
④ 《新语·无为》。

读书，治黄帝、老子术”。[1] “（田叔）学黄老术于乐钜公”。[2] 可见从秦代开始，民间即已较广泛地流行读《黄帝》《老子》之风气。

需要指出的是，除《老子》书外，还有一部《黄帝》书。马王堆汉墓出土了《老子》，同时有《经法》等四篇，就是《黄帝》书。[3] 在《汉书·艺文志》中把黄帝的书和《老子》书一起都放在道家一类。有《黄帝四经》《黄帝铭》《黄帝君臣》《杂黄帝》《力牧》等等，可能都是战国时的作品，但是汉人把它们抬出来，与《老子》相配，是因为“与《老子》相似也”。其后史书言：“汉时诸子，道书之流有三十七家，大旨皆去健羡，处冲而已，无上天官符录之事。其《黄帝》四篇、《老子》二篇，最得深旨。”《黄帝》书和《老子》书一样，主要特点是谨守雌道，节制情欲，专一而以虚无为尚。这比较准确地说明了汉初人的思想。

汉初统治集团提倡清静无为的理论，主张与民休息，发展经济，约法省刑，觉得一个老子似嫌单薄，再配上一个黄帝以加强其理论的权威性也是可以理解的。因而黄老新道家便流行起来。

汉初之所以将“黄老之学”作为其统治思想，这是由当时的社会环境决定的。黄老之学在汉初得以兴盛，既有其政治、经济上的原因，又有其赖以存在的思想文化环境，也与统治者的提倡有关系。它能满足当时社会的客观需要，是汉初特定时代的产物。

首先是由于秦末农民起义对统治阶级政权的打击。貌似强

① 《汉书》卷四十《陈平传》。

② 《汉书》卷三十七《田叔传》。

③ 熊铁基：《秦汉新道家》，上海人民出版社，2001 年版。

大的秦王朝在农民起义的狂飙中顷刻瓦解，这一事实不能不给刚刚建立西汉政权的统治者留下深刻的印象。汉初的许多政治家、思想家都是从这些事实出发总结经验教训的。如前面说的陆贾为刘邦写的《新语》，就是从“秦所以失天下”[①]的历史中提出的一套政治理论。这些政治家、思想家都看到由于统治者贪鄙、暴虐和严刑酷罚带来的可怕后果：“秦以刑罚为巢，故有覆卵之患；以赵高、李斯为杖，故有倾仆跌伤之祸。”[②]“秦王怀贪鄙之心，行自奋之志，不信功臣，不亲士民，废王道，立私权，禁文书而酷刑法，先诈力而后仁义，以暴虐为天下始”，结果，“一夫作难而七庙堕，身死人手，为天下笑。”[③]陆贾、张良、叔孙通、“商山四皓”、刘邦、吕雉以及陈平、曹参等均是从秦末农民战争中过来的人，皆有亲身目睹的体验，自然极易接受“黄老之学”的“无为而治”的理论，而实行“与民休息”的政策。

其次，汉初社会经济凋敝也使统治阶级不得不实行“黄老政治”。由于秦王朝统治者对人民的过度压榨，早已使社会经济陷入崩溃的境地，加之秦亡后连续数年的战争，到西汉王朝建立时，到处是一片荒凉、残破的景象。据《汉书·食货志》记载：“汉兴，接秦之敝，诸侯并起，民失作业，而大饥馑。凡米石五千，人相食，死者过半。”“天下既定，民亡盖藏。”汉初的人口，较之秦代大为减少，大城市人口只剩下十分之二三。如秦代有3万多户的曲逆县（今河北完县东南），到汉初只有5000余户了，这在当时还算得上是大县。面对着这样的经济状况，即使地主阶级的贪欲再大，也无从剥削。所以，刘

① 《史记》卷九十七《郦生陆贾列传》。

② 《新语·辅政》。

③ 《史记》卷六《秦始皇本纪》。

邦统治时期虽然没有特别宣称推行黄老政治，但当时的客观形势迫使他不得不“约法省禁”，奉行“与民休息”、发展经济的政策。

其三，缓和阶级矛盾。“农民与地主阶级间矛盾日益表面化，奉行黄老的西汉统治者，采取‘布简宽之政’比之于剑拔弩张的暴力更能收到征服人心、愚昧‘群氓’的效果。”且“主张退让的黄老，在统治集团权力的争斗中成为一部分人保命存身、等待时机的一种手段”。

其四，汉初统治者的提倡，也是一个不容忽视的因素。如汉高祖、惠帝、吕后、文帝、景帝、曹参、萧何、陈平、文帝皇后窦氏等。[①]

由于上述四个原因，加之汉初一批鼓吹道家学说的近臣的影响，从惠帝开始“黄老政治”成为统治阶级有意识地、自觉推行的统治术。在此后的半个多世纪内，“黄老政治”成为“一个时代精神，或一个时代的趋势”。[②]

金春峰先生在《汉代思想史》一书中认为：“汉初黄老思想，主张清静无为，对秦代的严刑苦诛来说，似乎确是一百八十度的大转变。但是，它的实质仍然是严酷而毫不放松控制与镇压的‘法治’。”“历史的经验表明，法家思想仍然是这段时期适合社会需要的政治指导思想。儒家主张的崇尚仁恩、宗法情谊、妇人心肠，不仅不适合于战争时期的形势，也不适合战后建立社会秩序、奠定统治基础、削平反抗的尖锐复杂的政治、军事斗争的需要。因此汉代统治者采用外具宽容、清静而内行严厉法治的黄老思想作为指导思想是很自然的。”对此，

① 杨育坤：《略论汉初的黄老之学》，《秦汉史论丛》第二辑，陕西人民出版社，1983年版。

② 张维华：《西汉初年对于刑律的修正》，《文史哲》，1982年第5期。

熊铁基先生指出："黄老之学在汉初的兴盛，也是渊源有自来。……齐国灭亡之后，稷下黄老的学士分散了，他们有的还在别的地方继续宣传黄老之学，有的已经去世，但留下了著作，发挥着影响。""刘邦在群雄逐鹿中夺取了天下，建立了汉朝，打天下时需要人运筹帷幄，坐天下时更需要人帮他出谋划策。有这种需要，也就自然有人来出谋献策，所以从打天下时开始，刘邦周围就逐渐聚集了一批谋士。这批谋士中的最大的一批人，也是影响最大的一批人，从其思想根源看，都是黄老新道家的信仰者。"① 实质上，究竟采用哪种思想作为统治刘邦思想上是经过一番斗争的。

《史记·郦生陆贾列传》有刘邦"不好儒"的记载，后闻沛公将兵略地陈留郊，沛公麾下骑士适郦生里中子也，沛公时时问邑中豪俊。骑士归，郦生见谓之曰："吾闻沛公慢而易人，多大略，此真吾所愿从游，莫为我先。若见沛公，谓曰'臣里中有郦生，年六十余，长八尺，人皆谓之狂生，生自谓我非狂生。'"骑士曰："沛公不好儒，诸客冠儒冠来者，沛公辄解其冠，溲溺其中，与人言，常大骂，未可以儒生说也。"初，沛公引兵过陈留，郦生踵军门上谒曰："高阳贱民郦食其，窃闻沛公暴露，将兵助楚（讨）不义，敬老从者，愿得望见，口画天下便事。"使者入通，沛公方洗，问使者曰："何如人也？"使者对曰："状貌类大儒，衣儒衣，冠则注。"沛公曰："为我谢之，言我方以天下为事，未暇见儒人也。"对此一点，也普遍引起了学术界的注意。对汉初实行黄老政治原因的探析，是逐步走向深入细致的。学者们先前只注重社会历史等宏观方面的原因，后来就把这一原因的探究推及统治阶级内部的微观方面。但是对刘邦在推行黄老政治中的作用并未引起足够的注

① 熊铁基：《秦汉新道家》，上海人民出版社，2001 年版。

意，仅仅停留在他“不好儒”“溲溺儒冠”等历史事实的描述上。

刘邦在汉初的国家机器建立和思想文化确立中起着决定性的作用，因此汉初行“黄老政治”也必然和刘邦有着很大的关系，这是毫无疑问的。过去考察刘邦身世，除了其出身农民、行为多近无赖而外，而忽略了对刘邦“及壮，试为吏，为泗水亭长”① 这一事实的思考。刘邦任的是秦的亭长，曾为秦官府押送刑徒到骊山修秦始皇帝陵。他起来反抗秦王朝，正是在秦政府风雨飘摇中再次押送刑徒时逃跑开始的。刘邦曾在壮年时担任过秦的泗水亭长，这一事实到底与其“本能的反感儒家”有没有关系呢？秦的最高统治者秦始皇曾经实行过“焚书坑儒”。始皇三十四年（公元前 213 年），在首都咸阳，燃起了焚书的烈火。在普书全国的大火中，秦以前的中国古典文献，除医药、卜筮、种树等方面的书以外，几乎全部被烧掉了。第二年，服务于秦代政府的文化机关中的诸生，又有 460 余人被活埋，700 余人被屠杀。这两件事，历史上称之为“焚书坑儒”。

刘邦于公元前 256 年出生在沛县西丰邑的中阳里，比秦始皇小三岁，妻儿耕于家，占有一些土地。青年时代的刘邦不事“生产作业”，且“好酒及色”②，未必对秦有多少仇恨，甚至对秦始皇既羡慕又崇拜。有一次他在首都见到秦始皇出巡时的威风，竟情不自禁地喟然叹息：“嗟乎，大丈夫当如此矣！”③ 这种与项羽“彼可取而代之”显然是不同的口吻，流露出刘邦当时对秦始皇崇拜的心情远胜于打倒他的决心。对于秦始皇焚

① 《史记》卷八《高祖本纪》。
② 《史记》卷八《高祖本纪》。
③ 《史记》卷八《高祖本纪》。

书坑儒之举，刘邦亦不反感，而且声称“读书无益”。[①] 可见，作为秦王朝基层政权的一个亭长，刘邦最初曾经是秦始皇政权的支持者。刘邦在起事前对秦始皇是既羡慕又尊崇的，对秦始皇的政策是心服口服的，后来他对儒家的政策应该是继承了秦对儒家的政策。

儒家的主张与争夺对天下的统治权无益。刘邦读书不多，他心目中本无所谓法家、儒家、道家，因而是不会论孰是孰非的，更难侈谈厚此薄彼。他之所以“不好儒”，正是由于他忠诚地执行秦始皇反儒政策。刘邦是一个善“纳谏”的开国君主。刘邦得天下，并非他自己的雄才大略使然，是他身边萧何、张良、陈平、曹参等人大力协助的结果。而这些人，全是秦的小官吏。如张良是旧贵族，萧何原是秦“沛主吏掾”，曹参原为“沛狱掾”。其他如任敖，也曾任狱吏，傅宽为骑将，申屠嘉为材官。这些均为在汉初立国和建设中立下汗马功劳的人物，这些秦的小官吏或士卒，使得他们深受秦政策的影响而“不好儒”，却崇尚“黄老”。相同的社会背景使他们能和刘邦相安处事，也终使得读书不多的刘邦在汉初首开推行黄老的局面。经常替汉高祖夺取天下出谋划策的是张良和陈平。张良本为韩国贵族，他在游下邳时，遇到传授黄老的黄石公，得到被《汉书·艺文志》列入道家著作的《太公兵法》。他的计谋与为人处世的行为都表明他是学道家之术的。而陈平则“少时家贫，好读书，治黄帝、老子之术”，[②] 也是黄老学说的忠实信徒。在与项羽争战的过程中，主要是这两人运用“黄老之术”，以退为进、以柔胜刚的方法，使刘邦夺得天下。例如，在项羽进入关中后，刘邦对项羽低首下心，是听从张良的计策。项羽

① 《全上古三代秦汉三国六朝文》第一册《全汉文》卷一引《古文苑》。
② 《汉书》卷四十《陈平传》。

封刘邦做汉王，刘邦到汉中后，又遵从张良的计策，烧毁栈道，“示天下以无还，以固项王意。”[①] 韩信入齐后，要刘邦封他做“假王”，刘邦开始时大怒，高声谩骂韩信。“张良、陈平伏后蹑汉王足，因附耳语曰：‘汉方不利，宁能禁信之自王乎？’”[②] 在他们的提醒下，刘邦旋即改口，封韩信为齐王。项羽垓下败亡后，汉诸将多自疑，畏诛又争功，形势很不稳定，刘邦当时封其仇怨者雍齿为侯，是稳定人心的办法，这又是张良所教。张良用《太公兵法》教刘邦，刘邦多能接受。正是在黄老之术的指导下，刘邦才取得了一个又一个胜利，最终建立了西汉王朝。

作为本来就不可能提出什么理论和方针的刘邦而言，“善将将”的他，却颇具审时度势、扬长避短之能力。对于复杂繁多的统治之道，能择其善者而从之。因为当时主要的诸子百家中，法家已有短命的秦作例子，不足取。墨家虽曾为“显学”，但早已“中绝”。他身边颇多学黄老之学的谋士，且黄老之学能给他许多好处，便用陆贾替他设计治国的政治原则、理论方针，推而行之。并留下了商山四皓、萧何、曹参、吕后等道家思想的推崇者和实践家，为西汉政权初期开创了“黄老”时代。从而，使中国思想文化史上也有了一个黄老道家之学的短暂辉煌时期。同时也给了黄老道家之学一试身手的宝贵的历史机会。实质上，汉初实行黄老政治与刘邦其人有着很大关系。正是由于他的奠基作用，加上后来的统治者个人的喜好恰恰迎合了历史的需要，才在汉初有了一个六七十年行黄老政治的历史时期。

---

① 《汉书》卷四十《张良传》。

② 《汉书》卷三十四《韩信传》。

第四节　无为而治

汉承秦制，刚刚建立起来的西汉王朝，在政治制度等方面继续沿用秦王朝的政策，依然推行法家主张。入关时的约法三章，已满足不了形势发展需要，故令萧何以秦法依据，重新制定汉律九章，以法治国；命韩信制定军法，以法治军。其余各项规章制度，无不体现出法家思想主张，严酷程度并不逊于秦法。但是，秦朝仅统治 15 年的教训，又使西汉统治者不敢重蹈覆辙，于是在某些方面有针对性地作出让步。

惠帝二年（公元前 155 年），曹参继任萧何为相国，萧规曹随。明确提出用黄老之术治国，标榜“清静无为”“无为而治”。此时，各异姓诸侯王势力已相继覆灭，中央集权制得到充分加强与巩固，大规模的政治斗争已经过去，刘邦生前所制定的方针政策，刚刚开始贯彻执行，无需惠帝进行新的改革或开拓，只须谨遵遗命，按既定方针办。一些尚健在的老臣，自秦末以来，经历 20 余年的风风雨雨，对大规模政治斗争已经颇感倦意，希望在有生之年能过上几天安稳日子，很乐于接受清静无为思想，并加以实践。广大老百姓久遭战乱之灾，更须休养生息，希望有个安静宽松和平的生活环境，“与民休息”政策自然受到拥护；再者，惠帝是位生性懦弱皇帝，受吕后制约，凡事不能自主，采取消极态度，以饮酒为乐，不问政事，与清静无为的黄老思想一拍即合。因此，上自皇帝相国，下至黎民百姓，全社会一致希望清静安定，黄老政治应运而出。

实质上，黄老思想本身就是主张“德”“刑”共治的，既主张与民休息，同时还倡导法术。与刑名思想相一致的所谓“无为而治”，是在早已形成的特定法律制度允许范围内，任何人都需遵纪守法，维护社会正常秩序，统治者的利益不受侵犯，突出法治的积极作用。对于无视法律约束，随意违法犯禁行为，必须依法予以制裁。因此，黄老政治同样具有严酷的一面，并使退让、宽松同进取、严酷融为一体，只是在采用法律上比其他思想要轻一些，从而构成西汉初期黄老政治的主要特征。

实行黄老政治的最先倡导者是曹参。他出身于秦朝狱吏，是在战争中成熟起来的武将，西汉有名的开国元勋之一。在和平建设年代，又出任相国，成为治世能臣，可称之为文武兼备，人才难得。汉高祖六年（公元前 201 年），刘邦以胶东等六郡七十三县，立年仅十几岁的刘肥为齐王，任曹参为齐相国，即将齐国托付给曹参治理。曹参虽擅长统兵打仗，战功显赫，但毕竟缺少治世经验，尚未亲自实践，不谙治道，出任齐相，并非是用其所长。然而齐国“冠带衣履天下”，人杰地灵，“士多好经术”，思想活跃，百家竞进，不乏治世之才，又为曹参提供了用武之地。到任后，为了弥补自己治世乏术，曹参亲自召集齐国长老、有识之士，向他们请教如何安集百姓，把齐国治好。起初，请教了百余名儒生，所言各异，莫衷一是。嗣后听说胶西郡有位盖公，擅长黄帝、老子之书，于是派人厚礼相请。盖公被请来后，向曹参讲述“治道贵清静而民自定”，反复推论类比，令曹参心悦诚服，将盖公视为高人，待为上宾，让出正堂，请盖公居住，极尽礼贤士人。自此，曹参按盖公所言，以清静无为的黄老之术治理齐国，依照国家成文法，不另行更张以扰民，因此百姓得以安居乐业。经过九年实践，齐国大治，社会安定，被誉为贤相。这样曹参不仅具有了理论上的黄老之学，而且经过了多年的实践，证明用黄老之学治国确实有用。

惠帝二年，相国萧何病故。曹参闻知后，立即断定自己将回朝接任相国，于是命属下赶紧打点行装，准备上路。不久朝廷果然派人来召其还朝。临行曹参嘱咐下任齐相，在刑狱管理与处罚上，慎施刑罚。因为一旦穷极刑法，民无所容，久必生乱。谆谆告诫其坚守无为而治方针，是万事中的头等大事。

早在秦时，曹参与萧何同县为吏，关系密切，非常友好，后来又都成为刘邦的左膀右臂。虽然曹参战功卓著，居诸将之首，但刘邦论功行封时，认为萧何“镇国家，抚百姓，给饷馈，不绝粮道”，[①] 既巩固了后方，又保证了前线兵源和粮饷的补充与供给，成为战胜项羽的关键，立有万世之功，故以萧何功为第一，曹参次之。对此曹参心有不服，便与萧何关系疏远，产生隔阂。但萧何治国能以国家利益为重，不计个人恩怨，在他临终前就向惠帝推荐，如能使曹参接任相国，则死而无憾，袒露出其光明磊落的胸怀。而曹参任相国后，也能捐弃前嫌，不因人废而事易行，一切从国家利益出发，遵照萧何所立规章制度，“遵而勿失”，“举事无所变更”。在各郡国中选拔不善言辞、做事谨慎的忠厚长者，充任丞相史。对于“吏之言文刻深，欲务声名者，辄斥去之”，[②] 从而使萧何所开创的相国府更注重实际，成为“无为而治”的表率。

曹参作为百官之长，掌丞天子，一人之下，万人之上，理应日理万机，无暇宴乐。但他却日夜饮酒，无所事事。导致卿大夫以下官吏及宾客见后，皆欲劝其治事。而每有来规劝者，曹参则拿出好酒招待，用酒封住来者之口。每当对方要开口时，复令其饮酒，直使其喝醉而去，终不让其开口。如此习以为常，坚持不改，部下也渐渐效仿，争相饮酒为乐，上行下效。相府的后花园靠近吏舍，吏卒经常聚饮歌呼，惊扰四邻不安。对此，相府里有人感到很讨厌，却又没办法制止，乃请曹

---

① 《汉书》卷一《高帝纪》。

② 《史记》卷五十四《曹相国世家》。

参到后花园散步，让他出面干预。曹参和随行人员来到后花园，听到吏卒们醉歌喧哗声音，随行人员便请曹参惩治这些吏卒。但是，曹参非但不予过问，反令随行者取酒张坐，豪饮歌呼，与吏卒隔墙应和，两相同乐。平素间，曹参见人有小过，装着视而不见，而且替人掩盖。因此，相府中大家相安无事。

曹参是一人之下、万人之上的大官吏，当时权力很大，特别是在汉初，由于任丞相者皆为国家功臣，国家大政方针掌握在手。因此，相国曹参的不议政事，惠帝颇不高兴，以为是曹参欺负皇帝年轻。曹参之子曹窋为中大夫，侍从在皇帝左右，于是惠帝令曹窋回家时找机会问曹参："高帝新弃群臣，帝富于春秋，君为相国，日饮，无所请事，何以忧天下？"[1] 还嘱咐曹窋不要说出是皇帝让问他。曹窋回家后，便用皇帝的话劝谏其父亲。曹参听了大怒，便令属下打曹窋两百板，并斥令曹窋赶快回去侍奉皇帝，天下事非他所当议论。后当曹参上朝时，惠帝责备曹参为什么要对曹窋进行处罚，并声明是自己让曹窋说那番话的。曹参虽赶忙脱帽顿首谢罪，却又反问道："陛下自察圣武孰与高皇帝？"惠帝说："朕乃安敢望先帝！"接着曹参又问："陛下观参孰与萧何贤？"惠帝又说："君似不及也。"于是，曹参更有把握地对惠帝说："陛下言之是也。且高皇帝与萧何定天下，法令既明具，陛下垂拱，参等守职，遵而勿失，不亦可乎！"[2] 惠帝听后认为这番前人立业，后人守成，不改先帝定策，既忠于国家，又不烦扰百姓的政策，确实是好办法，无可非议，便对曹参连声称善，请他好好休息吧。

曹参所奉行的"无为而治"政策，确实做到了"无为"的目的，至于"治"，就得作不同理解了。尽管在他死后，百姓

---

① 《汉书》卷三十九《曹参传》。
② 《汉书》卷三十九《曹参传》。

歌颂为“萧何为法，讲若画一；曹参代之，守而勿失。载其清静，民以宁一”。[1] 但是，任何一项政策法规都不可能完美无缺，随着时间推移和形势发展变化，应该进行必要修改和补充。曹参的做法，只是官不扰民，民自宁静，适应了百姓亟待休养生息的愿望。然而为相三年，毫无建树可言，如果只顾饮酒而不做事，恐怕最后酒也没有了。毕竟曹参不是酒徒，无非是用饮酒克制有为而达到无为，真的做到无为也不是件容易的事。

吕后为政时期，虽然继续推行黄老无为政治，废除三族罪和妖言令，天下晏然，衣食滋殖等。但是作为一个在当时要立足的女政治家，她不得不有所变革。特别是在维护其吕氏统治上，不得不采用法家权术，“不别亲疏”，“严而少恩”。一生中助刘邦夺取天下，杀害功臣，培植亲信，打击异己，安插诸吕，排挤刘姓，几乎乱了天下。只因老臣们不改旧制，休养生息的黄老政治才得以继续。

吕后时的右丞相陈平，幼好读书，治黄帝、老子之术。出道以后，转而好为奇谋，是一位能言善辩、见风使舵的纵横家，并不信奉黄老之道。他曾自称：“我多阴谋，道家之所禁。”其智谋虽高，但行为可鄙。同他搭档的左丞相审食其，更无操持可言。因受宠于吕后，成为丞相后，不理国事，专管宫中琐细，也无政绩可言。

文景两代，是西汉黄老政治的辉煌时期。一是客观形势需要继续休养生息，保持安定平稳的社会环境，以发展生产、繁荣经济。二是文帝自身在黄老无为思想影响下，崇尚节俭，以德化民。在位 20 余年间，宫室苑囿车骑服御无所增益，有不便，辄弛以利民。身衣弋绨，帷帐无纹绣。治坟陵因陋就简，

① 《汉书》卷三十九《曹参传》。

皆有瓦器，不以金银为饰，以示敦朴，为天下先。在政治上废除诽谤之罪，取消肉刑，罪人不帑，不诛无罪等，专务德以化民，是以天下安定，几致刑措。[1] 所行所施，既体现了黄老清静无为的一面，也突出了儒家所倡导的仁义道德，故而被誉为节俭皇帝、仁义之君。

景帝至武帝初年，窦太后是推行黄老政治的核心人物，在朝中举足轻重。文帝时，窦氏为皇后23年，由于受黄老政治思想的熏陶，渐“好黄帝、老子言”，最后崇尚黄老之道，矢志不移。在她课责之下，景帝及诸窦子侄，不敢不读《老子》、尊其术。因此，景帝即位后，谨遵文帝遗业，无改父道。屡诏省刑罚，薄赋敛，尚节俭，务农桑，致使国家殷富，黎民醇厚，一派安定繁荣景象。

但是，至景帝时，黄老政治的消极面也充分暴露出来，统治者们争相偷安，不思进取，社会上“网疏而民富，役财骄溢，或至兼并豪党之徒，以武断乡曲。宗室有士公卿大夫以下，争于奢侈，室庐舆服僭于上，无限度”。[2]同最初的黄老政治背道而驰，或者说黄老政治已到了极盛而衰阶段，明显表现各种律令力度不足，必须进行变革，强化法律约束，以适应新的发展形势。

在历史长河中，不乏有才之士，唯有用与弃的差别。而且用则兴，弃则衰。汉武帝即位后，凭借汉初60多年积累起来的巨大社会财富，摆脱黄老政治的消极束缚，广泛选用人才，实行新政，大展文韬武略，开创西汉伟业，建时代辉煌，并使自己在历史上留下多彩多姿、威武雄壮的一页。

建元元年（公元前140年），汉武帝为实行新政，首先罢

---

① 《汉书》卷十《孝文本纪》。

② 《史记》卷三十《平准书》。

免一批墨守黄老思想成规的大臣，启用雅好儒术的窦婴、田蚡、赵绾、王臧为郎中令。三公之位和皇帝身边出谋划策的人，全换成儒家门徒，专务“隆推儒术，贬道家言”，令黄老政治大有江河日下之势。在满朝文武一片礼义道德呼声中，以及儒臣们的实际推动下，汉武帝欲按儒家礼仪设立明堂，以接纳诸侯朝拜，推行儒家政治，树立皇帝至尊权威，并征召著名儒生鲁申公负责筹划此事。接着又令列侯各自就国，废除封闭的关禁，以“礼”治国。对皇亲国戚子弟中素日骄淫无行者，加以谴责或惩戒，除其属籍。所有这些措施，表明汉武帝即位伊始便实行有为而治，远离黄老的无为而治。

汉武帝的新政，触犯了往日养尊处优、无所事事权贵们的利益，特别是受到制裁的诸窦子弟，纷纷跑到窦太后面前喊冤叫屈、搬弄是非，极力诋毁儒家政治主张，推波助澜。窦太后自文帝即位起，做了23年皇后，景帝时做了16年皇太后，汉武帝尊其为太皇太后。长期的后宫政治生涯，逐渐使窦太后权势日增，直至将自己凌驾于皇帝之上，视黄老政治是保全自己权势的命根子。皇帝无为，她才可以有为，皇帝有为，她就无为了。这样一位资深有势的老人，观念早已僵化，既不可能改变她的政治主张，更不肯退出历史舞台。面对纨绔子弟们的胡作非为，早已失去明辨是非的能力，成为他们的保护神，而对汉武帝背离黄老政治，由心中不悦，发展到出面干预。

建元二年（公元前139年），御史大夫赵绾根据儒家思想所倡导的后妃不得干预朝政原则，奏请汉武帝废除过去向东宫奏事制度。窦太后闻讯后，立刻意识到矛头已直接指向自己，憋在胸中的怒火顿时暴发，怒斥赵绾等人和文帝时的新垣平一样，是用诈术欺诳皇帝，为个人谋取私利，图谋不轨。这些话出自权倾朝野的窦太后之口，便给赵绾等定了死罪，再也没有什么比谋反更大的罪名了，足可以把赵绾等置于死地。刚刚即位而又年轻的汉武帝，既经验不足，又地位不固，对窦太后的淫威，只能俯首帖耳地听从。谁都明白窦太后虽然把火发在赵绾等身上，实际上是针对汉武帝，汉武帝也不会不懂得。因此，汉武帝对窦太后的旨意面临两种选择：一是抗争，摆脱束缚，按自己意志行事，但有被赶下皇帝宝座的危险；二是服从，先保住皇位，等待时机，靠年龄优势，与窦太后进行生命竞赛，避免操之过急而带来危险。最终，汉武帝采取了后者，舍车保帅。下令逮捕赵绾及王臧等。这两位积极帮助汉武帝推行新政的先驱者入狱后，自知必死无疑，不忍受辱被杀，决心用自己生命唤醒汉武帝和朝野众人，不等窦太后下令处决，便一同自杀于狱中，使汉武帝的政治举措，一开始就付出了血的代价。尽管如此，窦太后仍不肯罢休，又逼令汉武帝罢免丞相窦婴和太尉田蚡职务，对刚要兴起的儒家政治进行全面大扫荡，使幻想抬头的儒生们遭到血腥棒喝，黄老政治继续苟延下去。

建元六年（公元前 135 年），风烛残年的窦太后长期紧握权柄的双手终于慢慢撒开，结束了她操纵朝政的漫长人生历程。随着她的逝世，西汉的黄老政治终于画上了句号。笼罩在汉武帝头上的政治阴影消失了，一个有为的政治局面开始出现，“罢黜百家，独尊儒术”的政策得以实行，多年受到冷落的儒生们开始大展治国才能，加之汉武帝实行高度的中央集权，使西汉社会的方方面面发生了重大变化，推动西汉政权走向辉煌的高峰。

黄老无为政治的结束和有为政治的实行，是历史发展的必然。到汉武帝时期，实行有为政治的主观和客观条件已经具备。主观条件就是汉武帝本人是一个好大喜功之人，他绝对不会继续追随“无为而治”的政策，他要大干一番事业，以体现他的价值。客观条件就是经过一段时间的无为而治，出现了文景之治的局面，国家积累了一定的财富。同时较长时期的“无为而治”也对社会的发展带来一定的负面影响，需要有为政治来治理。

由于汉初特别是文景时期实行黄老“无为政治”，坚持减免田租和轻徭薄赋的重农方针，农业生产有了较大发展，国家出现繁荣景象。对此，司马迁予以描绘与歌颂，“汉兴七十余年之间，国家无事，非遇水旱之灾，民则人给家足，都鄙廪庾皆满，而府库余货财。京师之钱累巨万，贯朽而不可校，太仓之粟陈陈相因，充溢露积于外，至腐败不可食。众庶街巷有马，阡陌之间成群。”① 其意为：经过汉初的休养生息，国家的粮食和钱币已经太多了，国家仓库里已经存不下粮食了，国库的钱币已经无法计算，甚至出现腐烂，到处都有奔跑的马，和汉初的“天子不能具纯驷，将相或乘牛车”，形成了明显的对比。从而标志着汉初的让步政策取得了成功，百姓得以安居乐业，国家开始走向繁荣富强。

---

① 《史记》卷三十《平准书》。

第五章

汉文帝其人其事

第一节　汉文帝的家世及其继位

汉王二年（公元前203年），刘邦使曹参、韩信北略魏地，擒魏王豹，掠其宫女，纳入织室做工。汉王四年，刘邦偶然间来到织室，见到所掠魏王宫女中有位姓薄的长相绝佳，遂纳入后宫，号称薄姬，成一夜夫妻，之后生下文帝刘恒。至高祖十一年（公元前196年），刘邦在平定代相陈豨之乱后，欲立宗室为代王，树为藩屏，以北控夷狄。群臣见八岁的刘恒"贤知温良"，一致推举，遂立为代王。当吕后称制残害诸刘骨肉时，因昔日薄姬很少同刘邦在一起，不得爱幸，故免遭吕后忌妒，未被视为敌手，得以随子刘恒居于代都晋阳。在当时宫廷斗争复杂、祸福难测的环境中，刘恒母子虽远离宫中是非之地，但仍处于忧患之中，诸事小心翼翼，谨防惹火烧身，渐渐使刘恒养成谦恭宽厚、克己寡欲的品格和习性，其躬修节俭思安百姓，自有历史因素。

汉文帝既无创业功劳，在铲除诸吕中也无尺寸之功，同大臣们的关系也无深交。但是，政治斗争常常是鹬蚌相争、渔人得利，最后选择一位双方都接受的中性人物出来收场。历史赋予刘恒乱后思治机遇，凭着"贤圣仁孝，闻于天下"的名声，当上了皇帝，但他在即位之初，确实是一个弱势皇帝。即位以后，颇能以前代兴亡得失为鉴，“勤劳天下，忧苦万民”，推行以民为本方针。为了稳定形势，巩固政权，从即位伊始，接连采取节俭惠民政策，减轻百姓负担，使国家走向健康发展道路。

一、封为代王

在西汉京都长安的东北方向，与匈奴、乌桓等少数民族相接壤的一个封国就是代国，公元前 201 年，汉中央政府以云中（治今内蒙古自治区托克托东北）、雁门（今山西省右玉南）、代（今河南蔚县西南）三郡五十三县置。它本应是西汉王朝东北方向的一个屏障。但这个本应拱卫京都的屏障，却在高祖十年（公元前 197 年），一度成为陈豨反叛的基地。

陈豨本是宛朐（今山东省曹县西北人），高祖七年（公元前 200 年）被封为列侯，并以代相国的身份监督赵、代两国的军队，掌握了这两国边防的指挥权。

但到了高祖十年（公元前 197 年）九月，他却反叛了汉朝，自立为代王。面对陈豨的叛乱，刘邦一方面调用武力镇压，另一方面又用软的方法分化瓦解叛军。到高祖十一年（公元前 196 年），汉军在曲逆城（今河北省完县东南）下，斩杀了陈豨部将侯敞、王黄，在聊城（今山东省聊城市）打败了张春。太尉周勃平定太原郡（今山西省太原东南）、代郡（今河南省蔚县西南），俘虏了一些叛军首领，陈豨仅与少数随从逃脱。叛乱基本平息了。

刘邦返回了洛阳，指出代地地处边陲，从前统治力量薄弱，现在必须加强控制，于是封自己的儿子刘恒做了代王，并把其都城放在中都县（今山西省平遥西南）。

平叛中漏网的陈豨，于高祖十二年（公元前 195 年），被樊哙的部将追杀于灵丘（今山东省滕县东），落了个身败名裂的下场。

这场叛乱前后历时两年，终于被彻底平定了，而作为京师屏障的代地回到了刘氏子孙手中，那个不太得宠的薄姬的儿子刘恒，也就在他七岁的时候，开始登上代国政治舞台的最高层。

二、当上皇帝

高祖十二年（公元前195年），刘邦在长乐宫中溘然长逝。刘邦一死，吕后的一腔妒忌也就可以发泄了，凡是被高祖亲近宠爱的妃子都被吕后幽禁，不许出宫。由于薄姬很少同高祖见面，因此吕后也不太妒恨她，所以没有囚禁她，而是让她跟着儿子刘恒到代国去，做了代王太后，这可以说是因祸得福了。

安葬惠帝以后，吕后立了一小孩做皇帝，而这个小孩并非惠帝皇后所生，先杀了他的生母，后立为太子，再立为皇帝。当这个孩子年纪稍大，得知他生母的真实情况后，口出怨言，便被吕后杀死，另立常山王刘义为皇帝，并改名刘弘。

吕后七年（公元前180年），吕后曾派使者去告诉代王刘恒，想改封他为赵王，但刘恒以愿意为国守卫代国边疆为由推辞了。

诸吕被消灭后，朝廷大臣们聚在一起秘密商量，认为吕后先后立的两个小皇帝及另两个诸侯王都不是惠帝的亲儿子，吕后之所以立他们为皇帝或诸侯王，目的也在加强培植吕家的势力，现在我们既然把诸吕杀掉了，如果让他们留下来，等他们长大掌权时，我们这些人就要被灭族亡种。因此应该废掉他们，另选诸侯王中最贤明的立为皇帝。但是在究竟立谁为皇帝的问题上大家争执不下。

朱虚侯刘章、东牟侯刘兴居认为，齐悼惠王刘肥是高帝的长子，现在他的嫡子刘襄是齐王，从血缘上说，他是高祖的嫡亲长孙，可以立为皇帝。别的大臣们反对说：吕氏就是仗着外戚身份作乱的，差点毁了刘家天下。如今齐王外祖母家有个驷均，非常凶恶，如果立齐王为帝，等于又扶持了一个吕氏。有人又提出立淮南王刘长，但大家又觉得他年纪太小，而且其外祖母家很凶恶。议来议去，最后大家一致认为：代王刘恒是高祖现在的儿子中年龄最大的，为人仁爱孝顺、宽容忠厚。同时太后薄夫人的娘家谨慎善良，况且立长子为帝，本来名正言顺，加上刘恒又以仁爱孝闻名于天下，立他为帝最合适。

大臣们的意见统一之后，就秘密派人到代国去迎接代王了。当时京师虽然刀光剑影，血雨腥风，但远在边陲的代国仍一切如故。这天，代王刘恒照旧在他的王宫中处理政事。突然，一名卫士进来报告：丞相、太尉的使者到。刘恒忙传令请进大殿。二名戎装佩剑的使者急步走进大殿，躬身行礼，接着对刘恒说：启禀代王殿下，今奉丞相、太尉之命，有一封书信拜上。随即从怀中拿出一封信，呈给代王身旁的近侍。

刘恒从近侍手中接过信，不禁又惊又喜，一时之间不知该如何是好，便传令侍者先安排二位使者休息。等二位使者离开后，刘恒便急忙召见他的群臣，把京师的情况告诉了他们，并让他们针对目前的情况发表各自的意见。

掌管皇宫侍卫的郎中令张武从代王的安全着想指出：中央的大臣都是高祖手下的大将，狡诈多谋而且野心勃勃。从前因慑于高祖和吕后之威，才没敢闹事，而今高祖、吕后都死了，他们血洗京师，消灭了吕家势力。现在他们打的幌子是迎接您去做皇帝，可究竟想干什么现在还不清楚，您最好称病不去，静观事态的变化。

张武的话引起了一片附和声，不少大臣都认为不去为佳。而中尉宋昌则力排众议，指出：我认为应该进京。理由有三：

其一，从秦朝灭亡后，诸侯豪杰并起争夺天下，自认为可以得到天下的人以万计，然而最终登上天子宝座的，也就只有高祖一个。这样，天下的人也就断绝了做天子的念头。其二，高祖分封他的子弟们做诸侯王，各诸侯国的土地犬牙交错，互相牵制，这就是人们所说的坚如磐石的宗族，天下人都信服刘氏家族的强大。其三，汉兴以后，废除了秦朝的苛政，省约法令，使百姓人人安居乐业，在人民中建立了难以动摇的威信。从这三点来看，朝廷大臣们若想变乱，是难得民心的，况且当今在朝廷内部有朱虚侯刘章、东牟侯刘兴居这些刘家亲属，在朝廷外边又有强大的吴、楚、淮南、琅琊、齐、代等刘姓诸侯国，足以令大臣们感到畏惧，内外形势都使大臣们不敢轻举妄动。代王又比淮南王大，贤德圣明，仁爱孝顺，以此闻名于天下。所以，大臣们是顺应了天下人的心而来迎立代王的，请大王不要疑虑了，应该去才是。

中尉这番话讲得有理有据，其他大臣也没有反驳，但此事非同一般，所以刘恒还想多听听不同意见，于是散朝后又把这事告诉了当时已经做了太后的母亲薄姬，母子二人再三商量，还是拿不定主意。最后决定用龟占卜，看看上帝神灵的意思究竟如何。通过占卜，代王刘恒终于下定决心回长安。为稳妥起见，又派薄太后的弟弟薄昭前去长安会见太尉周勃，在进一步摸清情况后再作决定。

薄昭来到长安后见到周勃等人，周勃等大臣详细地给他介绍了迎立代王刘恒的意图。薄昭返回代国后报告刘恒说：完全可以相信他们的话，没有什么可疑的。这一说，刘恒才安心了，笑着对宋昌说：果然像你说的那样。于是驾车上路，刘恒命令宋昌作为贴身侍卫与自己同乘一辆车，张武等六人也驾车同行。

刘恒一行到达了距长安约五十里的高陵县时停下来休息，

同时让宋昌快速驾车去长安联系。宋昌到达京都长安附近的渭桥时，正好迎面碰上了丞相陈平等大臣们来迎接代王的车队，宋昌又赶快回车报告代王，代王一行赶到了渭桥边。群臣们见了代王后，都叩拜称臣，刘恒下车还礼，太尉周勃上前说：希望您能允许我私下同您谈谈。宋昌在旁边插话说：你所说的是公事，就当着大家的面公开说，如果是私事，做代王的不接受私人的请托。于是太尉周勃跪着奉上了天子的玺印和符节。刘恒看到此情况后，便指出：到我在京师的公馆里再说吧。

到了代王在长安的公馆，丞相陈平、太尉周勃、大将军陈武、御史大夫张苍、朱虚侯刘章、东牟侯刘兴居以及管理皇族事务的宗正刘郢、管理少数民族事务的典客刘揭等人一齐再次叩拜，并指出：以前吕后立的皇帝刘弘等人都不是惠帝的儿子，不应当继承皇位。我们谨请阴安侯、列侯顷王后（刘邦次兄刘仲之妻）与琅琊王刘泽、宗室、大臣、列侯等商量，大家都指出：大王您是当今在世的高祖的儿子中最大的，最适合做高祖的继承人，希望您能继承天子之位。

面对众人的请求，刘恒从礼节上还得谦让一番，于是说：继承高祖的天下，是一件非常重要的事情。我缺乏才能，不足以承担侍奉宗庙的大任。请由楚王刘交出面找一个合适的人选，我是不敢当的。陈平、周勃等见刘恒不答应，就伏在地上执意请求，刘恒面西而坐，谦让了多次，群臣们只好扶他面南而坐。

丞相陈平见状说：我们考虑，您是最合适的，天下的诸侯和百姓们也是这样认为的。我们出于为宗室社稷考虑，是不敢草率行事的，希望大王您能听从我们的意见，我们恭奉皇帝的玺印符节再拜献上。刘恒说：宗室将相和列侯们都认为我最合适，那我就不敢再推辞了。于是接过玺印符节，继承了皇位。

刘恒是汉高祖刘邦八个儿子中的第四子。在他的哥哥惠帝刘盈死后且无儿子作为合法继承人的情况下，他在刘邦诸子中是最长的。他自然具备了作为皇帝继承人的条件。他被封为代王是在高祖十一年（公元前196年）消灭异姓王陈豨以后，到吕后死时，已作为代王达17年之久，具有了充分的地方行政工作经验。文帝在任代王期间，就表现出“仁孝宽厚”的特点，具有良好的口碑。对于他后来的执政奠定了雄厚的基础。

刘恒即位的时候才23岁。他虽然还很年轻，却颇有智谋，十分机警，善于应付复杂的局面。当时，正值政局变乱之后，内部的情况是中央政权动荡不安，而地方势力又相当强盛，公然对抗朝廷，有着分裂的趋向。社会经济还没有从战争创伤中恢复过来，国家贫穷，民生艰难；而外部匈奴贵族不断南下骚扰，甚至打到了今天的陕北延安地区，威逼京师长安。更为重要的是，文帝并不是正常地继承帝位，而是在因国家内乱出现了皇位空缺的情况下，以藩王身份进入长安，接续帝统。在此之前，他在中央政权中既无地位，又无影响。所以，他虽然当了皇帝，但既没有在朝廷中建立起自己的威信，也没有形成辅助他的力量，行施政令十分困难。在这种情况下，汉文帝充分施展发挥了他的行政才干，有条有理地处置安排国家大事，将自己的亲信安排在要害部门，迅速控制稳定了政局，使从秦末以来经过几十年战乱破坏的社会走向安定，经济逐步恢复，生产不断发展，出现了史书所称道的文景之治的局面。

文帝即皇位以后，继承先帝的政策，与民休息。在位期间，巩固中央集权，减省刑罚，减轻田租，善于纳谏，缓和与匈奴的关系。正是由于文帝20余年的不懈努力，才奠定了西汉前期长期稳定的社会基础，开创了西汉社会经济迅速恢复和蓬勃发展的良好条件，为景、武二帝时期准备了丰厚的物质条件，也为后世帝王树立了勤政节约爱民的典范。正如司马迁所言："汉兴，至孝文四十有余哉，德至盛也。"[①] 从而使国家兴盛，改变了汉朝初年的不良社会状况。

第二节 巩固中央集权 削弱诸侯王势力

西汉政权建立后，统治者虽力求安定、与民休息，从而巩固政权，但是，来自统治集团内部的争权夺利斗争，一直搅得天下难安，基业不稳。特别是握有实权的诸侯王，从异姓到同姓，窥伺皇位的野心家大有人在，致使动乱接连发生，列土封王的弊端暴露无遗。先是各异姓王称霸一方，接踵反叛；继而诸吕谋逆，几乎取代刘氏天下。

决策失误，必然要付出代价。刘邦为巩固政权，在削除各异姓王的同时，又相继封刘姓宗室子弟 11 人为王，形成燕、代、齐、楚、梁、赵、吴、淮南、淮阳、荆诸同姓藩国犬牙交错之势，以为这样就可以天下一家，可以永结磐石之固。后来，在铲除诸吕、安定刘氏斗争中，以齐王刘襄为代表的诸同姓王，确实体现了刘家一致对外的藩屏作用。但是，这种做法在刚开始时，由于诸侯王们年龄尚小、实力不够，血亲关系紧密，往往还能听从中央，但当诸侯们年龄增大、羽翼丰满、实力强大之时，便会起来掀起夺权的运动。西周时期分封制的结果就是这样，这是历史的经验和教训。刘邦只考虑了问题的一个方面，却忽略了同室操戈、骨肉相残的这一血的历史教训，从而埋下祸根，遗患后世。

这些同姓诸侯王国，跨州兼郡，连城数十，山海田泽，赋敛自资。而且握有军权，拥兵自卫，宫室百官，制同皇帝。随着势力发展，血亲关系日渐淡漠，各以自身的利害为转移，轻

① 《史记》卷十《孝文本纪》。

则徇私枉法，重则阴谋叛逆。汉初，诸侯王封地几占全国的三分之二，“自雁门以东、尽辽阳，为燕、代。常山以南，太行左转，度河、济，渐于海，为齐、赵穀、泗以往，奄有龟、蒙，为梁、楚。东带江、湖，薄会稽，为荆吴。北界淮濒，略庐、衡，为淮南。波（陂）汉之阳，亘九嶷，为长沙。诸侯比境，周匝三垂，外接胡越。”关东之地多归诸侯王，“藩国大者，跨州兼郡，连城数十。”中央直辖者只有“三河、东郡、颍川、南阳，自江陵以西至巴蜀，北自云中至陇西，与京师内史凡十五郡”。[①] 其中还有100多个列侯公主的食邑。由此可见诸侯王领地广大。

高帝时，诸侯王年龄尚小，封土刚定，加上战争时起，民心未安，各自都忙于安定内部，无暇外顾，对中央政权尚不构成威胁。但到文帝时就不同了，经过惠帝、高后时的休整，经济有所恢复，人口开始繁衍，诸侯国有了对抗中央的经济基础，如吴王刘濞，居国以盐铁铜冶致富，平时百姓无赋，有事征发徭役官府则予庸金，以收买民心。又因为汉初的经济放任政策，商业发达，而汉法规定商贾子弟不得仕宦，在政治上没有出路，于是商贾们就纷纷投到诸侯门下，因其钱财，交结王侯，更增加了诸侯王的经济实力。为了增加劳动力，诸侯王竞相招徕流民，容纳亡命，甚至包庇罪犯，和中央争夺人口。而文帝以外藩入继大统，威信未立，羽翼不丰，国家大事，多予优容，这愈加助长了诸侯王的气焰，他们骄纵不法，渐有不臣之心。如淮南王刘长直呼文帝为“大兄”，与文帝同车而行，倨傲无礼，又私自锥杀辟阳侯审食其；在封国内擅自驱逐中央任命的傅、相等二千石官，任用私党，招徕亡命，并且自行封爵关内侯以下者近百人，居室仪仗依皇帝仪式，不行汉法，根

① 《汉书》卷十四《诸侯王表》。

本不把文帝放在眼里。又如吴王刘濞，因其子被太子（即景帝）误伤而死，心怀不满，葬其子于长安（按制度，诸侯王子死应归国安葬），随后称病不朝。面对这种情况，文帝一味宽大，明知刘濞无病，却遣使赐予几杖，嘱其安心养病，给以不朝的特权。刘长虽然屡屡犯上，仍赦其罪，仅仅遣使赐书，予以训告而已。各个诸侯王无不恣意妄为，目无天子，终至酿成了淮南王刘长与济北王刘兴居之叛乱。

统治集团之间，如果权力失衡、利益不均，常常会直接引发激烈的矛盾与斗争。在汉文帝即位以前，诸侯王势力仍弱小，尚不足以同朝廷公开抗衡，两者之间的矛盾主要是同诸吕争夺政权。诸吕覆灭以后，权力回归刘氏，天下同姓一家，矛盾也立即转为同室操戈，手足相残。最先起来造反的是刘邦的孙子济北王刘兴居。吕后时，为网罗刘邦子孙为己用，以刘兴居为东牟侯，其兄刘章为朱虚侯，宿卫长安。诛灭诸吕角斗中，刘邦子孙中属刘章功劳最大，其次是刘兴居。因此，诸大臣们曾许诺尽以赵地封刘章，尽以梁地封刘兴居。但文帝即位后，得知刘章和刘兴居在铲除诸吕时，曾想立其兄齐王刘襄为皇帝，内心很不平衡。故而在论功行封时，文帝出于私心，有意贬低刘章和刘兴居的功劳，不肯履行大臣们许下的诺言，于文帝前元二年（公元前 178 年），割齐国两郡之地，封刘章为城阳王、刘兴居为济北王。对此，刘章兄弟二人愤愤不平，伺机发难，讨个公道。

前元三年，匈奴入侵，来势甚猛，汉文帝发边郡车骑 8 万，命丞相灌婴率军迎击。随后，文帝又亲临太原督阵，鼓舞士气。此时，刘章已病故，刘兴居得知皇帝离开都城，亲自击讨匈奴，京城必然空虚，时机不可错过，遂立即举兵造反。消息很快传到太原，文帝感到边患事小，内乱事大，于是十万火急罢兵还朝，亲自指挥平乱。命柴武为大将军，率十万五千士兵，讨伐刘兴居。经过月余围剿，终将刘兴居抓获。刘兴居被俘后，自知罪不可赦，不等文帝下令处死，便自尽于狱中。实际上，刘兴居以一郡之力与朝廷争衡，有如螳臂当车，根本不足以撼动朝廷这棵大树。但是，可怕的是他具有很大的煽惑性，假若一直拖延下去，难免会引起连锁反应，导致诸王联手对抗朝廷，那样事态就严重了。刘兴居叛乱虽然被剿灭了，但这是一个危险的信号，其他诸侯王还在，潜在威胁仍不可忽视。

文帝初期，诸侯王自以为亲贵，骄横不法，渐成割据之势。特别是淮南王刘长，他是高帝的私生子，其母早亡，由吕后哺育成人，文帝时，高帝子只剩下他和文帝二人，因此刘长恃亲专横。虽然文帝对之一再宽宥，但他却变本加厉。文帝遂遣使致书，历数其不法行为，晓以名分，半是劝诫，半是警告，希望他能迷途知返。刘长自恃为刘邦少子和文帝小弟，因而目无尊长，数违诏命。其居处行止，皆无异于皇帝，擅立刑法，残害无辜，招降纳叛，包藏罪犯，任意罢退朝廷命官，自置属吏。滥赐爵位，以笼络人心，为报私仇，擅杀大臣。其母赵姬，原为赵王张敖美人，后献给刘邦，遭吕后妒害致死，辟阳侯审食其知情而不肯营救。文帝前元三年（公元前 177 年），刘长身藏兵器至审食其家，将其杀死。对此，文帝一再姑息，不忍治罪，仅令国舅薄昭致书规劝而已。

但是，对于无法无天的恶人，任何善意劝告都不会起作用，非但不能使其改过自新，反而会更加助长其有恃无恐。文帝前元六年，刘长“谋为东帝”，欲与文帝平分江山，阴使属下 70 人，手推 40 辆满载兵器的小车，反于长安城西北的谷口。又派人与闽越、匈奴等少数民族勾结，欲使其发兵，共同举事。但是，事情很快败露，于是文帝也不再心慈手软，立即使人惩治，召刘长到京伏法。为逃脱罪责，刘长采取杀人灭口手段，将两个参与谋反的头目秘密杀害，然后到长安听从发落。刘长到长安后，丞相、御史大夫、宗正、廷尉等大臣，分别向文帝奏报刘长欲“废先帝法，不听天子诏”的罪状，均认为“长所犯不轨，当弃市”，“请论如法”。但文帝不忍亲自处死少弟，乃“赦长死罪，废勿王”，欲发配蜀郡严道。而且遣其妻小与之同居，令“县为筑盖家室，皆日三食，给薪菜盐炊事器席褥”。并“给肉日五斤，酒二斗。令故美人才人得幸者十人从居”。[①]使其仍可过着非常人可比的花天酒地生活。然而，刘长素日骄慢成性，刚愎自用，文过饰非，不肯受辱，在发配蜀郡途中便绝食而死。这本来是咎由自取，死有余辜，而文帝却为此悲痛大哭，认为是自己将刘长推上了绝路，不知如何处置其后事。最后只好按郎中爰盎计策，嫁祸刘长所过诸县传不奉送酒食者，下令一一逮捕处死，以塞天下口舌耳目。对这场兄弟之间的权力之争，百姓歌之曰：“一尺布，尚可缝，一斗米，尚可舂。兄弟二人不相容。”

淮南王刘长谋反事件，对于文帝来说是一个深刻的教训，教育他必须对诸侯王的不法行为予以有效约束，从而预防此类事件再发生。但是，汉文帝昧于手足之义、骨肉亲情。既对刘长罚不抵罪，又对其他诸侯王失于明察戒备。以贾谊为代表的政论家，面对诸侯割据势力的膨胀、坐大，深为国家安危忧虑，毅然向文帝上《治安策》，痛陈时弊，力主匡正，大声疾呼：“臣窃惟事势，可为痛哭者一，可为流涕者二，可为长太息者六，若其他背理而伤道者，难遍以疏举。进言者皆曰天下已安已治矣，臣独以为未也。曰安且治者，非愚则谀，皆非事实知治乱之体者也。夫抱火厝之积薪之下而寝其上，火未及燃，因谓之安，方今之势，何以异此！本末舛逆，首尾衡决，

① 《汉书》卷四十四《淮南厉王刘长传》。

国制抢攘，非甚有纪，胡可谓治！”比喻天下之势如同“方病大肿，一胫之大几如腰，一指之大几如股，平居不可屈信，一二指搐，身虑亡聊，失今不治，必为痼疾，后虽有扁鹊，不能为已”。[①] 指陈诸侯王势大之后，以至亲之故，无不欲自为皇帝，不甘俯首听从朝命，而废法犯禁，称雄一方。在这种情况下，如若惩治一个，余者必然环顾而四起，其强者先反，疏者必危，亲者必乱。最好的办法就是“众建诸侯而少其力，力少则易使以义，国小则无邪心”。建议“割地定制，令齐、赵、楚各为若干国”，以分散其势力。如果“地制一定，宗室子孙莫虑不王，下无背叛之心，上无诛伐之志”，“法立而不犯，令行而不逆”，[②] 则天下大安大治。

贾谊的巨识宏论，可以说是西汉建久安之势、成长治之业、治国安邦之良策，终于使文帝心悦口服，拟委贾谊以公卿之位。但当时周勃、灌婴等一些老臣思想僵化、见识短浅，出于私利，只图把持自己官位，而不肯为国让贤。周勃、灌婴虽是安汉重臣，功劳显赫，但在治理国家上则胸无良策，甚至偏执狭隘，打击压制那些见识高于自己的人才。早在楚汉战争期间，周勃、灌婴两人在刘邦面前合伙诋毁陈平之能，中伤陈平华而不实、背兄盗嫂、事主反复无常、收受贿赂等，几乎使刘邦失去一位重要谋臣。此时两人对贾谊又重演故伎，肆意诋毁，称其“年少初学，专欲擅权，纷乱诸事”。[③]

汉文帝结果听信周勃、灌婴谗言，不敢再亲近贾谊，感情渐渐疏远，同时取消了委贾谊以公卿之位的念头。将贾谊的策略也置诸脑后，并将贾谊外放，让他担任长沙王太傅去了。在

---

① 《汉书》卷四十八《贾谊传》。

② 《汉书》卷四十八《贾谊传》。

③ 《汉书》卷四十八《贾谊传》。

老臣们的排斥、忌妒下，贾谊空有满腹治国经纶，被外放江南以后，终日忧国忧民，抑郁而死，年仅33岁。文帝号称贤明，尚不能用贾谊之才学，反映出朝中僵化的老臣仍在左右朝政，功臣政治还在发挥作用，这实是国家之大不幸。

就在贾谊临死前夕，贾谊的预言已经开始出现，诸侯王分裂势力有增无减，国家面临四分五裂危机，内乱已迫在眉睫。文帝不得不用贾谊之计，徙其子淮阳王刘武为梁王，得大县四十余城，以钳制齐、赵之地，成为父子两代之利。至文帝前元十六年（公元前164年），即贾谊死后四年，形势更加严峻，文帝不得不用贾谊之计，"乃分齐为六国，尽立悼惠王子六人为王"；"分淮南为三国，尽立厉王三子以王之。"[1] 使齐王襄和淮南王喜的势力首先被削弱。而对诸侯势力最强大的吴、楚两国仍未敢轻易触动，矛盾危机依然存在。

文帝后期，晁错继贾谊而起，更是一位力主削藩、加强中央集权的激进者。他的才学胆识，博得文帝称赏而"奇其材"，被任命为太子家令，号称"智囊"。文帝又通过策对，以晁错的回答为第一，擢升为中大夫，成为皇帝顾问，准备继续为其削藩效力。

第三节　发展经济　轻徭薄赋

西汉政权建立后，吸取了秦王朝阶级矛盾尖锐、快速灭亡的教训，对老百姓实行与民休息的让步政策。而功高勋著者受到赏赐，并与之剖符铁书，共享富贵，谋反作乱者，天下共诛之，决不手下留情。这种一软一硬、一德一刑的两手策略，是西汉前期黄老政治的主要特点。

① 《汉书》卷四十八《贾谊传》。

中国历来是一个自给自足的农业国家，统治者对农民剥削的多少轻重，直接关系到国家的盛衰兴亡。无数事实证明，赋税越轻，国家则越富、越兴旺繁荣；而赋税越重，国家反则越穷、越衰落凋敝。这是一条颠扑不破的真理，因为只有轻徭薄赋才有利于生产者继续进行再生产，创造出更多的财富，促进生产力的提高和经济的繁荣，从而为国家提供取之不尽的财源。相反，横征暴敛的结果，则是杀鸡取卵、竭泽而渔，国家虽可解一时燃眉之急，却会带来无穷祸患，使生产者失去再生产能力，导致社会生产无法正常运行，无法创造出更多财富供统治者榨取，导致国家财源枯竭，呈现报复性的恶性循环。尽管经济政策是受政治方针制约、主宰的，但是经济发展规律往往又不以政治愿望为转移。一旦政治暴虐一尺，经济便会跌落一丈。

自周秦以来，在正常的形势下，农民种田的租税负担，仅是总收获的十分之一，即国家收取什一之税。统治者在制定这一税率时，首先考虑到农民自身吃穿用和再生产的需要是多少，防止因国家税重而伤民害农，对“民伤则离散，农伤则国贫”的历史教训有较清醒的认识，不敢无限制增加农民负担。但是，什一之税，仅是让农民维持最低生活需要，随着统治者欲望无限，对农民的剥削除田租之外，尚有各种名目的赋税负担，从而使农民深陷穷困之中，经济发展缓慢，国家的发展也就举步维艰，导致长期贫穷落后。

秦始皇统一全国之后，奋其私智，穷奢极欲，“内兴功作，外攘夷狄，收泰半之赋，发闾左之戍。男子力耕不足粮饷，女子纺绩不足衣服。竭天下资财以奉其政，犹未足以澹其欲也。海内愁怨，遂用溃叛。”[①] 农民将自己每年收获的三分之二交

① 《汉书》卷二十四《食货志》。

税，供给统治者挥霍享乐，而自己终岁劳苦，却食不饱腹，衣不遮体。男子到了成丁年龄后，便开始服徭役，由于秦始皇好大喜功，于是在其当政期间大兴土木，致使老百姓“一岁屯戍，一岁力役，三十倍于古；田租口赋，盐铁之利，二十倍于古。或耕豪民之田，见税什五，故贫民常衣牛马之衣，而食犬彘之食。重以贪暴之吏，刑戮妄加，民愁亡聊，亡逃山林，转为盗贼，赭衣半道，断狱岁以千万数”。[①] 如此横征暴敛，必然引起反叛，挣扎在死亡线上的老百姓，只有揭竿而起，秦王朝迅速灭亡。

秦末汉初的长期战乱，导致西汉政权建立后，由于“接秦之弊，丈夫从军旅，老弱转粮饷，作业剧而财匮，自天子不能具纯驷，而将相或乘牛车，齐民无藏盖”。[②] 凋败不堪的经济形势，直接关系到西汉政权能否继续存在下去，从而迫使统治者必须改弦更张。故而刘邦“约法省禁，轻田租，什五而税一，量吏禄，度官用，以赋于民”。[③] 其田税较历史上的什一之税减少三分之一，并根据国家实际需要，制定其他各项税收标准，尽量做到轻徭薄赋，减轻百姓经济负担，使农民重新回到田地里，恢复生产，安居乐业，为政权的巩固与发展奠定基础。

汉高祖刘邦不仅建立了西汉政权，也为其后的统治者树立了轻徭薄赋的典范。自汉王四年（公元前 203 年）“初为算赋”，开始征收人头税，规定“民年十五以上至五十六出赋钱，人百二十为一算，为治军兵车马”。[④] 遂为定制。刘邦称帝后，

① 《汉书》卷二十四《食货志》。

② 《汉书》卷二十四《食货志》。

③ 《汉书》卷二十四《食货志》。

④ 《汉书》卷一《高帝纪上》注引。

也较爱惜民力。定都关中之后，因咸阳秦宫被项羽烧毁，成为一片废墟，先暂时在栎阳（今西安市阎良区武屯乡）住下，然后迁到秦都咸阳渭河以南幸免于烧的兴乐宫住下，并在此基础上改建成长乐宫，作为其施政的政治中心。高祖七年（公元前200年），丞相萧何乘刘邦北击匈奴、不在长安之时，修筑了一座规模宏伟的未央宫，立东阙、北阙、前殿、武库、大仓，以重天子威严。但是，当刘邦回到长安后，见到壮丽的未央宫，立刻大怒，责备萧何治宫室过度，劳民伤财。至十一年（公元前196年），刘邦仍把薄赋作为施政大事，看到诸侯王等争相向皇帝朝献，献钱多少无规定限制，官吏多征赋为献钱，增加百姓负担，造成疾苦。为纠正此种弊端，刘邦诏令“诸侯王、通侯常以十月朝献，及郡各以其口数率，人岁六十三钱，以给献费”。使官吏无限制收敛百姓钱财现象得到扼制，统治者少一分享受，百姓则多一分幸福。为了节省民力和落实轻徭薄赋的政策，从刘邦开始，虽然在长安修建了未央宫等建筑，但一直未动用民力修建城垣。

惠帝即位，施恩百姓，诏令天下：“减田租，复十五税一。”此一记载，表明刘邦所颁行的“什五税一”政策未能得到贯彻始终，很可能是在后期又回到什一之税上来。至惠帝时感到田租过重，不利于生产发展，而重新恢复十五税一政策。惠帝在位期间继续实行轻徭薄赋政策。不理朝政，诸事一仍其旧，唯修筑长安城一事，可算做他的政绩。长安城是先修建宫殿，而后修建城墙，先有长乐宫，是对秦兴乐宫的重新修葺。后有未央宫，是高祖刘邦时由萧何主持修建的。惠帝从即位元年正月，便开始修建长安城城墙，历时五年而成。其间虽有两次大规模征发，但均在农闲时节，且服役时间只有一个月，不至于影响农业生产的正常进行。一次是在三年（公元前192年）春，“发长安六百里内男女十四万六千人城长安，三十日罢。”虽涉及范围较广，动用人数甚多，但历时较短。同年六月，征调诸侯王、列侯徒隶两万人修长安城墙，表明罪犯是修长安城的主要劳力，以维持旷日持久的工程建筑。第二次为五年春，仍动用了长安城六百里以内的十四万五千男女，也是三十日而罢。至同年九月，长安城墙终于竣工，成为全国名副其实的政治、经济、文化中心。此两次大规模征发，从全局来看，仍属局部性，又有一定节制，对轻徭薄赋政策不会产生太大影响。正因为直到汉惠帝时，才开始修建城垣，这种先修宫殿、而后修建城垣的方法，造成了西汉长安城的城垣不直，除东面城墙较直以外，其他三面都很弯曲，因而被称为历史上有名的“斗城”。

吕后执政后，又经过八年的轻徭薄赋，终于使国家出现“民务稼穑，衣食滋殖”[①] 局面。农业生产逐渐得到了恢复与发展，经济形势略有改观。

文帝即位后，生产虽为上升趋势，但国家仍无积蓄可恃，百姓仍处于半饥饱之中，须继续推行休养生息政策。当时仍然是“岁一不登，民有饥色”。[②] 另一方面，随着经济形势的逐渐好转，使自战国以来兴起的背本趋末之风重新抬头，奢靡淫侈之俗日长，老百姓纷纷弃农经商，严重地影响了农业生产的进一步发展。出现了“法律贱商人，而商人已富贵矣；尊农夫，农夫已贫贱矣”[③] 的现象。这种不重视生产而追求流通的情况，无法使社会财富得到增长，必然导致囤积居奇，哄抬物价，使人心浮动，社会不稳，与统治者的愿望背道而驰。故此，汉文帝为进一步刺激农业生产的发展，对农民采取更宽松

① 《史记》卷六《吕太后本纪》。
② 《汉书》卷四《文帝纪》。
③ 《汉书》卷二十四《食货志》。

的让步政策，多次下诏呼吁："农，天下之大本也，民所恃以生也，而民或不务本而事末，故生不遂。"[①] 并且亲自率耕，举行藉田仪式，以为天下先，鼓励人们从事农业生产。

汉文帝重视农业发展的方针是正确的，但却无法改变致富力农不如经商的事实，因为"以贫致富，农不如工，工不如商"。[②] 经商致富的诱惑力远远胜过皇帝号召力。贾谊、晁错等政论家们向汉文帝提出抑商重农的建议，希望能扭转形势。贾谊将弃农经商、奢靡淫侈视为天下大残、大贼，向统治者敲响警钟。他在上书文帝时称："今背本而趋末，食者甚重，是天下之大残也；淫侈之俗，日日以长，是天下之大贼也。残贼公行，莫之或止；大命将泛，莫之振救。生之者甚少，而食之者甚多，天下财产何得不蹶！汉之为汉几四十年矣，公私之积犹可哀痛。失时不雨，民且狼顾；岁恶不入，请卖爵、子。既闻耳矣，安有为天下阽危者若是而上不惊者。"[③] 贾谊的这番话，表明西汉刚刚走向恢复发展的经济形势，因弃农经商者日众又蒙上了阴影。种粮的人少而吃粮的人多，这是造成社会贫困和不稳定的主要原因。他建议"驱民而归之农，皆著于本，使天下各食其力，末技游食之民转而缘南亩"。[④] 这样一来，国家便可以有足够的积蓄，人民安居乐业，皇帝也就不必为天下危机担忧了。

晁错还向文帝进一步分析国家蓄积不足的原因，建议实行贵五谷而贱金玉的重农政策。他对文帝说："圣王在上而民不冻饥者，非能耕而食之，织而衣之也，为开其资财之道也。故

① 《汉书》卷四《文帝纪》。

② 《史记》卷一百二十九《货殖列传》。

③ 《汉书》卷二十四《食货志》。

④ 《汉书》卷二十四《食货志》。

尧、禹有九年之水，汤有七年之旱，而国无捐瘠者，以蓄积多而备先具也。今海内为一，土地人民之众不避汤、禹，加以无天灾数年之水旱，而蓄积未及也，何也？地有遗利，民有余力，生谷之土未尽垦，山泽之利未尽出也，游食之民未尽归农也。民贫则奸生，贫生于不足，不足生于不农，不农则不地著，不地著则离乡轻家，民如鸟兽，虽有高城深池，严法重刑，犹不能禁也。”[1] 广大农民虽终岁勤苦，而不得温饱，被逼“卖田宅、鬻子孙以偿债”，而富商大贾坐食渔利，积贮倍息，“其男不耕耘，女不蚕织，衣必文采，食必粱肉；无农夫之苦，有仟佰之得。因其富厚交通王侯，力过吏势，以利相倾；千里游遨，冠盖相望，乘坚策肥，履丝曳缟。此商人所以兼并农人，农人所以流亡者也。”“俗之所贵，主之所贱也；吏之所卑，法之所尊也。上下相反，好恶乖迕，而欲国富法立，不可得也。”[2] 最后，建议文帝推行轻爵贵粟政策，并指出“粟者，王者之大用，政之本务”；“爵者，上之所擅，出于口而无穷。”令民可以出粟买官职爵位，或者用粟免罪减刑。从而使粟变成无价之宝，种田的人自然会多起来。

经过贾谊、晁错富有说服力的启发和建议，汉文帝采取了一系列劝农措施，诸如开瘠田，亲自率耕，以为天下先；厉行节俭，广为积蓄，以备非常之需；民可以出粟买爵，输粟实边；减免田租，三十而税一，或全年免收，并赐孤寡布帛，激励发展农业生产等等。深得百姓称颂，终于出现“海内殷富，兴于礼义”的可喜景象。

文帝末年至景帝初年，因水旱疾疫蝗虫等天灾侵害，岁比不登，民多乏食，令皇帝深为忧痛。为战胜天灾，稳定农业生

① 《汉书》卷二十四《食货志》。
② 《汉书》卷二十四《食货志》。

产，文帝召令群臣查找天灾频降、农业歉收原因。并首先反躬自问，是否因自己政有所失，行有所过，遭到天谴；或者百官俸禄过高，无用的事做得太多，而使百姓乏食。文帝认为出现这种情况的原因就是从事经商而害农事的人越来越多，为追求享乐而大量用谷造酒，各类牲畜食谷过多，从而使产得少、用得多的矛盾最终落到贫苦农民头上，出现民多乏食现象。故而与丞相列侯等计议，凡有可以帮助百姓摆脱困境的建议，均可一一说出来，不要有所隐瞒。由此可以看出，文帝始终把百姓吃饭问题作为头等大事。

汉初经过半个世纪的休养生息，人口开始回升，全国人口逐渐恢复到秦朝时的两千万左右。其中约有半数是诸侯王封地或食邑的农户，直接向国家交纳田租者仅千余万人。为了鼓励农业生产，统治者不惜减少国家财政收入，豁免田租。按晁错所说："今农夫五口之家，其服役者不下二人，其能耕者不过百亩，百亩之收，不过百石。"① 以三十税一核算，每一农户一年只交田租三石多。1 千万口约合 200 万户，国家一年所收田租约 666 万石。这个数字，仅官员俸禄一项也不足支付。西汉前期，官吏俸禄是以粟核算，从朝廷到地方，大小官员 16 级，最高俸禄为中二千石，最低者斗食。按汉末人口近 6000 万、吏员 12 万余推算，其前期吏员少说在 3 万人以上，所需俸禄当有千万石，呈入不敷出之势。但是，羊毛出在羊身上，没有不靠老百姓养活的官吏，除田租之外，劳动者还须交人头税、关税、市税、财产税等，以供国家财政支出。

汉文帝时，偃武修文，政尚节俭，事事以无烦劳百姓为宗旨，尽量减少各种费用，既不搞大规模土木工程建设，又无大规模军事行动，百姓几乎无徭役之苦，只承担皇室普通差役，

① 《汉书》卷二十四《食货志》。

号称“民赋四十，丁男三年而一事”。[1] 较以往算赋百二十钱、赋役一岁一事相比，各减轻三分之二。反映出汉文帝确实实行的是轻徭薄赋政策。

第四节 约法省禁 废除苛法

汉文帝在轻徭薄赋的同时，又实行轻刑薄罚，废除苛法，使人知耻自重，自觉遵纪守法。在宽松刑罚下，百姓既在精神上获得一定解放，又在肉体上免遭摧残和羞辱，使人的才智尽可能地得到充分发挥，促进了生产力的提高和经济的发展，国家也从而得到安定。

秦王朝实行法家思想，在执行法律的过程中，出现了过于严酷的问题，因此导致人民的不满和反抗。刘邦入关后，首先宣布废除秦朝苛法，与民约法三章，“杀人者死，伤人及盗抵罪”，以顺应民心。但是，随着形势的发展变化，简单的几条法规，显然不可能包治一切，“其后四夷未附，兵革未息，三章之法不足以御奸”，“网漏吞舟之鱼”，使坏人逍遥法外。于是，“相国萧何捃摭秦法，取其于时者，作律九章。”[2] 于是部分地恢复了秦法，甚至秦法中最残酷的“夷三族”之令，也得以继续付诸实施，使“彭越、韩信之属皆受诛”，同样是黥、劓、刖、宫、大辟五刑俱全，其严酷程度并不逊于秦时。

吕后称制元年，为笼络人心，缓和矛盾，曾宣布废除三族罪及妖言令，证明在吕后称制之前的两代，尚有夷三族之罪。妖言令即诽谤罪，凡不利于统治者的言论，都有被定为诽谤罪之可能，轻者罢官囚禁，重则杀头，是一项阴毒莫测的法令。

① 《汉书》卷六十四《贾捐之传》。
② 《汉书》卷二十三《刑法志》。

西汉统治者虽多次宣布废除此令，仅是一时一事的权宜之计，不可能彻底废除。因此，法律的宽松或严厉，受社会矛盾的缓和或尖锐所制约，苛法的实行或废除，取决于社会矛盾程度，是统治者维护自身利益及表达意志的具体手段。

到汉文帝即位时，为了实行与之相对应的轻徭薄赋政策，必须进行减轻刑罚的改革。之所以文帝时能减省刑罚，是由于：

其一，西汉经过20多年休养生息，出现“民务稼穑，衣食滋烦”的发展趋势，社会矛盾相对缓和，是以“刑罚罕用”。特别是在统治阶级内部，危害国家安定的诸吕势力被彻底铲除，皇权复归刘姓，政权得到巩固。

其二，同姓诸侯王虽然拥兵自重，独霸一方，但各自都忙于封国内部的事务，积极储存力量，既不能单独与朝廷为敌，又形成不了联合对抗朝廷的力量，同中央的矛盾还处于潜伏时期。

其三，朝中将相皆为旧时功臣，个人利益早已得到满足，同朝廷已经形成一损俱损、一荣俱荣的休戚与共的利害关系，忠贞不贰地维护刘姓天下。统治集团内部相安无事，天下自然和乐太平，成为汉文帝废除苛法、几致刑措的先决条件。特别是朝中握有实权的几位大臣，遇事沉着果断，尤其是对刘邦开创的西汉政权忠心耿耿，功劳显赫，在广大民众中很有威望和号召力，诸如厚重少文的右丞相周勃，善为奇谋的左丞相陈平，能征善战的老将灌婴，擅长律历计算的御史大夫张苍等人，皆经过秦末农民战争考验，亲眼看到农民战争的威力，遇事能以大局为重，不计个人得失，不尚空论，讲求实效。其“论议务在宽厚，耻言人之过失”，不唯独善其身，而且兼济天下，对巧舌如簧的辩士摒弃不用，故而其“化行天下，告讦之俗易”。[①]汉文帝置身这些三公九卿之中，不扶自正，欲走歧路而不能。良好的用人环境，有助于主观愿望的实施，使其能够做到政尚简易、轻刑薄罚、务劝农桑。在上者能顺民心，居下者愿为效力，其政令举措无往而不胜。社会出现了“吏安其官，民乐其业，蓄积岁增，户口增殖，风流笃厚，禁网疏阔”，以及“刑罚大省，至于断狱四百，有刑措之风”[②] 的安乐祥和气氛。

文帝前元元年（公元前 179 年），有感于法令严苛暴民，失于过当，乃召集丞相、太尉、御史大夫讨论废除收律和相坐法。文帝指出：“法者，治之正，所以禁暴而卫善人也。今犯法者已论，而使无罪之父母妻子同产坐之及收，朕甚不取。”但是，周勃、陈平却认为“父母妻子同产相坐及收，所以累其心，使重犯法也。收之之道，所由来久矣。臣之愚计，以为如其故便”。明确表示不同意废除收律和相坐法。接着文帝又对他们说：“朕闻之，法正则民悫，罪当则民从。且夫牧民而导之以善者，吏也；既不能导，又以不正之法罪之，是法反害于民，为暴者也。朕未见其便，宜熟计之。”不仅坚持要改，并把法令不当的责任推到“吏”的身上。于是，周勃、陈平不敢再坚持己见，一面表示同意废除，一面称颂文帝盛德：“陛下幸加大惠于天下，使有罪不收，无罪不相坐，甚盛德，臣等所不及也。臣等谨奉召，尽除收律、相坐法。”[③] 此为文帝有轻刑之名的一项重要标志。

汉文帝前元三年（公元前 177 年），中郎将张释之以贤能迁升廷尉，掌管刑罚大权，处理诉讼。张释之为人正直，执法

---

① 《汉书》卷二十三《刑法志》。
② 《汉书》卷二十三《刑法志》。
③ 《汉书》卷二十三《刑法志》。

公正，秉公无私，连文帝不合法规的干涉也敢驳回，凡无真凭实据的疑案，一律从轻了断，故而使文帝享有轻刑之名。张释之出任廷尉期间，办了两件与文帝意见不同的案件，但后来得到文帝的理解。

第一件是张释之出任廷尉不久，发生一起惊驾案，由其处理。当时的案情是这样的："上行出中渭桥，有一人从桥下走，乘舆马惊。于是使骑捕之，属廷尉。"张释之接过此案后，亲自审理传问，行人回答："县人来，闻跸，匿桥下，久，以为行过，既出，见车骑，即走耳。"听完行人诉说，张释之认为此人先听到避惊传呼，躲于桥下，而后触犯惊跸法令，按律当罚金四两。于是回奏文帝："此人犯跸，当罚。"文帝听后，很不满意，要求严惩，怒冲冲对张释之说："此人亲惊吾马，马赖和柔，令它马，固不败伤我乎？而廷尉乃当之罚金！"甚不以为然，完全是打算实行重刑厚罚的。张释之据理力争说："法者，天子所与天下公共也。今法如是，更重之，是法不信于民也。且方其时，上使使诛之则已。今已下廷尉，廷尉，天下之平也，一倾，天下用法皆为之轨重，民安所措其手足？唯陛下察之。"极力维护法律尊严，使之取信于民。文帝被张释之说得无言以对，很久才说出："廷尉当是也。"[①] 法律是统治者制定的，统治者首先应自律，应依法办事、执法公正。世风良莠，治安好坏，直接与统治者的执法有关，即使有好的法令，而不依法办事，也等于没有。

第二件是行人惊驾案过后，又发生一起"盗高庙座前玉环案"，并很快将窃贼抓获。文帝又一次动怒，将案犯交廷尉张释之处理。张释之依据案情，衡以法令，很快做出判处："案盗窃宗庙服御物者为奏，当弃市。"文帝见奏大怒，斥责张释

① 《汉书》卷五十《张释之传》。

之说："人无道，乃盗先帝器！吾属廷尉者，欲致之族，而君以法奏之，非吾所以共承宗庙意也。"[①] 显然是要继续推行夷三族法。此前，文帝亲自宣布废除此罪，当为定制，然而本身又有法不依，任意更张，属吏还有何法可守。张释之见文帝发怒，赶忙脱帽磕头谢罪，小心翼翼地解释说："法如是足也。且罪等，然以逆顺为基。今盗宗庙器而族之，有如万分一，假令愚民取长陵一抔土，陛下且何以加其法？"对于张释之如此坚持法令原则，不唯上命是从，文帝也无可奈何。随后，文帝又将此事告知薄太后，薄太后还是认为廷尉张释之判罚正确，批准弃市。天下人见张释之敢于多次纠正文帝有法不依行为，都称颂他持议公平，执法严明，不愧为一代贤能廉明的大法官。

汉文帝前元十三年（公元前 167 年），齐太仓县令淳于公有罪，当处以肉刑，奉命押解京城长安。淳于公生有五女，而无儿子，临行前哀叹生女不如男，遇到急事用不上。其小女缇萦听了此话，悲感交集，独自落泪，于是挺身而出，要陪其父一同来到长安。缇萦到长安后，上书文帝，为父求情，甘愿以身为奴，以赎父刑。她指出："妾父为吏，齐中皆称其廉平，今坐法当刑。妾伤夫死者不可复生，刑者不可复属，虽后欲改过自新，其道无由也。妾愿没入为官婢，以赎父刑罪，使得自新。"汉文帝看了缇萦上书，动了恻隐之心，怜悯缇萦爱父之情和孝敬之举，推及天下所有罪人，随即制诏御史："盖闻有虞氏之时，画衣冠异章服以为戮，而民弗犯，何治之至也。今法有肉刑三，而奸不止，其咎安在？非乃朕德之薄，而教不明与！吾甚自愧。故夫训导不纯而愚民陷焉。"又称"今人有过，教未施而刑已加焉，或欲改行为善，而道无由至，朕甚怜之。

① 《汉书》卷五十《张释之传》。

夫刑至断肢体，刻肌肤，终身不息，何其刑之痛而不德也。岂称为民父母之意哉？其除肉刑，有以易之。”① 这就是汉文帝废除肉刑的具体经过。

丞相张苍和御史大夫冯敬得到文帝废除肉刑诏书后，立即草拟具体条文，奏请皇帝核准实行。其中，当受黥刑者，改髡钳为城旦舂，即不在面部刺字，而将头发剃光，以铁箍束颈，然后发配修筑城垣或舂米等劳役；当受劓刑者，改为笞三百，即免予割掉鼻子，而打三百杖；当受刖刑斩左脚趾者，改为笞五百，即不砍断左趾，而打五百杖；当受刖刑斩断右脚趾者，以及杀人自首、官吏受贿枉法、监守自盗等，罪名一经成立，而又犯有笞刑之罪者，一律判死刑，斩首示众。这些条令，立即得到文帝批准，以法律形式宣告废止肉刑，使自周秦以来，延续千余年的黥、劓、刖刑被废除了，这是中国法制史上的一大进步，它有利于犯人改过自新，维护了人的尊严。

第五节　崇尚节俭

中国人在长期经济生产和社会实践中，靠勤劳节俭积累财富，创造辉煌，推动历史前进，逐渐养成崇尚节俭之风，成为中华民族的传统美德。历史上不乏杰出的政治家和思想家们，把节俭作为兴家治国之道，视奢侈为败家丧国之畏途。故极力倡导节俭，身体力行，建成千秋伟业。大凡统治者能厉行节俭的时代，其国运兴隆，社会稳定，百姓乐业。相反，统治者沉醉于奢靡时，其国运衰败，社会动荡，民不聊生。中国历史上不乏文韬武略，励精图治，建不朽业绩，领一代风骚者。汉文帝便是这些佼佼者中的一位。

① 《汉书》卷二十三《刑法志》。

汉文帝虽功不及秦皇汉祖，然而却以躬修节俭、思安百姓而著称于世，被誉为亲民的好皇帝，为历代统治者树立了榜样，在中国封建社会里享有盛名。

前元元年（公元前179年），汉文帝诏令赈贷鳏寡孤独及穷困百姓，使他们得以维持生计。明令各郡县，对“年八十以上，赐米月一石，肉二十斤，酒五斗。其九十以上，又赐帛二疋，絮三斤”。并使所在郡县长吏亲自过目后，督责尉丞致送。[①] 此记载，表面上看不大现实，因为所赐大于所需，又非官府财力所及，给人以不实之感。但细究其情，又完全有可能。这是因为：一是人生七十古来稀，在汉代八九十岁的老人更是凤毛麟角，万不得一，故此项诏令仅是象征性措施，不具有太大实际意义；二是自战国以来，各国倡导法家主张，贵壮贱老，寡于亲亲之恩，怠于尊尊之义，致使世风浇薄，恩义断绝，并直接反映在统治者身上，屡有犯上作乱事件发生，严重危及封建统治秩序的稳定。因此，汉文帝推行孝敬养老政策，具有重要的现实意义，可以从根本上转化社会风气，强化统治基础，让人们循规蹈矩，习惯于走前人老路。汉王朝提倡以孝治天下，文帝的举动正是这方面的典范。

同时，汉文帝从自身做起，严于律己，提倡廉政，反对腐败，拒收献物和贡礼，以煞送礼之风。当时曾有人来向皇帝献千里马，文帝说：“鸾骑在前，属车在后，吉行日五十里，师行三十里；朕乘千里马，独先安之？”这几句话，说得既实际，又很有哲理，深知自己寸步离不开群臣，一旦乘坐千里马，势必远离群臣，成为我行我素的孤家寡人。于是，汉文帝命令退还千里马，并发给路费，使其免受损失。随后又下诏：“朕不

① 《汉书》卷四《文帝纪》。

受献也，其令四方毋求来献。”① 禁止官吏烦扰百姓，搜求天下奇物玩好，以物质讨好皇上。这与后来的汉武帝形成了鲜明的对照。汉武帝为了得到西域所产千里马，不惜发动战争，兴师动众，派兵远征，耗费巨大的财力、人力、物力，以满足渴求良马的欲望。皇权至上，人欲无穷，今天接受一匹千里马，明天可能会有十匹二十匹来献，收授双方竞其所为，势必误国害民。

前元二年（公元前 178 年），汉文帝为了约束诸侯坐享京城而无所事事，故而号令列侯都回到自己的封国，回到各自封地去，这样可以节省财政开销，减轻百姓负担。因为大家都住在京城，每年需有大宗钱物由封国运至京师，供其使用。早在刘邦生前，为了夺取楚汉战争胜利，巩固统治政权，曾广封功臣和宗室为列侯，以高官厚禄网罗人才，培植势力，以控制各地局势，先后有近 160 人获得封侯，食其爵禄；惠帝及吕后时，又相继封 40 余人为列侯。列侯数量有增无减，百姓负担因之增多。汉文帝即位后，亲眼看到诸侯留居长安，游手好闲，坐食俸禄，百姓备受给输之苦。同时，列侯们远离封邑，“无由教训其民”，更不了解百姓疾苦，无法有效理民治国和控制各地局势。因此，汉文帝下令列侯之国，不得在京城逗留。对于身兼朝廷官职和少数得到皇帝特许留京的列侯，可不必亲自居住在封邑，继续留在京城，但须遣其太子回国，代尽父责。至三年十月，虽经过一年多的时间，此项诏令并未得到很好贯彻落实，许多列侯依然留在长安，不肯遵令。于是，汉文帝采取强硬措施，罢免了绛侯周勃的丞相官职，令其带头率列侯回国。周勃遵命，乖乖离京，前往封邑绛县居住，其余大小列侯也纷纷离京回到自己的封国。

---

① 《资治通鉴》卷三十。

列侯回国减少了百姓给输劳苦，有效掌握封邑情况。但事物往往是一分为二的，有一利也有一弊。列侯们远离京城，天高皇帝远，失去皇帝直接约束，便有机会为所欲为，侵害百姓利益，导致皇帝对列侯失控。周勃回到绛县后，“每河东守尉行县至绛，绛侯勃自畏恐诛，常被甲，令家人持兵以见。”如此作威作福，擅自以兵自卫，显然是与朝廷持敌对态度，失去了信任和忠贞。因此，有人告发周勃谋反，文帝便下令将其逮捕，交廷尉治罪，引起一场朝野瞩目的政治风波。幸好周勃的儿子娶文帝之女为妻，令儿媳妇请国舅薄昭和薄太后出面说情，为其开脱，才算了事。历代皇帝对封疆大吏失控的事例很多，造成巨大损失。汉文帝把周勃等很有影响的老臣也赶出京城，虽起到了率领列侯回国的带头作用，然而却使君臣离心，互相猜疑，也造成一定的负面影响。

汉文帝躬修节俭、思安百姓政策，还体现在人尽其才、物尽其力、减少对人才的浪费上。历代最大的奢侈，莫过于人才的浪费，诸多才能之士闲置不用，拒于门外。汉文帝前元十五年（公元前 165 年）九月，“诏有司、诸侯王、三公、九卿及主郡吏，各师其志，以选贤良明于国家之大体，通于人事之终始，及能直言极谏者，各有人数，将以匡朕之不逮”，以期对上之不听、吏之不平、政之一宣、民之不宁等有所补救。因此，在文帝时，一些有识之士获得进身机会，出仕为官，不令其继续埋没。

汉文帝是一位身教重于言教的典范，事事以身作则，生活简朴，不求奢华。他谆谆告诫群臣要“务省徭费以便民”，又事事先从自身做起，严于律己，为群臣树立务省徭费以便民的榜样。史书说他即位以来 23 年间，宫室苑囿狗马服御无所增益，有不便，辄弛以利民。为节省军费开支，裁减护卫亲兵，“罢卫将军”。对太仆所掌管的舆马，按需留用，多余的分给驿站，供各地往来传乘。群臣曾建议修筑一座露台，供皇帝登临以观天象。汉文帝召来工匠，计算造价，预算须用百金。文帝感慨地说："百金，中人十家之产也。吾奉先帝宫室，常恐羞之，何以台为。"于是立即取消修建露台之打算。据《史记·孝文本纪》记载：不但汉文帝崇尚节俭，而且也要求其夫人如此，"上常衣绨衣，所幸慎夫人，令衣不得曳地，帏帐不得文绣，以示敦朴，为天下先。"

难能可贵的是汉文帝将其节俭安民政策贯彻始终，至死不渝。后元六年（公元前158年）夏，天下大旱，飞蝗成灾，农业歉收，生民乏食，国家财政也随之发生困难。汉文帝同百姓一道承受天灾，渡过难关，诏令诸侯免予朝贡，减少地方负担；开放山林池泽之禁，为百姓创造生产自救条件；削减宫中服御费用，诸事从简；裁减郎吏员额，缩小行政开支；开仓放粮，赈济灾民等等。事事为百姓着想，把天下利益放在首位，赢得了百姓的爱戴。

汉文帝的节俭之风，对后世产生了深远影响。数百年以后，唐太宗还以汉文帝为榜样，当公卿奏请建造一阁，供皇帝居之避暑时，唐太宗便对公卿们说："若遂来请，糜费良多。昔汉文帝将起露台，而惜十家之产。朕德不逮于汉帝，而所费过之，岂谓为民父母之道也。"当唐太宗驾临过洛阳时，又"命祭汉文帝"，缅怀这位节俭安民的好皇帝，将其作为自己的榜样。

第六节　以德治国　施惠天下

汉文帝治国的重要理念就是以德治国，施惠天下。史书中关于他以德治国的记载很多，如："专务以德化民""施德惠天下""施大德"。因其"盛德"而备受赞誉，被评价为"孝文为三代以后第一贤君”。[1]

历史上人们对汉文帝的评价着重其“德甚盛”“施大德”。司马迁称赞“汉兴，至孝文四十有余载，德至盛也”，“汉兴，孝文施大德，天下怀安”。[2] 班固赞美文景之治“美哉”。[3] 司马光指出：“礼，祖有功，宗有德。汉之子孙，以为功莫盛于高帝，故为帝者太祖之庙；德莫盛于文帝，故为帝者太宗之庙。自唐以来，诸帝庙号莫不称宗，即此义泯矣。”[4]汉、宋史家都强调汉文帝之“德”，德即恩惠。之所以人们对文帝如此评价，是因为：其一，汉文帝经常普赐人民实惠，前元元年（公元前179年）正月以立太子故，“因赐天下民当代父后者爵各一级”；三月“为立后故，赐天下鳏寡孤独穷困……布帛米肉各有数”。[5]他认为：“方春和时，草木群生之物皆有以自乐，而吾百姓鳏寡孤独穷困之人或阽于死亡，而莫之省忧。为民父母将如何?”“老者非帛不暖，非肉不饱。今岁首，不时使人存问长老，又无布帛酒肉之赐，将何以佐天下子孙孝养其亲？今闻吏廪当受鬻者，或以陈粟，岂称养老之意哉!”[6]六月“施德惠天下，填抚诸侯四夷皆欢洽”。[7]他深知“吾农民甚苦”，多次赐予租税即减免租税。文帝时社会经济仍很萧条，贾谊、晁错上书曰：“今农夫五口之家，其服役者不下二人，其能耕者不过百亩，百亩之收不过百石。春耕夏耘，秋获冬藏，伐薪樵，治官府，给徭役……四时之间亡日休息。又私自送往迎

① 《史记》卷十《孝文本纪》。
② 《史记》卷十一《孝景本纪》。
③ 《汉书》卷五《景帝纪》。
④ 《资治通鉴》卷十三。
⑤ 《史记》卷十《孝文本纪》。
⑥ 《汉书》卷四《文帝纪》。
⑦ 《史记》卷十《孝文本纪》。

来，吊死问疾，养孤抚幼在其中。勤苦如此，尚复被水旱之灾，急政暴赋，赋敛不时，朝令而暮改。当具有者半贾而卖，亡者取倍称之息，于是有卖田宅鬻子孙以偿责者矣。”[1] 贾谊、晁错的上书对文帝触动很大，十二年（公元前 167 年）诏曰：“道民之路，在于务本。朕亲率天下农，十年于今，而野不加辟，岁一不登，民有饥色，是从事焉尚寡，而吏未加务也。吾诏书数下，岁劝民种树，而功未兴，是吏奉吾诏不勤，而劝民不明也。且吾农民甚苦，而吏莫之省，将何以劝焉？其赐农民今年租税之半。”十三年（公元前 166 年）诏曰：“农，天下之本，务莫大焉。今勤身从事，而有租税之赋，是谓本末者无以异也，其于劝农之道未备。其除田之租税。”[2]文帝还把算赋即人丁税由每丁一百二十钱减为“民赋四十”。[3]这些措施缓解了农民的痛苦。其二，汉文帝对周边少数民族“专务以德化民”。后元二年（公元前 163 年）与匈奴和亲，诏曰：“夫久结难连兵，中外之国将何以自宁？令朕夙兴夜寐，勤劳天下，忧苦万民，为之怛惕不安。未尝一日忘于心，故遣使者冠盖相望，结轶于道，以谕朕意于单于，今单于反古之道，计社稷之安，便万民之利，亲与朕俱弃细过。谐之大道，结兄弟之义，以全天下元元之民。和亲已定，始于今年。”司马迁评说：“南越王尉佗自立为武帝，然上召贵尉佗兄弟，以德报之，佗遂去帝称臣。与匈奴和亲，匈奴背约入盗，然令边备守，不发兵深入，恶烦苦百姓。吴王诈病不朝，就赐几杖。……专务以德化民。”[4]

---

① 《汉书》卷二十四《食货志》。

② 《汉书》卷四《文帝纪》。

③ 《汉书》卷四《文帝纪》。

④ 《汉书》卷十《孝文帝纪》。

最后，汉文帝在法律刑法制度建设中也是“加大惠，德甚盛”。文帝重视完善法制。前元元年（前 179 年）十二月废除收孥相坐法；二年五月废除诽谤妖言之罪（以言论治罪）；十三年又废除肉刑。他认为：“法者，治之正也，所以禁暴而率善人也。今犯法已论，而使毋罪之父母妻子同产坐之，及为收孥，朕甚不取。”故废除收孥相坐法。他认为：“今法有诽谤妖言之罪，是使众臣不敢尽情，而上无由闻过失也，将何以来远方之贤良？其除之。”故废除诽谤妖言之罪。他认为“今法有肉刑三，而奸不止，其咎安在？非乃朕德薄而教不明与？吾甚自愧。故夫驯道不纯而愚民陷焉”。①故废除肉刑。元朝王桢说：“文帝所下三十诏，力田之外无他语，减租之外无异说，逐末之民，安得而不务本？太仓之粟安得不红腐？”② 评价相当客观公正。

第七节　唯才是举　知人善任

人才问题是一个大问题，是一个兴旺政权必须具备的条件。文景之治就是建立在此基础之上的。汉文帝为了维护其统治，开创了群臣敢于进谏、君主善于纳谏的新风气。这为改善朝政，广求贤才提供了条件。

注意选拔新人参政、议政。文帝即位以后，因循开国以来形成的因功而侯，因侯而相的格局。据《汉书·儒林传》载：“孝惠、高后时，公卿皆武力功臣，孝文时颇登用。”汉文帝依赖重用这些功臣，以发挥其在治国和卫边方面的作用。同时汉文帝十分注重选拔新人参政、议政。洛阳少年贾谊“颇通诸家

① 《史记》卷十《孝文本纪》。
② 《农桑通诀四·劝助篇第十》。

之书”，“文帝召以为博士”并且“超迁，岁中至太中大夫”，“还议以谊任公卿位之位”。[①] 爰盎其父“故为群盗”，其本人曾“为吕禄舍人”，“遇孝文初立，资适逢世”官至中郎将。[②] 张释之原为骑郎，后升为卫尉。周亚夫治军谨严，文帝迁其为中尉，“且临终告诫太子，有缓急周亚夫真可任将兵。”

这些新人当时多有建树。如贾谊上《治安策》对现实问题“多所欲匡建”。“然诸法令所更定，及列侯就国，其说皆谊发之。”[③]

再者，创立新的求贤取士之法。汉高帝曾发布“求贤令”，但并没有得到落实。鉴于上层公卿之臣“多质少文”不通治道。汉文帝更注意从下层官吏中选拔贤才。文帝二年、十五年两次下诏，“举方正贤良能直言极谏者。”这两次下诏求贤不仅是对汉高帝“求贤令”的“因循”，更有所突破。从方法上来看，其取士方法是皇帝下诏，指定举荐科目，丞相列侯公卿及地方郡国按科目要求荐举人才，皇帝亲自对被举者进行策问，按对策高下，区别授官。这是一种新的举贤方法，它开创了汉代察举制的先河。从被举者的素质来看，不仅有“质”的要求，即“贤良方正”“直言极谏”，而且还含有对“文”的要求。如文帝十五年，被举而列为高第的晁错，曾学申商刑名，又以文学太常掌故从伏生学《尚书》，又为太子家令，号曰“知囊”。说明被举者应该是“文质”兼备之士。这对于打破以军功取士的传统，改变上层公卿“多质少文”的格局有开创意义。再从举荐的内容来看，对被举者有明确要求，“以选贤良明于国家之大体，通人事之终始，及能直言极谏者”。被举者

① 《汉书》卷四十八《贾谊传》。
② 《汉书》卷四十九《爰盎晁错传》。
③ 《汉书》卷四十八《贾谊传》。

应该是精通国政，明于治道，并且敢于对“朕之不德，吏之不平，政之不宣，民之不宁”等时弊有针砭作用。如晁错上《言兵事疏》等曾对汉文帝的决策产生了重要影响。

第八节 汉文帝与霸陵

从西安市向东来到灞河西岸，在灞桥区毛西乡附近的杨家圪塔村可以看到一座自然而成、气势磅礴的帝王陵墓，它就是安葬汉文帝刘恒的霸陵。

霸陵位于浐河和灞河之间的白鹿原北坡，距西汉长安城大约 15 公里。霸陵依山傍水，一面是陡峭的原坡，一面是汹涌的灞河，山陵之势就好像凤凰展翅，所以这里又被人们叫做“凤凰嘴”。霸陵一带，是汉代长安城通向东南的交通咽喉要道，秦汉以来的灞桥，就在这里架设。霸陵所处的白鹿原，地势高昂平展，居高临下，视野开阔，便于驻军，能够扼制长安与关东的往来，具有重要的战略地位，古代把这一带叫做霸上，一直是屯兵之地。历史上有不少威武雄壮的军事故事，就发生在这个地方。当年刘邦先入关以后，就曾将军队驻扎在此。然后到新丰与项羽进行了历史上有名的鸿门宴。

霸陵跟西汉其他帝王陵墓不同，不是用人工力量起土夯筑的墓冢，而是凭借自然山势修建而成的陵墓，四周边长有 1 公里左右。因为该陵墓紧靠灞河，所以用河名作为陵号，称做霸陵。

汉文帝于后元七年（公元前 157 年）去世，遗诏对其丧葬事宜有明确指令。他任命中尉周亚夫为车骑将军，属国徐悍为将屯将军，郎中令张武为复土将军，发近县见卒万六千人，发内史卒万五千人，藏郭穿复土属将军张武。按照这一安排，乙巳日，汉文帝葬霸陵。同日，群臣皆顿首上尊号曰孝文帝。两天后，太子汉景帝刘启正式登基。可以说，汉景帝刘启继承汉王朝的最高统治政权之后完成的第一件大事，就是安葬自己的父亲汉文帝。

据《史记·孝文本纪》记载，汉文帝生活俭朴，曾经宣布："治霸陵皆以瓦器，不得以金银铜锡为饰，不治坟，欲为省，毋烦民。"临终又明确诏令丧事从简："其令天下吏民，令到出临三日，皆释服。毋禁取妇嫁女祠祀饮酒食肉者。自当给丧事服临者，皆无践。绖带无过三寸，毋布车及兵器，毋发民男女哭临宫殿。宫殿中当临时，皆以旦夕各十五举声，礼毕罢。非旦夕临时，禁毋得擅哭。已下，服大红十五日，小红十四日，纤七日，释服。佗不在令中者，皆以此令比率从事。布告天下，使明知朕意。"在这段文字之后，又明确指示：霸陵山川因其故，毋有所改。

这一诏令也可以理解为霸陵葬制即埋葬规格同样"因其故",[①] 也就是按照既定方针，"毋有所改"。颜师古说，汉文帝"自崩至葬凡七日也"。实际上，汉文帝在去世后第六天即安葬，可知此前已经有比较充分的准备。由此可以推想汉文帝殡葬从简的愿望可能是得到了主持丧事者的尊重的。

霸陵复土工程只动用了 31000 人，也说明工程量不大。与秦始皇陵复土工程使用工役达 70 万人左右的情形比较，简直是天壤之别。说明汉文帝的丧事是从简的。

两汉之际，赤眉军入关中，曾经有发掘汉帝诸陵取其宝货的行为。据说只有汉文帝霸陵和汉宣帝杜陵得以保全。赤眉军发掘西汉帝陵事，发生于退出长安之后，陷于窘迫情境之时。《汉书·王莽传下》写道："赤眉遂烧宫室市里，害更始，民饥饿相食，死者数十万，长安为虚，城中无人行。宗庙园陵皆发

① 王子今：《霸陵薄葬辨疑》，《考古与文物》，2002 年第 2 期。

掘，唯霸陵、杜陵完。”《后汉书·刘盆子传》也记载：“发掘诸陵，取其宝货，遂污辱吕后尸。凡贼所发，有玉匣殓者率皆如生，故赤眉得多行淫秽。”赤眉军对西汉帝陵的破坏，为历史上军事集团公开以武力发掘帝陵事件之先声。所谓“宗庙园陵皆发掘，唯霸陵、杜陵完”，成为鲜明的对照。之所以霸陵能完好保存，是由于赤眉军认为霸陵非厚葬之陵，在此不会有太大的收获。当然也可能来不及对霸陵和杜陵进行盗掘。

其实，赤眉军“发掘诸陵”，只是西汉帝陵遭到公开破坏之最极端的史例，皇帝陵园被民间盗墓者盗掘的情形，史籍中还可以看到零星的记录。例如，霸陵随葬钱币在汉武帝时代曾经遭到盗掘的事件就曾经引起关注。可知就陵园的总体安全而言，霸陵早已不“完”。史籍中还可以看到霸陵遭到盗掘的正式记载，这些文字受到对霸陵薄葬持否定意见的学者的重视。

霸陵薄葬，在丧葬史上传为千古佳话，也成为帝王节俭的典范。但是对于霸陵是否真的坚持了薄葬原则，其中包括是否确实只是以陶器随葬，学术界是有争论的。①

《汉书·张汤传》中有霸陵随葬钱币被盗掘的记载：“会人有盗发孝文园瘗钱，丞相（严）青翟朝，与（张）汤约俱谢，至前，（张）汤念独丞相以四时行园，当谢，（张）汤无与也，不谢。丞相谢，上使御史案其事。”何为“瘗钱”？按照颜师古注引如淳的解释，即：“瘗，埋也，埋钱于园陵以送死也。”王先谦《汉书补注》引录沈钦韩的解释：《唐书·王玙传》：“汉以来丧葬皆有瘗钱。”“盖此瘗钱墓四隅，《传》称‘盗发’者即是四隅所瘗，不在冢藏中也。”霸陵瘗钱被盗，距离汉文帝入葬不过40年左右。

---

① 王子今：《霸陵薄葬辨疑》，《考古与文物》2002年第2期；黄宛峰：《汉文帝并非薄葬》，《南都学坛》1995年第1期。

仅仅凭从霸陵盗掘出铜钱而认为文帝并非薄葬是站不住脚的。用铜钱随葬在当时墓葬中是普遍的，不要说皇帝，即使一般贵族也可以用大量的铜钱随葬。这并不是厚葬行为。

《晋书·索琳传》中也有西晋末年霸陵和杜陵曾遭到盗掘，而盗墓者“多获珍宝”的记载：“时三秦人尹桓、解武等数千家，盗发汉霸、杜二陵，多获珍宝。帝问（索）琳曰：‘汉陵中物，何乃多邪？’（索）琳对曰：‘汉天子即位一年而为陵，天下贡赋三分之，一供宗庙，一供宾客，一充山陵。汉武帝飨年久长，比崩，而茂陵不复容物，其树皆已可拱。赤眉取陵中物，不能减半，于今犹有朽帛委积，珠玉未尽。此二陵是俭者耳，亦百世之诫也。’”民人“数千家盗发汉霸、杜二陵，多获珍宝”事，也是特殊形式的大规模盗掘。虽然《汉书·王莽传下》关于赤眉发掘帝陵，有其他都遭盗掘，“唯霸陵、杜陵完”的记载，汉光武帝刘秀也曾经有“霸陵独完受其福”语，注者称“赤眉入长安，惟霸陵不掘”，据《三国志·魏书·文帝纪》，魏文帝曹丕临终遗制坚持薄葬，也有“汉文帝之不发，霸陵无求也”，“霸陵之完，功在释之”的说法，也以为霸陵未曾被盗掘的原因是“无求”。霸陵历来号称薄葬之典范，然而盗掘者“多获珍宝”，仍然使晋帝感叹：“汉陵中物何乃多邪！”于是许多人据此以为世传所谓霸陵“俭者”其实未必“俭”。

顾炎武在《日知录》指出：“盖自春秋列国以来，厚葬之俗，虽以孝文之明达俭约，且犹不能尽除，而史策所书未必皆为实录也。”梁玉绳《史记志疑》卷七也提出了这样的疑问：“文帝之葬特差少于诸陵，而非真薄也，岂景帝不从遗诏之故乎？”他指出霸陵“薄葬”只是较其他诸陵略为俭朴，而“非真薄”。于是怀疑是汉景帝没有遵行汉文帝遗诏。在引录元人李治《古今》中应劭《风俗通义》载霸陵薄葬亦被发掘后，又写道：“若夫金玉珍宝，必景帝为之，不依文帝遗诏瓦器之制，事秘莫知，史不得录，待被发而后见。”也提出了“不依文帝遗诏”的可能。梁玉绳所谓“霸陵凡三被发”之说，最值得重视的是其中所谓“《晋书》所云，三也”，大约是指《晋书·索琳传》所记载的“时三秦人尹桓、解武等数千家，盗发汉霸、杜二陵，多获珍宝”情形。而同一史事，《晋书·愍帝纪》又记载：建兴三年（315年）六月，“盗发汉霸、杜二陵及薄太后陵。”之所以会有不同的记载，王子今先生认为可能是由于以下两种情况造成的。

一是“景帝未听从文帝的遗诏”而对文帝实行厚葬。

所谓“景帝不从遗诏”的推测，得到一些人的赞同。日本泷川资言《史记会注考证》卷十也说：“刘向谏昌陵疏，谓文帝寤张释之言，去坟薄葬，以俭安神。贾山《至言》亦言之。则霸陵在汉帝诸陵中最俭者矣。而《晋书》称赤眉取陵中物，不能减半，于今犹有朽帛委积，珠玉未尽。岂文帝崩后，臣子违其素志邪？古书所言，未可悉信也。”“景帝不从遗诏”，“臣子违其素志”，说法是相近的。不过，《晋书》所谓赤眉取陵中物，不能减半，于今犹有朽帛委积，珠玉未尽，似是说汉武帝茂陵事，而与霸陵没有直接关系。

“文帝寤张释之言”之所谓“张释之言”，是指《史记·张释之冯唐列传》中所见汉文帝说“以北山石为椁，用纻絮斮陈、蕠漆其间，岂可动哉！”张释之随后发表了著名的以薄葬杜绝盗墓现象的言论：“使其中有可欲者，虽锢南山犹有郄；使其中无可欲者，虽无石椁，又何戚焉！”

根据后来霸陵也曾经出土珍宝之器的传说，有人疑心汉文帝霸陵薄葬只是一种政治宣传。明人张燧《千百年眼》卷四“文帝奢俭之异”条写道：“前史称汉文帝节俭，身衣弋绨，集上书囊为殿帷，所幸慎夫人衣不曳地。此三事以人主为之，可谓陋矣。然赐邓通以十数巨万，又以铜山与之，此又何也？”

指出汉文帝有大俭之名，又有大奢之实。其心理行为的矛盾，也是一种“异”的现象。对于霸陵薄葬的传说，有的学者又指出，据明人何景明《雍大纪》记载，霸陵曾经医秋季灞水冲激，冲出石板五百余片，可知汉文帝仍然坚持以石为棺椁，其目的，“正是为了厚葬其中”。而通过霸陵被盗的记载，也说明“随葬‘皆以瓦器’并非事实”，“汉文帝的薄葬并非事实”。

历史上新帝违背先帝遗诏，是十分普遍的事，汉景帝即位时32岁。已经过了而立之年的刘启，经过多年的读书和思考，内心应当已经具有了比较成熟的政治思想。《史记·孝文本纪》在关于汉文帝事迹的最后记载中，引录了汉景帝在即位四个月之后的第一道诏书。其中确定为孝文皇帝庙设《昭德》之舞以宣明其盛德，同时要求有关机构讨论纪念汉文帝的礼仪。诏书中对于汉文帝的赞颂，是饱含诚挚的：“孝文皇帝临天下，通关梁，不异远方。除诽谤，去肉刑，赏赐长老，收恤孤独，以育群生。减嗜欲，不受献，不私其利也。罪人不帑，不诛无罪。除宫刑，出美人，重绝人之世。朕既不敏，不能识。此皆上古之所不及，而孝文皇帝亲行之。德厚侔天地，利泽施四海，靡不获福焉。”汉景帝刘启通过对于汉文帝行政风格的全面肯定，实际上向世人宣示了自己的施政方针就是对汉文帝时代的政策的全面继承，丞相申屠嘉等随即上书，报告了关于如何纪念汉文帝的讨论结果：“臣谨议：世功莫大于高皇帝，德莫盛于孝文皇帝，高皇庙宜为帝者太祖之庙，孝文帝庙宜为帝者太宗之庙。天子宜世世献祖宗之庙。郡国诸侯宜各为孝文皇帝立太宗之庙。诸侯王列侯使者侍祠天子，岁献祖宗之庙，请著之竹帛，宣布天下。”高祖刘邦被尊奉为“始取天下”的成功帝王，汉文帝刘恒则被尊奉为太宗，是在入葬之后第四个月的事。汉景帝当然不可能以此作为背离汉文帝遗诏由薄葬改而厚葬的借口。但是他如果在事实上实行了厚葬之后，却可以以此作为一旦受到“不从遗诏”“违其素志”的攻击时的文饰之词。

二是被盗之墓为汉文帝的陪葬墓，即孝文窦皇后不薄葬。

还有一种因素也未可排除，这就是汉景帝的母亲孝文窦皇后是在汉武帝建元六年（公元135年）去世的，而与汉文帝合葬霸陵。《汉书·外戚传上·孝文窦皇后》记载：

窦皇后疾，失明。文帝幸邯郸慎夫人、尹姬，皆无子。文帝崩，景帝立，皇后为皇太后。……窦太后好黄帝、老子言，景帝及诸窦不得不读老子尊其术。太后后景帝六岁，凡立五十一年，元光六年崩，合葬霸陵。

唐代学者颜师古指出，《汉书·武帝纪》记载：“（建元六年）五月丁亥，太皇太后崩。”《外戚传》说“后景帝六岁”，正与此相合，而以“建元”为“元光”，则是错误，又说“凡立五十一年”，也是“立四十五年”之误。颜师古的见解看来是正确的。而两说都说汉文帝窦皇后在武帝时代去世，并合葬霸陵。也就是说，霸陵随葬品即使丰富，也有汉景帝的母亲窦皇后在汉武帝时入葬霸陵的因素。《史记·外戚世家》：“窦太后后孝景帝六岁崩，合葬霸陵。遗诏尽以东宫金钱财物赐长公主嫖。”可知“东宫金钱财物”当不在少数，一部分作为随葬品入葬霸陵是可能的。于是，所谓汉文帝薄葬只是“表面文章”，以及所谓“或景帝之陷亲于不义耳”的怀疑，或许可以因此在一定程度上得以洗刷。

应当注意到，汉文帝霸陵最早的被盗记录，即“人有盗发孝文园瘗钱”之后十一二年的事。而如果以“建元六年”计，则先于《汉书·张汤传》所记载霸陵园瘗钱被盗事十七八年。

西汉皇室女性地位相当高，吕后与窦太后当时权力之大就足以说明问题，也正因为如此，在汉代的《史记》和《汉书》中都为当时的皇室女性用了不少的篇幅。其时天下空前富足，在汉武帝已经成年的情况下，祖母逝世，也是不可能迁就汉文帝20余年前的遗志实行薄葬的。以这一思路考虑汉文帝霸陵是否薄葬之谜，可能是有益的。《汉书·东方朔传》指出，窦太后之女馆陶公主寡居，“年五十余矣，近幸董偃。”金钱恣其所用，曾经令中府：“董君所发，一日金满百斤，钱满百万，帛满千匹，乃白之。”而最终“窦太主卒，与董君会葬于霸陵”。由此也可以推知在世风浮侈的影响下，后来盗掘霸陵“多获珍宝”，有可能是陵园中其他从葬者的随葬品，而未可作为否定汉文帝霸陵薄葬的直接依据。

笔者认为王子今先生以上的观点是正确的，即汉文帝是一个节俭性的皇帝。关于这一点，我在前文中有大量的描述。因而他提出的薄葬是能够做到的，也就是说，汉文帝霸陵无疑是薄葬的。

西汉时期共有11个帝王陵，有九个在长安城西北的咸阳原上，有两个在长安城东南的原上。那么，文帝为何不葬在咸阳原上，与其父亲等皇室葬在一起呢？其原因可能有二：一是文帝与惠帝为兄弟代位，在咸阳原上建陵无法按昭穆制度进行班辈次序的排列；二是吕后已与高祖合葬于长陵，文帝之母薄姬又无法以皇后身份在长陵区安葬。因此文帝只好另择陵区。

在霸陵陵区内，比较重要的西汉陵墓还有高祖薄姬南陵、文帝窦皇后陵、武帝陈皇后墓、馆陶公主（文帝女）与董偃合葬墓等。薄姬南陵在霸陵之南4500米处，考古工作者在南陵发掘了20座陪葬坑，出土有大量的动物骨骼、陶俑、陶罐等，其中动物有犀牛、大熊猫、马、牛、羊、狗等。用犀牛和大熊猫陪葬，在考古中还是首次发现，均属热带或者亚热带动物，说明当时长安的气候是温暖的，也说明当时当地的自然环境是适宜于熊猫的生长的。窦皇后陵在霸陵东南1900米处，考古工作者发掘了47座陪葬坑，除出土了陶器、禽兽遗骨之外，还发现了一批彩绘女侍陶俑，或立或坐，立者拥物，坐者抚琴，体态端庄，衣着艳丽，应是当时宫女的形象。

后来的汉宣帝杜陵也选在长安城东南，之所以如此，是因为汉宣帝生前常来此游玩的缘故。

汉文帝在历史上受到很高评价，其原因是多方面的。从客观上说，汉初社会经济残破，但经过与民休息，文帝即位23年，经济发展得很快，人民从中得到实惠，经过比较，人们很容易感受到文帝的好处。从主观上说，汉文帝树立以身作则、"以德化民"之形象，但他从不以"有德"自居，而是多次下诏自责，把自然灾害和农业歉收等归咎于自己"不德""德薄"和"失德"，常说"吾甚自愧""朕甚自愧"，并向贤良方正者和高级官员征求意见。

第六章

汉景帝其人其事

第一节　家世与继位

文帝去世后，由他的儿子中排行居中的一个名叫刘启的继承了帝位。刘启的生母就是后来被尊为窦太后的窦氏，她能得到先是代王后是皇帝的刘恒的宠爱，也确有几分碰巧。

窦氏的老家在清河郡观津县（今河北省武邑县东南）。当年吕后在世时，选天下女子入宫服侍自己，年轻的窦氏以清白人家女子的身份也被选入宫中。当时宫中的宫女也太多了，许多人无事可干，吕后便下令将宫中美女赐给各诸侯王，一个王赏五个。窦氏也在这批被赏赐的宫女之中，由于她的老家在观津县，所以想到赵国去，以便靠近家乡。于是，窦氏向主管派遣宫女的宦官头目说："希望您一定把我安排在到赵国去的队伍中去。"这个宦官头子开始答应了这个请求，可由于人多事杂，后来又把这事给忘了，在排名单时，误将窦氏排列到了赏赐代王的名单中，这份名单上奏到太后那旦后，太后也是漫不经心地就认可了。等到各路人马都要分头上路的时侯，窦氏才发现自己被分到代国去了。她不想去，当然那些宦官们不答应，在他们的强迫下，窦氏只好到代国去了。

到了代国，本来刘恒已有王后和不少的妃嫔了，但是一见年轻美貌的窦氏就迷上了，把其他美人都甩在了脑后，只宠爱窦氏。窦氏先是生下了一个女孩，取名刘嫖，后来又生下了两个男孩。

本来代王王后在窦姬未来之前，已经生了四个男孩，但这个王后不久便去世了，于是窦姬的地位当然又提高了一步，等到周勃、陈平等诛灭了吕氏，迎立刘恒为天子后，按理说刘恒前妻所生的儿子应当被立为太子，可这四个孩子又相继死去了，这样，太子的位置就留给窦姬的孩子了。代王刘恒继天子位不久，有关方面的官员奏请立太子，于是窦姬的大儿子理所当然地就成了太子，母以子贵，窦姬也就随之当上了皇后。到了第二年，文帝又立窦姬的小儿子刘武为代王，不久又改封到梁，这就是后来的梁武王。窦姬的女儿也被封为长公主。

窦姬在当初被赏时，做梦也想不到一次错误的名单安排，居然会使她交上如此好运，登上皇后的宝座。

窦皇后后来病得很重，以至于眼睛都瞎了，但由于文帝另外宠爱的慎夫人、尹姬等妃嫔都没有生下孩子，这样也就使得刘启的太子位置无人与他争夺，稳稳地坐定了。到文帝去世后，太子刘启当然是顺理成章地就做了天子，窦皇后也就成为太后了。

窦太后喜欢黄老之术，讲求无为而治，这在社会经济残破的汉初，不失为一种比较适宜的指导思想。由于太后喜欢这种学说，所以刘启以及其他臣子们都不得不读黄帝、老子的著作。这样，对景帝继承文帝时代的风尚，与民休息，不贪边功，促使社会经济进一步恢复和繁荣，都具有积极的意义。

说到文帝立太子，其中还有一段故事。也就是刘恒继位的第二年（公元前 178 年），有关方面的官员就提出立太子问题，官员向文帝进言说：早日确立太子，这是尊奉宗庙的一个最好办法，请你确立太子的人选。文帝听了这话，心里一点准备都没有，便随口答道：这事暂时放一放，等过些时候再说吧。大臣们一看不行，又劝谏说："预先确立太子，正是出于为国家的长远利益着想，不能拖呀！"文帝心中有些动了，心想如果我的儿子能当上太子，将来自然继位做皇帝，我们这个江山可就完全坐稳了，但转念又一想，自己刚当上皇帝，根基未稳，刘家的其他亲属的情况也不了解，贸然决定说不定会欲速则不达。于是就半试探、半推辞地说：楚王刘交是我的叔父，见多识广，精于治国。吴王刘濞是我的兄长，贤明仁慈，品行端正，再加上还有一个聪明的弟弟淮南王刘长，他们都尽心来辅佐我，还有什么可担忧？再说诸侯王、宗室和功臣们中贤良仁义的人很多，理应推荐他们中的贤人来继承我未能终了的事业，现在不到这些人中去选举，却说一定要选我的儿子，这样做的结果，会让别人认为我是偏爱自己的儿子，而不是举贤任能，所以我不同意你们的建议。

大臣们哪里知道文帝的心思，只以为文帝确实是在想虚太子之位以待贤才，便更加坚决地再次进谏。为了增加说服力，还引经据典，从商朝、周朝的统治一直讲到高祖刘邦的建汉，从历史的角度、从祖宗的法规方面论证了太子只能由皇帝的儿子继承，不能另外选择；同时特别指出了文帝的儿子刘启，性情纯厚仁慈，理应立为太子。

文帝从这些大臣的苦苦劝谏中，感到他们确实是真心支持他，只要有了他们的支持，就没有什么问题了，于是文帝在表面上以一种无可奈何的态度同意了立刘启为太子。

刘启做了太子，这当然是一件喜事，所以赏赐天下民众中凡是应当继承父业的儿子每人一级爵位，这些人都跟着沾了光。文帝立的太子刘启确实不错，他后来继位后，确实能发扬光大父业，使社会保持持续的兴盛。

汉文帝去世后，刘启继承皇位，这就是历史上的汉景帝。

汉景帝刘启（前156年—前141年在位）是西汉历史上一位守成君主，也是一位处在转折时代的君主。汉景帝既是“文景之治”局面的重要促成者，又为其子汉武帝时代西汉的强盛奠定了基础。由于汉景帝既没有其父汉文帝治世的功劳，又没有其子汉武帝勇武奋发、开拓基业的功绩，加之史料文献对其生平记载的简略，长期以来，对汉景帝的研究处于薄弱状态。

汉景帝的一生是有所作为的一生，他是汉代守成君主中的变革者。他统治期间，在统治思想、政治措施、经济措施、文化生活等诸多方面都进行了与前代不同的变革。在统治思想方面：他以儒、法两家学说为核心，采纳道、农等学说，继续坚持“清静无为，与民休息”的政策，综合上述各种思想奠定了有汉一代“汉家自有制度，本以霸王道杂之”的治国思想。政治上：起用儒、法学士，打击功臣势力，结束了汉初军功集团功臣贵族把持朝政的垄断局面；对诸侯王采取各种打击措施，消除了汉初分封同姓王所带来的分裂隐患；任人唯才、不避亲疏。经济上减轻徭役、节省民力，实现“重农富民、与民同乐”的局面；降低“纳赀”标准，扩大选官途径，同时又任用官吏打击地方不法豪徒。文化上，容许多种文化思想并存。改立太子，防止后妃专政、功臣集团再次掌权，为西汉全盛局面到来奠定基础。

汉景帝出生在汉代北地的代国，大约八九岁时，其父刘恒被拥立为帝，是为文帝。景帝跟随父亲进行一次千里驰行的旅途，从代国首府晋阳来到长安。这一旅途对景帝坚韧性格形成当有影响。景帝做太子时曾与吴太子博戏，双方发生争吵，景帝愤怒，用“博局”砸向对方，竟然致死。这一举动不仅展现了皇室贵族的骄悍，也间接反映了景帝本人“残忍”的一面，由此也不难理解日后周亚夫、栗太子的悲惨结局。汉景帝于公元前156年继位，此时经过前几代皇帝休养生息，经济得到恢复，政治比较稳定。但景帝面临的并不是一个盛世局面：经济上仍然需要良好政策的支持，继续发展；政治上军功集团与诸侯王实力的存在，对专制主义中央集权是隐藏的威胁，匈奴的敌视更不容统治者歇息；储君的选立也是关系王朝发展的重大事宜。上述种种事项若处理不好，王朝发展将会受到打击。面临如此形势下的景帝，作为一名守成君主，并不仅仅墨守成规，而是选择在继承中变革，从而上承文帝形成文景之治，下启武帝开创盛世之功。

第二节　继续实行“黄老无为”的统治思想

秦统治期间，运用法家学说治理国家，其他学派遭到压抑。“焚书坑儒”更是对战国“百家争鸣”学术局面的极大破坏。由于秦王朝统治者过于强调法家的刑罚作用，也引起了人们的反对。在秦末农民战争的烟火中，各家学说均处在低潮时期。西汉初年，学术上宽松的环境使得儒、法学术得以复起。尽管当时掌权者对这两家学派的代表人物并没有重用，但是儒、法学派的著作获得传播，并受到有识之士的重视。汉代初年著名的政论家陆贾、贾谊，政治家晁错都深受儒、法学说的影响。

儒家思想的政治主张是仁政，也就是要省刑罚、薄税敛、奖忠孝、厚爱民众。陆贾主张德治、仁政，反对尚武、重刑；主张重用贤才，倡导轻徭薄赋，崇尚节俭。贾谊反对“背本趋末、淫佚奢侈”，主张行仁义、施仁政、立君臣、等上下；主张用武力反击与厚德怀服并行的政策解除匈奴之患。晁错主张“天子亲政、抚顺民情”。同时他们也意识到法在巩固统治中的作用，“法者禁于已然之后”，强调刑德相养，同时要求在实践中放弃秦朝严刑峻法。陆贾、贾谊皆有著作流传，晁错在景帝为太子时担任过太子家令等职，汉景帝自然受到上述人物影响。

黄老学说最重要的特点就是以道家思想为基础，杂采众家之言，兼具儒家德治与法家的法治。黄老学术将老子天道“自然无为”的思想运用到政治、经济管理之中，正视现实生活中的矛盾，积极“入世”；主张文武并用、刑德兼行；主张“清静自定”，不过多干预百姓经济生活；在行政管理上主张上下分权、有为有不为、力行简易；遵循客观规律、鼓励人的积极进取精神。其最终目的是达到“无为而无不为”的局面。西汉初建，经济萧条亟待恢复，人心思安。黄老学说的政策符合当时的客观需要，同时又不像法家那样“严酷少恩”，因此得到统治者的采用。

汉朝初年皇帝在“清静无为、与民休息”黄老学说影响下轻徭薄赋，确实促进了经济恢复发展，阶级矛盾也得到缓和。景帝的母亲窦太后又“好黄帝、老子言，景帝及诸窦不得不读《老子》，尊其术”。这样汉景帝又接受了黄老学术的影响。

汉景帝受儒、法、黄老学说的综合影响，继位后在政治上形成变革政局、加强皇权、确立等级的统治思想；在经济方面继续实行与民休息的政策。他兼采各家学说政治统治思想之长，最终确立了“汉家霸王道杂之”的统治思想，并在这一思想下，采取多项措施，继续经济的发展、政治的变革，为汉代盛世局面到来打好基础。

第三节　休养生息　发展经济

西汉初年，受秦王朝暴政统治以及秦末长年战争的影响，社会经济凋敝，呈现出一派萧条的景象。面对这种情况，汉朝统治者采用黄老无为的思想，实行与民休息的政策，社会经济逐步得到恢复和发展。汉景帝继位后，在“无为清静”不扰民大政策之下，又采取了许多变革措施，继续鼓励、促进农业生产。

首先，汉景帝多次颁布重农诏书，强调农业生产的重要性。汉景帝后二年（公元前 142 年）夏四月，颁布诏书：“雕文刻镂，伤农事者也；锦绣纂组，害女红者也。农事伤则饥之本也，女红害则寒之源也。夫饥寒并至，而能亡为非者寡矣。朕亲耕，后亲桑，以奉宗庙粢盛祭服，为天下先；不受献，减太官，省繇赋，欲天下务农桑，素有蓄积，以备灾害。”同时要求各级官吏修身自好，不得渔夺百姓，侵牟万民，如果发生“不事官职耗乱者，丞相以闻，请其罪”。[①] 后三年（公元前 141 年）正月，景帝又一次下诏强调农业天下之本的地位，要求“郡国务劝农桑，益种树”，对官吏私自动用民力采矿，给予惩处，二千石高官听任他们任意行事而不加管理也一律法办。上述诏书的颁布在政策与具体执行方面均作了详细的规定，保护了农业生产的劳动力来源。

农业生产中，农民的生活条件是农民生产积极性的重要影响因素，是农业生产进一步发展的重要因素。为了改善农民生活条件，景帝在继位之初先后实行“听民迁徙”“三十税一”“二十始得傅”三项有利于百姓的变革措施。景帝前元年（公元前 156 年）诏曰：“间者岁比不登，民多乏食，夭绝天年……其议民欲徙宽大地者，听之。”汉初实行编户齐民，百姓未得到政府许可不得随意迁徙，“汉景帝下诏允许民众从贫瘠的狭乡迁往土地肥沃的宽乡，不仅改善了民众的生活环境，更重要的是有利于土地的开发和农业生产的发展。”[②] 为减轻农

① 《汉书》卷五《景帝纪》。

② 马亮宽：《略论汉景帝》，《泰安师专学报》1999 年第 1 期。

民负担，同年五月又“令田半租”，也就是在以前田租“十五税一”的基础上减半为“三十税一”，并自此成为定制，终汉之世，不加改变。田租是政府向土地所有者按他们拥有的土地数目及总收获量所征收的土地税。田租减半对拥有大量土地的地主当然更为有利，而对拥有少量土地的自耕农缓和民力、发展经济也未尝不是一件好事。景帝前二年又令“男子二十始得傅”，也就是将男子起役的时间定为20岁，至此“两汉人民的起役年龄才有明确的规定，而且是前此从无的创制和定制”。[①]这项措施也同样是休养生息政策下减轻徭役剥削的重要措施，对于刺激农民生产积极性起到了重要作用。

“封建社会中，法律是君主控制社会的重要工具。”[②] 秦王朝严刑峻法、暴虐民众的统治遭到极大反抗，汉统治者在继承秦法基础上注意约法省刑，改革和完善法制，目的仍然是为了减轻剥削，缓和矛盾。景帝在法制建设和约法慎刑方面作了许多变革。汉文帝继位后有感于肉刑的残虐便用笞刑代替，本意欲给予犯罪者改过自新的机会。但改后笞刑太重造成“外有轻刑之名，内实杀人”[③] 的现实惨状，并未起到原有作用。景帝前元年即减轻笞刑，明确规定：“笞五百曰三百，笞三百曰二百。”中六年（公元前144年）又分别减至笞二百、笞一百。同时还要求大臣议定箠令，对笞刑工具、犯罪者受刑部位等细节做出明确规定，从而保全受笞刑之人性命。中二年（公元前148年）废除了磔这一撕裂人体的酷刑。在法律制度建设方面，景帝也作了变革，确立了复审制，对受冤枉的犯人进行平反。中五年（公元前145年）下诏：“法令度量，所以禁暴止

---

① 钱剑夫：《秦汉赋役制度考略》，湖北人民出版社，1984年版。

② 马亮宽：《略论汉景帝》，《泰安师专学报》1999年第1期。

③ 《汉书》卷二十三《刑法志》。

邪也。狱，人之大命，死者不可复生。……诸狱疑，若虽文致于法而于人心不厌者，辄谳之。”也就是因为官吏任意罗织罪名而被定罪的犯人可以上诉，有关机关要按时平议处理。景帝后三年（公元前 143 年）又下诏“狱疑者谳有司，有司所不能决，移廷尉。有令谳而后不当，谳者不为失”。这里不仅再一次重申了对冤狱的复审制度，而且对重审不当者不予处罚，也减少了谳者的顾虑，保证了复审的顺利进行。除了完善法律制度减少民众受冤之外，汉景帝还注重对弱势群体的保护，后三年（公元前 141 年）下诏：“高年者人所尊敬，鳏寡孤独者人所哀怜也。其令八岁以下、八十以上及孕子未乳当鞫击者，无讼击之。”[①] 在一定程度上体现了人道主义原则。法律与教育都起着社会教化作用，汉景帝在位期间不断完善法制建设、约法慎刑有利于劳动人民日常生活，也体现了社会进步，是文景之治的一项重要内容。

“文、景时期，赐爵制度又发生了一些变化。这主要是赐民爵的制度比以前有了发展。”[②] 汉景帝在位期间，先后七次赐民爵，五次大赦天下，“目的在于以此为诱饵，把大量个体小农固着于土地，替封建国家多生产粮食布帛，借以扩大封建统治者的役源和税源，最后使统治秩序获得巩固。”[③]汉景帝时期对农业劳动力的保护还体现在修建阳陵上。首先，在修筑陵墓之前，先修好阳陵邑、渭桥等准备工程，然后再修陵墓。第二，作为一项重大的土木工程，阳陵大量使用刑徒进行劳动，

---

① 荀悦著，张烈点校：《汉纪》卷九《孝景皇帝纪》，中华书局，2002 年版。

② 柳春藩：《秦汉封国食邑赐爵制》，辽宁人民出版社，1984 年版。

③ 高敏：《论两汉赐爵制度的历史演变》，《秦汉史论集》，中州书画社，1982 年版。

而不像以前那样在全国征派劳役。[1] 在汉景帝阳陵发现和发掘了当时修陵人的墓地。“可以说汉初关于因陵邑规划和建设组织移民的记载，始见于汉景帝时代。”[2] 当然这也是陵寝制度上的一个重要的变革。

中国古代社会长期以来以自给自足的自然经济占据统治地位，但是商品经济随着社会发展也日益成为社会经济中的重要组成部分。“虽然秦及汉初为了保护以农业为基础的封建经济秩序，推行重农抑商，但商业作为社会经济的必要组成部分，不论封建国家采取多么严厉的行政手段，都是无法抑制的。”[3] 战国以来商品经济发展成为趋势、西汉初年稳定良好的政治环境、全国统一市场的形成、便利的交通以及“财政收支结构使得政府不能不依靠商人和商业”[4] 等经济趋势、经济环境为古代商品经济自由迅速发展提供了难得的机遇。因此西汉前期在政治和法律上贱商，但在经济上却鼓励私人商业的发展。惠帝吕后年间“复弛商贾之律”；文帝时颁布“除盗铸钱令”，允许私人铸币；文帝后元六年“弛山泽之禁”，开放山林水泽矿藏、渔盐之利。汉景帝年间虽然没有颁布新法令，但仍然坚持鼓励商业发展的原则，甚至在政治上提高了商人的地位。商业经济发展、贸易的兴盛使许多人由贫困转向富裕，形成了许多商业中心、商业都市，也刺激了农业、手工业的生产，进而推动了整个社会经济的发展。

① 王学理：《汉景帝与阳陵》，三秦出版社，2003 年版。

② 王子今：《秦汉区域文化研究》，四川人民出版社，1998 年版。

③ 冷鹏飞：《中国古代社会商品经济形态研究》，中华书局，2002 年版。

④ 陈明光：《财政考虑与汉代所谓重农抑商政策》，《汉唐财政史论》，岳麓书社，2003 年版。

总之，由于汉景帝在政策上与行动中重视农业生产与发展商品经济相结合，通过多种变革措施保护农业劳动力、刺激农民生产积极性以及鼓励商人发展商品经济，从而形成民富国强的良好经济局面。这些为汉景帝在政治上进行变革，为汉武帝日后对外战争提供了坚实的经济基础。

第四节　平灭七国之乱

汉朝统治者在内政方面所面临的两大问题：一是诸侯王割据势力的扩大；一是汉初军功集团对政权的支配。这两者对于汉代封建专制主义中央集权行政体制都是不小的隐患。景帝以前，由于需要与民休息恢复经济，内政上主要采取的是“无为”政策。景帝继位后，统治思想开始向有为转变，加之上述两问题危害日益加重，因此他先后采取变革措施来解决。

汉高祖刘邦早年曾先后封韩信等功臣为异姓王，从而战胜项羽势力，后为了加强中央集权即铲除异姓王。此后高祖惩秦亡之弊，遵循亲亲原则，分封刘氏宗亲为王，以“镇抚四海，承卫天子”。[①] 汉初诸侯王享有治民、治军、自任官吏等权利，同时在封国境内享有租税、开采矿山、渔盐之利。因此“汉初实际上并非真正的中央集权制国家，而是皇帝与诸侯王分治天下的局面。诸侯王虽受中央节制，但又有相对独立的地位，专制皇权不能直接施行于王国所属的郡县”。[②]况且诸侯王所占跨州连郡，一王多达数十城池，其所占领土总数与汉中央直辖领地平分天下。随着诸侯王年龄的增长，社会政治日渐稳定，经济恢复发展，诸侯王日渐骄横起来，处在边地者还与匈奴、东

① 《史记》卷十七《汉兴以来诸侯年表》序。
② 周振鹤：《西汉政区地理》，人民出版社，1987 年版。

越等交相往来，从而对中央集权造成极大危害。

对诸侯王的削弱主要问题是诸侯王国的领土及制度。汉文帝曾经采纳贾谊之计，三分淮南、七分齐地。景帝继位后，采用晁错的建议实行更为激进的“削藩”之策，激起“七国之乱”。

吴在诸侯国的势力最强，拥有三郡五十三城的广阔地域，强兵50万，盛产铜、盐，占据三江五湖之利。自高祖十二年(公元前195年)，刘濞被立为吴王后，便心生歹念，图谋不轨，大展乱世奇才。为实现其分裂计划，采取了很多拉拢人心的办法，如：安抚百姓，赏赐爵禄，争取民心；延揽人才，招诱逃犯，蓄积反动势力；大力开发资源，炼铜铸钱，煮海水为盐，经日积月累，富甲天下，虽免征赋税，而国用饶足。至于吴国广大百姓，谁给他们带来了好处，就拥护谁，不太关心统治集团内部的是非曲直。因此，刘濞颇得吴民拥戴，乐于为用，成为其敢于造反的重要社会基础。事件爆发以后，刘濞公开承认：“寡人节衣食用，积金钱，修兵革，聚粮食，夜以继日，三十余年矣。凡皆为此。”足见七国之乱非一朝一夕酿成，早在高祖刘邦时已种下了祸根。

政治家常有超人的观察力，刘邦在封侄子刘濞为吴王时，就已经看到刘濞状有反相，便预言50年后东南有乱，可能就是刘濞带头造反。但是，对未来的预感并非现实，眼前是刘邦担心“吴会稽轻悍，无壮王填之，诸子少”，只好立刘濞为吴王，坐镇会稽。同时，在当时形势下，也无法对未来作出防备措施，仅告诫刘濞“汝慎毋反”，而刘濞也只能回答“不敢”。但是，事情并未按刘邦的意愿发展，历史也未按刘濞的承诺兑现，50年后果然爆发了以吴王刘濞为首的七国之乱，如果刘邦地下有知，定是追悔莫及。

鄙俗富者易侈，贵者易骄。刘濞居富贵之位，渐成骄侈不驯之性，随着国内经济和军事实力的强大，俨然有如天子一般。至文帝时，刘濞与朝廷矛盾公开化．先是其娇憨的太子在与皇太子一起玩耍时，以下犯上，相争不让，被皇太子以“砖角”砸而致死，且不让其葬在长安，只好归葬吴国。吴王既遭伤子之痛，又生归葬之恨，立刻恼羞成怒，将儿子尸体送回长安埋葬，以示抗争。自此衔恨在心，称病不朝，有失藩臣之礼。对此，文帝心中也十分明白，知道吴王实际无病，以子死之故而与朝廷作对，多次责问吴使。刘濞闻知皇帝责问，愈益惶恐，遂加紧谋反行动。

汉文帝父子以上凌下，以大压小，激化矛盾，难辞其咎。吴王丧子，极易唤起同情，故吴使者向文帝暗示狗急跳墙道理，请给予吴王反省悔过机会。文帝终于被吴使者说动，作了让步，赐予吴王养尊之物几杖，免予入朝请。此后，吴与朝廷矛盾，表面上虽然有所缓和，实际上却转入了地下秘密活动，暗中较劲。

景帝即位后，以力主削藩的晁错为御史大夫，暗察诸侯王不法行为。先是以赵王有罪，削其常山郡；继则胶西王卖爵为奸，夺其六县。至景帝前元三年（公元前 154 年）冬，晁错又查出楚王刘戊在为薄太后服丧期间，私奸服舍，大逆不孝，请求景帝诛之。结果虽赦其不死，却削其东海及薛郡。这几个国被削弱之后，未引发较大政治麻烦，比较平静，于是景帝与廷臣们开始议论削吴，将矛盾推向公开化。

吴王眼见楚、赵等国被削，又闻朝廷正在讨论削吴，恐惧吴地被削除殆尽，遂亦加紧阴谋举事。先与勇武好兵的胶西王刘卬达成默契，相约共同举事，夺取天下，而后两人平分秋色，各据半壁江山。随后胶西王又遣使齐、淄川、胶东、济南四国，密商举事，各因利益所在，一一响应。至于淫暴的楚王刘戊，自被削除两郡后，早已与吴王同病相怜，结成一体，蓄势待发。这七国已占诸侯王多数，而且力量又强，大有倾覆朝廷之可能。

景帝前元三年（公元前154年）正月，正当七国取得一致，相约共同起兵反抗朝廷削藩时，朝廷削吴、楚封地的诏书也分别送到了吴、楚。吴王见到诏书中削吴会稽、豫章两郡，毫无迟疑，即刻起兵反叛，杀死吴国由朝廷任命的两千石以下官吏，下令国中62岁至14岁者，一律从军，迅速组成20万大军，并使人煽动闽及东越发兵助战。吴起兵后，楚、赵、胶东、胶西、济南、淄川六国，紧随其后，也起兵反，而且赵王刘遂又使人与匈奴连兵，顷刻间天下大乱。

刘濞率兵自广陵出发，顺利渡过淮河，与楚军会师，并肩向西，进入河南郡后，直逼关中。凡搞阴谋者，总须有个借口，以掩盖其不可告人之目的。吴王刘濞便以“诛晁错，清君侧”为号召，又赤裸裸地要当皇帝。在号召各国起来造反的檄文中，声讨晁错“侵夺诸侯之地，使吏劾系讯治，以侵辱之为故，不以诸侯人君礼遇刘氏骨肉，绝先帝功臣，进任奸人，诳乱天下，欲危社稷”。同时，毫不掩饰与朝廷抗衡的野心，自称为了今日之事，已准备了30年，非一朝一夕，远在晁错削藩之前。只是晁错看破了“削之亦反，不削亦反”，并认为“削之，其反亟，祸小；不削之，其反迟，祸大”。为了国家安危存亡，晁错把生死置之度外，力主尽快削藩，绝不可心慈手软，掉以轻心。

七国反叛的消息传到京城，晁错认为吴故相爰盎曾声言吴不反，是受了吴王金钱收买，专为吴造舆论掩盖，欲治其罪。爰盎闻知后，先发制人，通过窦太后侄子窦婴向景帝进谗，说唯有杀了晁错，吴、楚方可退兵。乱了阵脚的汉景帝误信谗言，将晁错满门斩首。晁错、爰盎两人素日虽同朝为臣，却坐不到一起，经常勾心斗角，互相倾轧。只因晁错能力高过爰盎，事情做得多，遭人忌妒，成为众矢之的。爰盎利用景帝失察，不明真相，借刀杀人，使晁错成了冤魂屈鬼。本来爰盎也曾向景帝说过："诸侯太骄必生患，可适削地。"但看风使舵，不作坚持，只图左右逢源，保官活命。为吴相时，失职不谏，讨好吴王，说吴王不反，日以饮酒为事，苟全性命。景帝听信此种邪佞的话，拿忠臣开刀，令天下寒心。

晁错已死，吴、楚等叛军仍不退，刘濞反而自称"我已为东帝"，继续挥师西进，逼近梁国。梁王刘武向朝廷告急，请求景帝派兵救援。至此，景帝始知错杀了晁错，只好兴兵讨伐。遂任命周亚夫为太尉，窦婴为大将军，率领 36 万大军平乱。周亚夫先是避开吴楚兵锋，深沟高垒，另派轻兵断绝叛军粮道。吴王刘濞擅权独任，既不敢分兵给部将，又不肯接受他人建议，虽有数万大军，却成了孤寡老人。很快因粮道断绝，军中乏食，不战自乱，向回溃退。周亚夫乘势出精兵追歼，大破吴楚叛军，斩杀 10 余万人。吴王弃军而走，逃入东越，结果被越人杀死。楚、赵等六王见大势已去，均先后自杀，历时仅三个月的七国之乱遂土崩瓦解。

平乱中，太尉周亚夫知己知彼，敢作敢为，是朝廷平叛取胜的关键人物。为了取得全局性的胜利，周亚夫置景帝救援梁国的诏命而不顾，大胆牺牲梁国局部利益，终于集中兵力打败吴军，从而赢得了全局胜利，表现出大将才能，战争又创造出一位英雄。刘邦临终称周勃可安刘氏，文帝死前称周亚夫可嘱大事，两人所言尽皆应验，君臣相知，是西汉兴盛的重要因素。

西汉政权从诞生之日起，就存在分裂割据危机，不论异姓王还是同姓王，只要存在握有实权的诸侯王，中央集权就得不到真正巩固与加强，分裂割据的危险就依然存在。因此，汉景帝平定七国之乱后，着手削弱诸侯王的权力，继续执行贾谊提出的“众建诸侯而少其力”的方针。即使对他的儿子也不例外。一是进一步分散、缩小诸侯王势力范围，其弟梁王死后，分梁为五国，立梁王五子为王。二是诸侯王不居国理事，留在京城，置于皇帝眼皮底下，便于随时监督。三是取消诸侯王理民治国权力，改由朝廷所任相国与内史治事，直接听命朝廷指挥，同郡一样。至汉武帝时，又颁行“推恩令”，规定诸侯死后，除嫡系长子袭封外，其余子弟分得王国中的一块地为侯，归郡管辖，使王国进一步缩小，无力兴风作浪，而中央直接管辖范围进一步扩大。使宗室子弟得到封侯，可达到一举两得的目的，宗室子弟既有名有利，千恩万谢感激皇帝，又有利于增强向心力，巩固统治政权。

经过一系列改制，诸侯王的封国仅为食邑、衣食租赋而已，权力全部集中于朝廷手中，从而结束了自西周以来延续千余年的诸侯割据体制，皇权空前加强，使西汉真正成为封建专制集权国家。

对“削藩”一事古今皆有人认为操之过急。明人张燧在《千百年眼》卷五“七国缓削则不反”条中认为：“汉景初年，七国后强，晁错之议曰：‘削之亦反，不削亦反。’愚则曰：亟削则必反，缓削则可以不反。”[①] 台湾学者徐复观先生认为：“景帝削吴两郡令下，‘吴王濞恐削地无已，因此发谋’。可知若削地而与以明令保障，亦无七国之变。”[②] 岳庆平先生认为晁错的削藩是加速战争的爆发，是一种下策。[③] 上述看法均为

① 王子今：《秦汉区域文化研究》，四川人民出版社，1998年版。

② 徐复观：《两汉思想史》（第一卷），华东师范大学出版社，2001年版。

③ 岳庆平：《西汉景武时期的削藩及其后果》，《社会科学辑刊》1993年第6期。

一家之言，同时我们也应注意景帝本身“多病”、继位后又没有册立太子、朝中军功集团权势尚未肃清以及外部匈奴侵扰的现实情况。作为欲有为的汉景帝，对诸侯王打击也就势在必行。吴楚七国之乱爆发后，景帝任用周亚夫为太尉、窦婴为大将军率军平叛。经过三个月的战斗，叛乱被平定，避免了分裂局面出现，“西周以来习以为常的诸侯割据制度算是结束了。”[①] 七国之乱平定后，一部分参与叛乱的国家被除国改郡。七国之乱前后，景帝又先后分封13个儿子为王，再加上对梁等大国的分藩，到景帝中六年（公元前144年）诸侯王数量达到20多个，但王国领土则大为缩小，一般仅限于一郡或汉郡的一部分。同时“汉政府不再满足于依靠诸王来防御敌人或在对付入侵者时让他们充当缓冲者；中央政府显然希望自己来监管那些有受袭击和有破坏可能的地区”。[②] 于是收回了对边地的控制，加强了对边郡战备的管理，解除了诸侯王国与匈奴等少数民族联结侵扰内地之患，并为日后反击匈奴做好坚实准备。汉郡交错夹杂于诸侯王国之间，“帝国最富饶的部分已被分成官员可以对它们行使权力的较多小单位。”[③]

在解决王国领土问题之后，便是对诸侯王国制度的改定，剥夺了诸侯王的置吏权，诸侯国的官员，统由皇帝任免。中三年（公元前147年）“罢诸侯御史大夫官”，取消诸侯王监察权；中五年（公元前145年）又“更名诸侯丞相为相”。此后又先后“省诸侯王国廷尉、少府、宗正、博士官”，并减少诸

① 于迎春：《秦汉士史》，北京大学出版社，2000年版。

② ［英］崔瑞德、鲁惟一编，杨品泉、张书生等译：《剑桥中国秦汉史》，中国社会科学出版社，1992年版。

③ ［英］崔瑞德、鲁惟一编，杨品泉、张书生等泽：《剑桥中国秦汉史》，中国社会科学出版社，1992年版。

侯王侍从亲信“大夫、谒者、郎”的人数。这里罢免博士官当与中央政府防止诸侯王招纳士人，与地方争夺人才有关。景帝时期还对诸侯王权益进行限制。《汉书·晁错传》记载“景帝继位，以错为内史，法令多所更定，错所更令三十章，诸侯喧哗”，这当是关于限制诸侯王权益的法律规定。[①] 景帝中二年（公元前148年）又发布关于诸侯王丧葬及立嗣等事宜的法令。

汉景帝时代对诸侯王领土职权变革措施的实施使诸侯王不再享有治国权力，丧失了管理任免权、监察权等政治权力。“地方军的调动使用权完全归中央掌握。”[②] 从此诸侯王国不再作为独立王国存在，只相当于汉郡。诸侯王仅享有封国衣食租税，形同大地主“成为物质上的贵族，而不能成为政治上、精神上的贵族”。[③] 诸侯王威胁中央政权问题至此得到彻底解决，这不能不说是汉景帝对西汉政制的一大重要贡献。

西汉初年存在着一个军功集团，这一集团包括因追随刘邦建立西汉政权有军功被封爵的功臣贵族及他们的子孙。[④] 军功集团在西汉初年拥有强大的政治势力和经济基础，掌控对政权的支配，其成员遍布上至丞相、下至郡守的帝国政权各级官职上。军功集团成员自萧何起便相继为相。作为辅佐皇帝的最高

---

① 安作璋：《秦汉官吏法研究》，齐鲁书社，1993年版。

② 白钢主编，孟祥才：《中国政治制度通史》，人民出版社，1996年版。

③ 马彪：《秦汉豪族社会研究》，中国书店，2002年版。

④ 李开元先生称之为军功受益阶层，认为这一社会集团根基于因军功而被赐予的军功爵及其随之而来的各种既得利益，在当时的历史条件下，成为一个独特的社会阶层。见李开元：《汉帝国的建立与刘邦集团——军功受益阶层研究》，生活·读书·新知三联书店，2000年版。

臣子，他们自觉不自觉地采用黄老无为而治思想。[1]随着社会发展，黄老无为不能适应日益复杂的社会局面。军功集团成员仍遵循这一治术不肯改变，加之他们对朝政的支配影响了封建君主一人专制，对他们的抑制便成为景帝内政方面又一重要变革措施。

对军功集团的抑制是与削弱诸侯王交错进行的，军功集团第二代代表人物周亚夫在七国之乱中以太尉身份平叛立下战功，于景帝前七年（公元前 150 年）被任为丞相。景帝中三年（公元前 147 年）被变相，实在相位三年。表面上周亚夫很受景帝器重，但实际上维护旧有阶层利益不愿变革，与景帝意见经常相左。后来周亚夫终因其子“买工官尚方甲楯五百可葬者”被人告发牵连致死。周亚夫的免相被杀标志着汉初军功集团中有才干者当政局面的结束。此后继任者皆以列侯继嗣，备员而已。景帝后元年（公元前 143 年）任命卫绾为相，第一位非军功集团出身的丞相诞生，“这表明伴随着周亚夫之死，宫廷皇权通过对于丞相的自由任命，已经完全控制和掌握了以丞相为中心的汉朝政府机构。”[2] 从而军功集团功臣贵族掌握政权的时代宣告结束，一个平民化的时代已经到来。

景帝时期除了对军功集团领袖人物打击之外，还以提高御史大夫地位和破坏白马之盟为手段进行统治。西汉建立之初，御史大夫一职并不十分重要，没有成为丞相副手，也未形成御史大夫升任丞相的制度。景帝时，出于抑制军功集团之考虑，

① 此处指这些人采用“黄老无为”之术是汉初社会政治经济发展和明哲保身双重目的的共同作用的结果。见马勇：《黄老学与汉初社会》，《中国史研究》1992 年第 4 期。

② 李开元：《汉帝国的建立与刘邦集团——军功受益阶层研究》，生活·读书·新知三联书店，2000 年版。

御史大夫地位得到提高。“目前所见到的最早称呼御史大夫为三公的例证是在景帝时的晁错。”[1] 自此御史大夫基本上被列于三公之位，至于三公并列制度正式形成则是在汉成帝时。前述军功集团享有巨大政治利益，它的保障是白马之盟。

所谓白马之盟指汉朝初年，刘邦与群臣之间“非刘氏不王，若有无功非上所置而侯者，天下共诛之”[2] 的白马盟约。根据这个盟约，军功集团才得以独享封爵之赏并进而掌控朝政。景帝欲打破白马盟约的束缚，便欲封王皇后之兄王信为侯，遭到周亚夫的强烈反对只好作罢。但景帝不罢休，后终不用亚夫之言而封匈奴降王为侯，并以此使亚夫“谢病免相”。这样，汉初皇帝与群臣之间共享权力的政治关系被破坏，真正意义上的皇权统治得以确立。

汉景帝统治期间对军功集团打击加之军功集团自然衰退，使各级官职中军功集团成员数量大幅度减少，这也为景帝的用人提供了保证。

第五节　任人唯才

人才是一个国家或政权兴旺发达的根本，是被历史所证实的真理。官吏是政府政策的具体执行人员，官吏任用是否得当往往会影响到一个地方乃至国家行政管理好坏。汉景帝时代，军功集团功臣贵族多已死去，统治集团需要增加新的力量，扩大了选官途径，较好地做到了任人唯才、唯贤。

丞相周亚夫是军功集团成员故相周勃之子，曾任河内太守，有大将之才。汉文帝临死时曾嘱托景帝：“即有缓急，周

---

① 李玉福：《秦汉制度史论》，山东大学出版社，2002 年版。

② 《汉书》卷十八《外戚恩泽侯表》序。

亚夫真可任将兵。”[①]作为军功集团一员，周亚夫是打击对象。但是吴楚七国之乱爆发后，景帝任用亚夫为太尉，三个月就平定了叛乱。晁错是汉代陆贾、贾谊之后一位有名的政治家，他的政策主张甚合景帝之意，景帝任用他为内史、御史大夫。他在农事、削藩、防御匈奴方面提出许多好的建议，被景帝采纳，成为景帝变革的主要部分。[②] 飞将军李广“才气天下无双”，[③] 平定吴楚之乱中显现功名，虽因私自接受梁王官印不得封赏，但是景帝仍数用为边郡太守，防御匈奴。对平定七国之乱有功的人士，景帝也加以重用、给以封赏。代人卫绾以战功被封为建陵侯；栾布为燕相，率军平叛，封为鄃侯；枚乘数谏吴王不反，被任为弘农都尉；韩安国在吴楚反时力保吴兵不得进犯梁国东界，以此显名，拜为梁内史。此外“不喜毁人”的周仁、“恭谨”的石奋、“数直谏”的爰盎等都以他们的长处官居二千石，名显后世。

景帝时，在学术上实行兼容并包的方针，大量启用各派学说人士担任官员、顾问。南阳人直不疑“学老子言”，被任为御史大夫，封塞侯；张欧“善治刑名”，本人忠厚有长者之风，也被拜为九卿，得到任用。儒家治国平天下的理论此时也开始受到重视，游于诸侯的士人们也逐渐“变为受制于明确、固定的职责、体制的国家官吏”。[④] 治《公羊春秋》的董仲舒、胡毋生，治《诗》的辕固生在景帝时先后被立为博士，以备顾

① 《汉书》卷四十《张陈王周传》。

② 晁错之死不能视为景帝对他的不信用，主要原因在于他遭到朝中大臣忌恨，削藩操之过急，成为朝中孤势以及劝景帝自将兵出击，自己留守京师有震主之嫌。参见杨东晨：《汉人秘史》，陕西人民教育出版社，1996 年版。

③ 《史记》卷一百九《李将军列传》。

④ 于迎春：《秦汉士史》，北京大学出版社 ，2000 年版。

问。又“伏生弟子张生治《书》为博士，可知至迟在景帝时已设置《书》博士”。[①] 此外，王臧、韩婴、辕固生等还先后被任为太子及诸王师傅，“为以后入学获得独尊的地位创造了条件。”[②]

西汉初年的选官途径主要有以下几种：军功、任子、赀选、以通经立博士等。在这几种途径中赀选一种，是向社会打开的入仕之门。“秦汉两朝都把财产多少作为任官的重要条件。”[③] 所谓赀选就是按照财产的多少授官。西汉初年标准为限赀十算乃得为宦，十算的标准就是财产达到 10 万。汉景帝后元二年（公元前 142 年）五月下诏：“今赀算十以上乃得宦，廉士算不必众。有市籍不得宦，无赀又不得宦，朕甚愍之。资算四得官，亡令廉士久失职，贪夫长利”，[④] 也就是“有家资四万钱就可以获得做官的资格”。[⑤] 尽管赀选标准的降低并未改变官吏在地主阶级中选取的状况，[⑥] 但是这一措施毕竟“开

---

① 安作璋、熊铁基：《秦汉官制史稿》（上册），齐鲁书社，1984 年版。

② 孙筱：《两汉经学与社会》，中国社会科学出版社，2002 年版。

③ 白钢主编，孟祥才：《中国政治制度通史（第三卷 秦汉）》，人民出版社，1996 年版。

④ 《汉书》卷五《景帝纪》。

⑤ 安作璋、熊铁基：《秦汉官制史稿》（上册），齐鲁书社，1984 年版。

⑥ 王彦辉先生则认为“无论是限赀十算，还是限赀四算，在实际执行中，虽然规定‘有市籍不得宦’，但工商豪民因其经济实力雄厚必然有绝对优势，因而赀选为郎的人也不在少数”，并对桑弘羊等人出身进行考释，认为他们就是工商贾通过赀选入仕的例证，进而得出“刘邦制定的商贾不得为吏的禁令到景帝时已被打破”的结论（见王彦辉：《汉代豪民研究》，东北师范大学出版社，2001 年版）。此观点由于缺少史料论证，笔者不予采用。

阔了进士的范围，为更多的在野之士入仕创造了条件”，[1] 也为汉武帝时工商大贾入赀拜官起到铺垫作用。

商品经济的发展，造就了一批“交通王侯，力过吏势，以利相倾”的富商，对于中央政府，这些人也并不坚定支持，成为威胁中央的势力。针对这些富商大贾以及诸侯宗亲的不法行为，汉景帝并没有在“无为”政策下听之任之，而是采取了严厉的打击措施。汉景帝先后任用酷吏郅都、宁成为地方太守和负责掌管京师治安的中尉，济南郡有瞯氏宗人三百余家，豪猾、二千石莫能制，郅都被任为济南太守后族灭了其中的首恶者，威慑余党，一年左右的时间便使郡中道不拾遗。郅都任中尉时，勇猛廉正，执法不畏权贵，被列侯宗室称为“苍鹰”。郅都死后，京师宗室又“骄奢不轨于法”。汉景帝又用宁成为中尉，仿效郅都的做法，遏制了宗室豪杰犯罪的势头，使他们“皆人人惴恐”。[2] 这些措施一方面打击了宗室豪杰不法之徒的嚣张气焰，有利于中央集权的维护；另一方面，对地方不法豪强的打击或多或少会给一般百姓的生活起到保护作用。

汉景帝统治期间由于任人唯贤，因而人才济济，各尽其长，尽为世用，有力地提高了政府行政效率，任贤用能又保证吏治廉明。景帝的用人还改变了军功集团对官职的垄断，进一步加强了封建专制主义君主集权，保障了汉景帝继往开来、承上启下的统治局面，也为武帝时期人才使用兴盛奠定基础。

第六节　对匈奴的防御与反击

汉与匈奴之间的关系是汉与周边民族关系中最重要的一

① 黄留珠：《秦汉仕进制度》，西北大学出版社，1985 年版。
② 《史记》卷一百二十二《酷吏列传》。

环。汉高祖刘邦“白登之围”与匈奴结和亲之约后，汉、匈之间互通关市。汉王朝由于刚建立，自身实力不够强大，社会经济的恢复发展需要一个稳定的环境作为保障。因此自惠帝、吕后直至文帝时对匈奴采取和亲政策，以求“安边民，使少者得成其长，老者安其处，世世平乐”。[①]但是，匈奴并没有因为和约的签订而放弃南下的侵扰。汉景帝继位以后，经过多年的休养生息，汉王朝的实力已经比刚建立时有了很大的发展，但是仍然没有达到能够与匈奴作大规模抗衡的地步，加之朝中军功受益阶层“无为”统治政策的影响，因此汉景帝在位期间仍与匈奴实行和亲之事，争取安定的周边环境。《汉书·景帝纪》记载：景帝前元年（公元前 156 年）四月“匈奴入代，与约和亲”；[②] 前元二年（公元前 155 年）“秋，与匈奴和亲”；前五年（公元前 152 年）“遣公主嫁匈奴单于”。《汉书·匈奴传》又记载“孝景帝立，而赵王遂乃阴使人与匈奴。吴、楚反，欲与赵合谋入边。汉围破赵，匈奴亦止。自是之后，孝景帝复与匈奴和亲，通关市，给遣匈奴，遣公主，如故约”。

但需要注意的是汉景帝在对匈奴关系上并非只是消极防御，他在汉、匈关系上也采取了一些变革措施，这些措施一定程度上带有主动进攻态势。首先，据《汉书·食货志》载：“（景帝时）始造苑马以广用”。颜师古注引如淳曰：“《汉仪注》太仆牧师诸苑三十六所，分布北边、西边，以郎为苑监，官奴

① 《汉书》卷九十四《匈奴列传》。

② 《史记》卷十一《孝景本纪》。《资治通鉴》卷十五，“景帝元年四月条胡三省注”记载此次出使签订和约者为开封侯陶青。

婢三万人，养马三十万匹。”[①] 熊铁基先生认为“为苑以牧马的苑，边境也有，内地也有，边境不甚安全，常常成为匈奴掠夺的目标”。[②] 并举《汉书·景帝纪》“中元六年六月，匈奴入雁门，至武泉，入上郡，取苑马”为例。匈奴本身是少数民族，善于牧养，如今竟然“取苑马”，可见“苑马的数量和质量已使‘其畜之所多则马’的匈奴人垂涎”。[③] 这也反映了汉景帝进攻态势的成效。

其次，汉景帝时期还对匈奴降者封侯，争取削弱匈奴内部的力量。汉景帝以前汉与匈奴和亲，因此对于潜逃来汉的匈奴人一般都要送回，匈奴上层潜逃者更不例外。这从《史记·匈奴列传》中孝文帝给匈奴单于的书函中有“俱去前事，朕释逃虏民，单于无言章尼等”的记载可以看到。“遣返他们回去，无非是为了取得匈奴单于的谅解，藉以改善两国关系。”[④] 汉景帝时“匈奴王徐卢等五人降汉，上欲侯之以劝后”，[⑤] 于是没有听从丞相周亚夫的反对意见，将这五人均封为侯。《汉书·景武昭宣元成功臣表》记载景帝年间以匈奴王降侯者有徐卢等八人，这样做不仅“初开封降者为侯之例”，[⑥] 而且也是汉景帝对外进攻态势的一个有力证据。

汉景帝时期由于汉王朝自身实力的缘故，对匈奴无法采取

---

① 潘国基：《秦汉史话》（北京出版社 1992 年版）第 185 页‘此外，文帝还在边地建立马苑三十六所……”的说法根据史书记载是不正确的。

② 熊铁基：《秦汉军事制度史》，广西人民出版社，1990 年版。

③ 王子今：《秦汉交通史稿》，中共中央党校出版社，1994 年版。

④ 杨育坤：《西汉政论家贾谊》；杨育坤《广润集》，陕西人民出版社，2003 年版。

⑤ 《汉书》卷四十《张陈王周传》。

⑥ 柳春藩：《秦汉封国食邑赐爵制》，辽宁人民出版社，1984 年版。

强有力、大规模的进攻，而是积极加强防御，避免或减少战争，以创造和平环境休养生息。但汉景帝时苑马的饲养、政治上对匈奴降者的接受这些变革措施均为汉武帝日后对匈奴大规模反击做好了铺垫，可以说为汉王朝对匈奴的打击奠定了基础。也就是说汉王朝与匈奴之间的关系在汉景帝时期开始有了新的变化和发展。

第七节　废立太子　为盛世出现奠定基础

太子的册立、变动是封建社会的一件大事，它不仅仅决定着一些人的命运（竞争皇太子的皇子、皇子的母亲、皇子的支持者等），往往还会影响到统治政策、统治方针的变化乃至一个王朝政局的发展。奴隶制社会的夏、商两代，在王位继承方面采取的是父死子继与兄终弟及同时存在的制度，周代开始实行一种新的继承制度——嫡长子继承制。秦国在王位继承人的问题上并没有严格实行嫡长子继承制。秦统一天下以后，由于秦始皇生前没有明确指定太子以及秦王朝的短命而亡，秦王朝的皇位继承制度轮廓不清晰。但是秦始皇病重时“乃为玺书赐公子扶苏曰：‘与丧会咸阳而葬’”。[①] 其意是想让在陕北监军的扶苏回咸阳继位。但已经晚了。赵高伙同李斯制造沙丘之变，让胡亥继承了皇位。“到西汉之时，兄终弟及之制已成为禁律。”[②] 父子相传、立嫡立长的皇位继承制度被确立为封建社会建立太子的基本制度，并延续两千余年之久。

汉景帝继位后，在前四年（公元前 153 年）吴楚七国之乱

① 《史记》卷六《秦始皇本纪》。

② 白钢主编，孟祥才：《中国政治制度通史（第三卷·秦汉）》，人民出版社，1996 年版。

平定后，“立皇子荣为皇太子”。[1] 刘荣是汉景帝的长子，又是景帝所宠爱的栗姬之子，基本上符合立嫡立长的继承制度（景帝皇后薄氏无宠无子）。但是仅过了不到三年的前七年（公元前 150 年）正月，汉景帝就“废皇太子荣为临江王”。[2]

根据史书记载分析刘荣被废的原因主要有三点：首先，其母栗姬因为恃宠妒忌、爱发脾气，逐渐失去汉景帝的宠爱。汉景帝曾经想将诸皇子在其死后托付给栗姬好好看待，栗姬不肯答应且出言不逊，更增加了景帝的怨恨与不满；其次，汉景帝之姊长公主为了保住自己的权势，曾经想把女儿许给刘荣为妃。栗姬怨恨长公主向景帝进献美人，便没有答应此事。此后“长公主欲予王夫人，王夫人许之”。于是“长公主怒，而日谗栗姬短于景帝”，[3] 同时长公主经常向汉景帝称赞王夫人之子刘彻的优点；第三，汉景帝废立太子的直接原因是王夫人在景帝怨恨栗姬时，却“阴使人趣大臣立栗姬为皇后”，大行便向皇帝上奏，要求按照“子以母贵，母以子贵”的原则立太子母为皇后，此举触怒了景帝，“遂案诛大行，而废太子为临江王。”[4] 上述三点均是刘荣被废的原因。从上述原因看，似乎太子刘荣被废仅仅是宫廷之中司空见惯的权势争斗而已，汉景帝在其中并不起主要作用。实际上，此次太子被废事件与本文前述内容一样，也是汉景帝主动采取的一项重要变革措施。这项变革措施实施的目的是打击功臣集团势力和防止女后专权。

刘荣被立为太子后，“以（窦）婴为傅”。窦婴对刘荣忠心耿耿，刘荣被废为临江王后因“坐侵庙地壖为宫”被招之中尉

---

① 《汉书》卷五《景帝纪》。

② 熊铁基：《秦汉军事制度史》，广西人民出版社，1990 年版。

③ 《史记》卷四十九《外戚世家》。

④ 《汉书》卷九十七上《外戚传上》。

府问罪，刘荣“欲的刀笔为书谢上，而都禁吏不予”。窦婴派人暗中送给刘荣刀笔，使其能够“为书谢上”。尽管这样仍然无法保住刘荣的性命，但仍可见窦婴的忠诚。丞相周亚夫对于刘荣也是十分的支持，景帝欲废太子，“遭到以周亚夫为代表的大臣们的反对”，[①] 尤其是周亚夫“固争之，不得”。[②] 周亚夫、窦婴两人皆因平定吴楚之乱功劳被封侯，可以看做是新兴的军功集团代表。周亚夫、窦婴等人支持、拥立刘荣，当然是希望能够在刘荣登上皇位后继续保持功臣贵族集团的权势以及对于朝政的影响力。刘荣年长易于受到周亚夫等人的影响。周亚夫、窦婴等的意图与汉景帝加强皇权、弱化功臣贵族干政相悖。为了打击功臣贵族集团势力，汉景帝首先采取废立太子的举措，从而使得功臣贵族集团无法在自己死后继续拥有较大的权利，此后便是对功臣贵族集团代表本人的打击。汉景帝不仅废太子，而且还进一步肃清这一派的势力，“上废太子，诛栗卿之属。”[③] 汉景帝之所以任用卫绾为王夫人之子刘彻的太子师傅，也在于卫绾不是功臣贵族集团中的一分子，对继承者不会施加影响。“敦厚可相少主”既是一种托辞，也反映了汉景帝对于周亚夫等功臣贵族集团强劲势头的排斥。废太子使得功臣贵族失去了权贵政治实施的依托，在统治核心阶层为西汉由军功受益集团支配政治转向平民政治扫清了最后的障碍。

汉景帝废太子的另一原因是防止女主专权现象出现。汉高祖死去之后，吕后专权十几年，对刘氏宗亲以及功臣集团进行打击，许多宗室皇子被杀，刘汉政权即将转入吕家。在刘氏宗

---

① 李开元：《汉帝国的建立与刘邦集团——军功受益阶层研究》，生活·读书·新知三联书店，2000 年版。

② 《史记》卷五十七《绛侯周勃世家》。

③ 《汉书》卷四十六《万石卫直周张传》。

亲与功臣的联合下诸吕被诛灭，汉文帝继承皇位。汉文帝之所以被拥立的一个原因是因为他的“母家薄氏，君子长者”[①] 的缘故。汉景帝对于吕后专权等事耳熟能详并引以为鉴，因此他必须选择一个合适的太子，防止出现女主专权的现象。吴楚七国之乱平定后，为了确立中央政治权威，断绝地方诸侯王染指皇位的欲念，汉景帝立刘荣为太子。其时刘荣之母栗姬正受宠爱，本人又是长男，符合立嫡立长的继承原则。栗姬本身不知道自爱，行事处处争强且又妒忌，给汉景帝留下很坏的印象。汉景帝“常体不安，心不乐，属诸子为王者于栗姬，曰：‘百岁后，善视之。’栗姬怒，不肯应，言不逊。景帝，心衔之而未发也”。[②] 汉景帝让栗姬在其死后善事诸皇子实际上就是想立其为后的一种考验，但是栗姬却因一时的脾气而失去了绝好的机会。此外，大行上书要求立太子母为后之事尽管为王夫人所策划，但这一举动以及刘荣得到周亚夫、窦婴等外朝臣子的支持均被汉景帝视为栗姬交接外朝的证据。上述行为使得汉景帝认为栗姬过于强势，刘荣继位后栗姬可能会专权，并且会对刘氏皇子进行打击，“谁能保证吕后当年那嫉妒和手段的残酷不再出现?”[③] 相比较而言，汉景帝 14 个皇子中，王夫人及其妹所生就占了五个。王夫人之妹又早死，她的儿子自然亲近姨妈王夫人。这使汉景帝认为王夫人会对诸皇子有一个很好的照顾。此外，汉景帝也没有看到王夫人有交接外朝的迹象。于是为了防止再次出现一个吕后，汉景帝便废掉太子。汉武帝时期立刘弗陵为太子而杀其母钩弋夫人也是出于同样的目的。

由于刘荣被废正是出于打击功臣集团势力和防止女后专权

① 《史记》卷五十二《齐悼惠王世家》。

② 《史记》卷四十九《外戚世家》。

③ 王学理：《汉景帝与阳陵》，三秦出版社，2003 年版。

的目的，因此刘荣的结局便十分的悲惨，带有“必欲置之于死地而后快之”的意味。刘荣被废为临江王，后以“坐侵庙地壖为宫”的罪名被征至中尉府问罪，因不堪忍受屈辱，最终自杀。而迫使刘荣自杀的幕后主使正是汉景帝本人。对于这种悲惨局面我们只能够以“虽有亲父，安知不为虎？虽有亲兄，安知不为狼”[1]和“亲者自亲、爱者自爱，信者自信、猜者自猜”[2] 来解释了。

汉景帝废太子的内在原因就是削弱军功集团的势力、防止女后专权，从后来历史发展进程看，上述目的均已达到。这次废太子在“多姬多子的情况下，对日后避免宫室的斗争，具有重要而深远的意义”，[3] 同时“对于中国历史来说，此次改易太子所产生的影响应该说是积极的。雄才大略的汉武帝毕竟把中国封建社会的历史推向一个灿烂的顶峰”。[4]

第八节　汉景帝与阳陵

阳陵是汉景帝的陵墓，位于咸阳原上汉帝陵的最东边，靠近泾渭之会。通过考古钻探和发掘研究得知：阳陵陵园平面呈不规则葫芦形，东西长而南北窄。东西长近 6 公里，南北宽 1 公里～3 公里，面积约 12 平方公里。由帝陵、后陵、南区和北区从葬坑、刑徒墓地、陵庙等礼制建筑、陪葬墓及阳陵邑等

① 《汉书》卷五十二《窦田灌韩传》。

② 王夫之撰，舒士彦点校：《读通鉴论》卷三《景帝》，中华书局，2002 年版。

③ 杨东晨：《汉人秘史》，陕西人民教育出版社，1996 年版。

④ 白钢主编，孟祥才：《中国政治制度通史（第三卷·秦汉）》，人民出版社，1996 年版。

部分组成。目前汉景帝阳陵是考古工作者在汉代帝陵中做工作最多的一个，也是对汉代帝陵了解最深刻的一个。建有一个陈列馆，其内陈列着多年来在其陵园发现的众多文物，可供游客参观。

帝陵坐西面东，居于陵园的中部偏西。后陵、南区从葬坑、北区从葬坑、一号建筑基址等距分布于帝陵四角。嫔妃陪葬墓区和罗经石遗址位于帝陵南北两侧，左右对称。刑徒墓地及三处建筑遗址在帝陵西侧，南北一字排列。陪葬墓园棋盘状分布于帝陵东侧的司马道两侧。阳陵邑则设置在陵园的东端。整个陵园以帝陵为中心，四角拱卫，南北对称，东西相连，布局规整，结构严谨，显示了唯我独尊的皇权意识和严格的等级观念。

阳陵帝陵陵园平面为正方形，边长 417.5 米～418 米。四边有夯土围墙，墙宽 3.00 米～3.50 米；四墙中部均有“三出”阙门（这是表示陵墓高级的标志），四角隅无角楼之类建筑基址。陵园中部为封土堆，呈覆斗形，上小底大，底部东边长 167.5 米、南边长 168.5 米、西边长 167.5 米、北边长 168.5 米。封土顶部边长分别为：东边 63.5 米、南边 56 米、西边 63.5 米、北边 56 米。封土高 32.28 米。封土底部四边距围墙距离大致相等，约 120 米。

帝陵地宫形制为“亚”字形，坐西面东。墓室在封土下的中间部位，因封土堆积过厚，细部结构无法得知。帝陵东南西北各有一条墓道，墓道部分被封土所压，只有部分超出封土。超出封土的墓道平面均为梯形，内大外小。东墓道长 69 米，东端宽 8 米、西端宽 32 米；南墓道长 17 米，南端宽 3.5 米、北端宽 12 米；西墓道长 21 米，西端宽 5 米、东端宽 18 米；北墓道长 23.1 米，北端宽 1.8 米、南端宽 17.2 米。墓道内均为五花夯土，土质坚硬，土色红褐或黄褐，夯层及夯窝均不明显。墓道之上均有 5 米～11 米的汉代及其后代堆积层。

帝陵的四条墓道探明之后，为了解有无多条墓道，考古工作者沿封土底边的外围一周继续寻找，结果又在帝陵陵园四门以内、封土以外钻探发现了从葬坑 86 座。其中东侧 21 座，南侧 19 座，西侧 20 座，北侧 21 座，东北角 5 座。东侧和西侧从葬坑均为东西分布，南侧和北侧从葬坑为南北分布。四侧从葬坑与封土的距离除个别外，绝大多数为 10 米左右，靠近封土的一端东西或南北形成一条直线，与封土底边平行。各坑间距最小是 2 米，最宽的为 7 米，一般均为 4 米左右，坑的宽度 3 米～4 米，绝大多数均在 3.5 米左右。最长的坑超过 100 米，最短的坑只有 4 米。坑深 3 米左右，坑底部距现地表 8 米，堆积层较厚的达 14 米。

帝陵东侧共有 21 座从葬坑，其中墓道以南 11 座，墓道以北 10 座，均为东西向，长度 5 米～92 米。从葬坑的西部边缘南北处于一条直线上，与封土底边平行。最长的 13 号坑东端距东墙仅 26.1 米。钻探资料表明，此组坑内有骑兵、步兵、动物等各式陶俑，陶、铜、漆器等生活用具及兵器、车马器等。帝陵北侧共发现 21 座从葬坑，其中墓道以东 11 座，墓道以西 10 座，均为南北向，坑长 5.95 米不等。从葬坑的南端东西呈直线，与封土的北边大致平行。2 号坑长 95 米，其北端距墙 22.6 米。北侧坑内已知有各式兵器、车辆、步兵俑、生活用具等。帝陵西侧共有 20 座从葬坑，其中墓道以南九座，墓道以北 11 座，均为东西向。长度为 5 米～100 余米。20 座从葬坑的东端除 10 号坑伸进帝陵封土以内，其余均与封土底边齐平。13 号坑长 100 米，其西端距西墙 26.5 米。西侧的从葬坑内已知有骑兵、步兵、动物陶俑，陶、铜、漆器等生活用具及兵器、车马器等。帝陵南侧共有从葬坑 19 座，其中墓道以东 10 座，墓道以西 9 座。从葬坑均为东西向，最长的坑为

27 米，最短坑为 8 米。南侧的从葬坑均较短，其南端距南墙 91 米。此组坑内的遗物尚不清楚。东北角的 5 座坑位于帝陵陵园东垣墙的西侧，呈南北一字形排列，其北端紧贴陵园北垣墙。此组坑内发现有朱砂、漆皮、板灰等遗迹和遗物。

为了解已钻探发现的帝陵陵园 86 座从葬坑的形制及内涵，1998 年至 1999 年对帝陵东侧的 13 号、11 号、19 号等从葬坑进行了局部试掘。13 号坑为竖穴式长条形土圹，东西长 92 米，南北宽 3 米，深 3 米，坑底部距地表约 8 米。坑体为地下隧道式木结构框架。其构筑方法为：首先在原地面找平，然后逐层填土夯实加高约 0.6 米～0.7 米，再从夯土下挖约 3 米，穿过夯土、黑垆土，直入生土约 1.7 米。稍加平整后，在坑底部两侧铺上长条方木地袱，地袱上横铺木地板，地板之上的两侧有立柱，柱间镶有侧枋木，侧枋木上横铺棚木，棚木上部覆盖芦席，其棚木上部高度与坑口齐平，形成一个隧道式的空间。随后放置陪葬品，最后用枋土封门。从葬坑的上部填有厚约 3.5 米～6 米五花夯土，夯层不太清晰，厚度为 0.20 米～0.50 米，较为坚硬。土色黄褐夹杂相当数量的红褐色土块。夯土之上为近代堆积层和耕土层。第 11 号坑长度为 74 米，19 号坑长 20 米，其宽度、深度、结构、地层等与 13 号坑相同或相近。

13 号坑上部棚木清理之后，露出了面向帝陵、排列密集的动物陶俑群，22 米长的试掘方内按照动物陶塑的种类可分为四个区间。第一区间位于坑的东部，长约 7 米，均为彩绘陶山羊，共计 19 排，每排 14 件左右，共计 235 件。分黑色和橙色两大类。山羊身长 0.40 米，高 0.25 米。其躯体肥壮，尾巴上扬，颌下有长长的胡须，神情温顺自然，造型生动逼真，雕塑工艺精湛。第二区间位于第一区间的西侧，长度亦约 7 米，放置彩绘陶狗 28 排，每排 19 件～20 件，共计 458 件。陶狗身长 0.30 米，高 0.18 米。有雌有雄。从物种上可分为狼狗和家狗两大类。从颜色可分为五种，即黄、白、黑、灰、橙色，部分彩绘陶狗嘴唇和鼻子还涂有红色。狼狗竖耳怒目，长尾下垂。家犬短嘴小耳，尾巴上扬。陶狗均躯干粗短，丰满圆润。整体造型比例合度，模、塑、绘工艺精致，达到了形神兼备的程度。第三、第四区间在第二区间的西部，长度相当，均近 8 米。北半部为第三区间，出土六排 33 件彩绘陶绵羊，绵羊的颜色可分为黑色和橙红色两种，身长 0.41 米，高 0.44 米。双耳略垂，腿细长，臀肥大，细尾巴。造型栩栩如生，雕塑生动逼真。位于第三区间南侧的第四区间出土两排 54 头小乳猪。小乳猪长 0.16 米，高 0.06 米。分黑色和白色两种，乳猪竖耳、长嘴、小尾巴，生动逼真，憨态可掬。在此层动物之下尚有木板相隔，木板之下还有一层彩绘陶动物俑。因第一层动物俑未能提取，故不能进行下层清理，详情有待于进一步发掘清理。

11 号坑试掘了其中部的 24 平方米，发现背靠帝陵面向东门的骑兵四列、木车两列，其中木车居中，骑兵分列两侧。发掘出土骑兵俑 26 件，彩绘木马 17 件，木车四辆，铜铁质兵器、车马器百余件。

19 号坑试掘面积仅 12 平方米，出土木马四匹、木车一辆、武士俑 20 余件、动物俑 10 件、铜铁质兵器、车马器及陶器等 30 余件。其排列顺序为木马在前，木车居中，武士俑两边护卫，动物俑及陶器等放置在车后两侧。

此外，在 16 号、18 号坑上部的盗洞中清理出“太官之印”、宦者俑等，为确定这些从葬坑的性质提供了重要的线索。

阳陵帝陵南阙门遗址位于陵园南部正中，距帝陵封土 120 米，1997 年 3 月至 6 月进行了发掘。共布 10 米×10 米的探方 56 个，实际清理面积 3100 平方米，发现大型建筑遗址一组两座，出土板瓦、筒瓦、瓦当、脊兽、围棋盘、博具盘、铁夯头等遗物583件。

南阙门遗址地面以上的地层堆积，大致可分为耕土层、现代回填层、汉以后堆积层和汉文化堆积层。遗址地面以下的地层堆积，为地面平整层、夯土基础层、黑垆土和生土层。南阙门遗址由一组两座三出阙相连接构成，三出阙的平面由大小依次递减的三个长方形组成。东西面阔131.5米，南北进深分别为25.4米、14.4米和11.0米。门道的两侧为东、西、内、外四塾，平面为长方形，南北19.8米，东西10.7米。塾内地面铺有方砖。四塾的基础为夯筑，土质坚硬，土色黄褐。夯层厚8厘米～12厘米，夯窝直径7厘米～8厘米。塾外侧是主阙台，东西长27.5米，南北宽8.2米，残高6.21米。上部中间有东西向柱洞一列五个。主阙台外侧副阙台，东西长14米，南北宽4.0米，残高0.4米～4.3米。主、副阙台亦为夯土筑就，土质坚硬，土色红褐。夯层及夯窝同前。夯土外壁抹有厚约1厘米～2厘米的草拌泥，其外先施白灰面，然后涂朱。塾、主阙台、副阙台周围环以回廊。回廊地面铺设方砖。南、北塾廊均长19.1米，宽1.5米。主阙廊南、北均为31.1米，宽3.3米。南、北副阙廊长度均为18.6米，宽2.1米。回廊之外砌有鹅卵石散水，内高外低，呈鱼脊形。散水全长141.6米，宽0.9米。整个建筑布局规整，左右对称，结构合理，规模宏大，保存较好，是罕见的汉代建筑珍品。特别是发现的三出阙的实际情形具有重要的意义，是研究古代门阙的第一手资料。阙是中国古代一种重要的建筑类型，古代高等级、高规格建筑物都会有这种建筑形制。据《释名·释宫室》记载："阙，阙也；在门两旁，中央阙然为道也。"其功能包括四个方面：一是观望守卫；二是区别等级、尊卑；三是公布政令；四是思过反省。但是对于建筑物阙的多少，在古代有明确规定，不能随意建造。一般官僚用一对单阙；诸侯、两千石官吏以上用一对二出阙，由一主阙、一子阙构成；皇帝则用三出阙，由一主阙和两子阙构成。过去我们在画像石上看到过三出阙，也发现过后代的三出阙，但真正发掘的最早的三出阙还是阳陵的南门三出阙。

南阙门遗址的塾和主、副阙台，其基础夯土颜色明显不同，塾为黄褐色，主、副阙台呈红褐色，显然不是一次修建。在两部分夯土基础连接处，靠近主、副阙台的一侧施有草拌、白灰面和朱色，可见主、副阙台的年代略早，塾是稍后补建的。主、副阙台的年代与阳陵的修建同期，亦即汉景帝年间。根据《汉书》的记载，汉武帝元鼎三年（公元前114年），“正月戊子，阳陵园火。”推测塾的补建时间，应在此次火灾之后不久。也就是说塾的补建年代为武帝年间。这一推测，与遗址柱洞中出土的五铢钱和早、晚两期的板瓦、筒瓦、瓦当等建筑材料不期而合。

为了反映汉景帝阳陵南门阙的雄伟气势，文物工作者已对南门阙进行复原，供游人参观。

阳陵后陵陵园平面亦为正方形，边长347.5米～350米。四边亦有夯土围墙，四墙中部均有门，四角隅无角楼之类建筑基址。封土堆位于陵园中部，呈覆斗形，上小下大。后陵封土底边长度分别为：东157米、南167.5米、西156米、北151米；顶部各边长度，东61.5米、南48米、西64米、北52.5米。封土高26.49米。封土底边距各门距离均为110米。后陵形制亦为“亚”字形，坐西面东。东南西北各有一条墓道，东侧墓道最长、最宽。封土外围亦有从葬坑。目前后陵钻探工作仍在继续进行。

南区从葬坑位于帝陵东南、后陵正南。从葬坑范围东西320米，南北300米。共有从葬坑24条，长25米～291米不等，宽多为4米。平面形状有长条形和“中”字形两类，均为南北向。24条从葬坑成东西向14行排列，每行坑数为1座～6座，行距20米。其整体排列似有一定规律，即坐西面东，南北对称。北区从葬坑位于帝陵西北，除坐南面北外，其面积、坑数、行数、排列均同南区。1990年—1997年，先后对南区的14座坑进行了部分试掘或整体发掘，这些坑中有排列密集的武士俑群，有堆放粮食的仓库，还有牛、羊、猪、狗、鸡等陶质动物及成组的陶、铁、铜质生活用具，全面展现了汉代军旅场景，可能与西汉当时的“南军”“北军”有一定关系。

罗经石遗址位于帝陵东南。此处地形隆起，外貌呈缓坡状。根据考古钻探得知，遗址平面近方形，边长约260米，外围有壕沟环绕。遗址中心部分的最高处放置着一块方形巨石，当地群众俗称罗经石，用整块黑云母花岗岩雕琢而成，南北长183厘米，东西宽180厘米，厚40厘米。石板上部加工成直径140厘米的圆盘，表面刻有十字凹槽，槽宽、深2.3厘米左右，经测定为正南北方向。据研究推测，它可能为修建阳陵时标定水平、测量高度和标示方位之用，是目前世界上发现的最早的古代测量标石，在对遗址的试掘中发现，遗址中部是一夯土台，应为主体建筑的台基。基址边长54米，共有12个门，每边三个门，四周有砖铺地面、卵石散水、四神空心砖以及瓦片堆积层等遗物。这片建筑遗址地势高亢，布局规整，规模宏大，应该是阳陵陵园中最重要的礼制性建筑之一。

刑徒墓地在景帝陵西北约1.5公里处。秦汉之际，帝王陵墓的修建工程主要由刑徒来修筑完成。据文献记载，秦始皇曾调集70万人修建其陵墓，其中就有来自全国各地的劳动者，也包括一些刑徒。在秦始皇陵就发现了几处刑徒墓地，他们生前为秦始皇修陵，死后被草草埋在陵园中。《汉书·景帝纪》载：景帝曾“赦徒作阳陵者，死罪欲腐者，许之”。阳陵刑徒墓地在20世纪70年代初被发现，其面积达8万平方米，估计葬于此地的刑徒在万人以上。1972年发掘了其中的29座墓葬，发现了35具人骨架，其墓葬排列无序，尸骨凌乱，相互枕藉，埋葬草率，均无陪葬品。骨架上大多戴有“钳”“钛”等类铁制刑具，有的还有明显的砍斫痕迹。

帝陵陵园、后陵陵园的内部，帝陵的西部、北部，南区从葬坑的南部还发现有大量的建筑遗址，其详情有待于进一步钻探和发掘。

1997年到1998年，对位于阳陵陵园东部陪葬墓区进行了考古钻探和发掘清理，发现了规模巨大、数量众多、围沟完整、排列有序的陪葬墓园群。该墓园区西起帝陵东侧约1100米处，东到马家湾乡米家崖村塬边。全长2350米，南北宽1500米，总面积约3.5平方公里。其东、西各有南北向壕沟一条，作为陪葬墓葬区的东西界限。西侧壕沟已探明长440米，宽近8米，深6.2米。东侧壕沟长570余米，宽近40米，深约10米。中部有横贯陪葬墓区的东西向道路一条（司马道），西起帝陵陵园东阙门，向东直通阳陵邑。司马道南北宽110米，东西长3500米，路土厚0.1米～0.24米，路土距地面0.70米。司马道的南北两侧排列有数量众多的陪葬墓园。墓园平面多为正方形，少数为长方形。墓园内有数量不等的墓葬和陪葬坑。墓园之间有壕沟分隔，目前钻探发现东西向壕沟22条，南北向的壕沟百余条及其由上述壕沟分隔而成的陪葬墓园16排107座。其中司马道南侧10排92座，北侧六排15座。这些墓园东西成排，南北成列，呈棋盘状分布。墓园内已探明了各类大中小型墓葬5000余座。对其中位于司马道南侧的部分古墓葬进行了清理。实际发掘古墓葬337座，其中有汉墓280座。在所发掘的280座汉墓中，包括竖穴土圹墓9座，竖穴土洞墓158座，斜坡墓道土洞墓77座，斜坡墓道竖穴土圹墓3座，竖穴墓道砖室墓11座，斜坡墓道砖室墓22座。汉墓中共出土各类文物5292件，其中有锺、钫、罐、仓、灶、鼎、钵等陶器1283件，以锺、钫、镜、带钩、车马器、弩机、印章、小铜饰等为主的铜器772件，半两、五铢、大泉五十、小泉一等各类铜钱2923件（组），铁剑、铁斧、铁灯、环首刀等铁器212件，玉圭、玉含、玉蝉、玉塞等小件玉器54件，骨、蚌、石、漆器等102件。

在阳陵发现最多的陪葬品还是陶俑。数量众多、种类丰富的阳陵陶塑的大批出土是阳陵考古发掘的重大收获。截至目前，阳陵已发掘出土铜、铁、金、玉、石、陶、漆、木、骨、蚌、丝、麻各类器物及麦、粟、菽、黍等各类粮食标本等文物近5万件，其中数量最多、最具特色的是包括各类陶俑和陶塑动物在内的陶塑制品。

由于阳陵陶俑大部分为所谓的裸体俑，所以这些陶俑的身份、地位亦即其类型难以确定，但就其制作工艺、出土的位置、携带或附着的物品、身着的衣物及陶俑的形态姿势等分析，阳陵陶俑种类是十分丰富的。

根据其制作工艺的不同，阳陵陶俑可分为着衣式（即裸体俑）和塑衣式两大类。着衣式陶俑出土于帝陵从葬坑、南区从葬坑和个别大型陪葬墓的从葬坑内。塑衣式陶俑多在一号建筑遗址和大中型陪葬墓中出土。结合近年来汉惠帝安陵、武帝茂陵、宣帝杜陵附近及汉长安城的制陶作坊等处考古发现，可以初步确定当时这种陶躯木臂、赋彩著衣的着衣式陶俑可能是专为皇室随葬的级别较高的陪葬品。而一般的贵族大臣在未经皇帝特赐的情况下不得使用此类陶俑，只能陪葬带陶塑服饰的塑衣式彩绘俑。

根据性别分类，阳陵陶俑的性别除了男性和女性外，还发现了宦者俑。在秦始皇陵长达30多年的考古发掘工作中，先后发现和出土的陶俑数千余件，但是就其性别来讲，仅发现有男性，尚未见到女性和宦者俑。阳陵女性和宦者俑的出土不仅补全了秦汉陶俑的性别类型，还由于阳陵出土的宦者俑是我国目前发现最早的同类实物资料，因而对中国古代宦官制度史的研究具有重要价值。

就陶俑的形态讲，现已发现有立俑、拱手立俑、执物立俑、跽坐俑、俯身俑、舞蹈俑、驭车俑、奏乐俑、行走俑、骑马俑等。就其身份可分为将军俑、步兵俑、骑兵俑、宦者俑、门吏俑、侍女俑、伎乐俑、驭手俑等。总之，可以认为阳陵陶俑品种丰富、门类齐全、数量极多，作为地下陵墓中的随葬品，这些陶俑应是除了皇家以外西汉社会各个阶层的代表，具有相当高的研究价值。它是汉代社会生活的全面反映。而不像秦兵马俑就是秦军事生活的反映。因此我认为从严格的意义上来讲，阳陵的陪葬坑并不能成为兵马俑。

阳陵陶塑动物主要有马、牛、羊、狗、猪、鸡等，这些动物俑为畜类，但其制作工艺也相当讲究，它既经过了类似塑衣式陶俑模制、加塑、焙烧、着色等加工工序，亦采用了着衣式陶俑制作中的雕琢、组装等工艺（牛、羊、马等的犄角、尾巴为木制组装）。阳陵的陶塑动物种类繁多，栩栩如生，极富生活情趣。陶牛身壮体硕，四腿强健，颈部粗短，双耳斜伸，两眼外鼓，体现一股倔强有力的牛气。陶绵羊躯体浑圆，双腿细长，两耳斜垂，口微张，臀肥大，尾下垂。陶山羊身躯圆润，腿直如柱，竖耳，胡须下垂，小尾上翘，神态安详，呈现出一副温顺可爱之态。陶猪膘肥体壮，四肢矮粗，大腹下垂，腹下有两排乳头，脖颈粗短，长嘴大耳，憨态可掬。陶犬分狼犬、家犬两种，狼犬两耳斜竖，双目虎视前方，嘴巴较细长，两腮外鼓，脖颈较短，身躯壮实，四肢有力，长尾下垂。家犬两耳直竖，双目略外鼓，嘴巴较粗短，身躯肥硕，四肢粗壮，尾巴上卷。二犬造型行动，刻画传神，给人以凛然不可侵犯之神态。陶鸡分雌雄两种，通体彩绘，色彩鲜艳。雄鸡昂首翘尾，长喙小眼，朱红色高冠，黑、红、黄三色羽毛。母鸡形体较小，尾巴较短，头部无高冠，神形俱佳，惟妙惟肖，阳陵陶塑动物数量之大，造型之美，是前所未见的。

从阳陵的发掘和勘探情况，结合前面讲到的霸陵情况来看，西汉时期的帝陵具有以下特点：(1) 西汉帝陵均有高大的封土（霸陵除外，霸陵系依山为陵），多为覆斗形，陵顶无“享堂”类建筑遗迹。(2) 陵墓形制为“亚”字形，有四条墓道。(3) 西汉前期，帝、后陵为同一个陵园，从阳陵以后，帝、后则各自为园。(4) 帝、后实行“同茔异穴”的合葬制度，帝陵居中，后陵多在其东北，帝陵的封土要大于后陵。(5) 陵园内均有陵庙、寝殿、便殿等建筑，祭祀形式复杂多样。(6) 西汉早中期均设置有陵邑。11 个帝陵中有七个陵邑。(7) 大多实行厚葬制度，有众多的陪葬坑和陪葬墓。

考古发掘出土的文物，是一个时代（时期）政治、经济、文化生活最直接、直观的反映，也是对古代文献记载不足的补充。具有“东方维纳斯”之称的阳陵汉俑体现了当时社会文化生活中多元、丰富的一面以及积极向上的精神风貌。“在汉代各型墓葬的随葬品中，裸体陶俑出土不多。”汉景帝阳陵出土的汉代陶俑是“目前所见此类俑中时代最早的，把流行此式俑的时间提前了百余年”。[①]“阳陵汉俑裸体着衣，体量适中，艺术概括力强。”“在宽松欢洽的气氛中，阳陵汉俑形象生动，表情‘喜’多于‘忧’。”“阳陵汉俑体躯修长，有点苗条有余而丰盈不足，但比例匀称，各部合度，肌肉平滑圆润，也不乏胸

---

① 陕西省考古研究所汉陵考古队：《汉景帝阳陵南区从葬坑发掘第一号简报》，《文物》1992 年第 4 期。

腔宽大的健壮形象。”“头部是人体或动物体最能传达情感和特征的部位，通常都是艺术家努力表现的关键地方。”① 阳陵汉俑“俑头塑造尤工。五官端正、面相多样、和颜悦色、神采飞扬是阳陵汉俑给人最深刻的印象”。② 与秦兵马俑相比较，阳陵汉俑更为活泼生动，表现手段更加多样化。这些可以“从安装活动的臂膀，穿真实的衣服，雕塑肚脐，附添阳物等方面去体现”。③ 阳陵汉俑“陶制的身躯之外，还附加以木制的可以转动的双臂，从而增加了俑体的动感。另外又给陶木组成的俑体穿上丝绸衣服，进一步增强其动感……值得一提的是，阳陵汉俑制作者对于俑体生理特征的表现，这在秦俑里是压根儿没有的”。这种表现形式上的不同不仅反映了秦汉时代人们思想方法、审美情趣的变化，同时也是当时人们生活的高度写实，诚如王学理先生所言：“以高度成熟的写实主义手法塑造活生生的艺术形象，是阳陵汉俑最大特色之所在。”由阳陵汉俑与秦兵马俑的比较中，反映了汉景帝时代人们的社会生活较之秦代有了更大突破，已经从传统法制严酷统治下摆脱出来走向一种和谐，展现了宽松政治环境下人们生活中的乐趣。汉俑“喜”的表情、神采飞扬的面相也体现了一种较为健康、明朗的精神面貌，这种面貌正是那个时代大背景之下人们真实生活的反映。在阳陵南区从葬坑中还发掘有配备兵器的木质车马以及盛放有陶牛、猪、狗、羊等动物模型的木栏、木箱。此外还有铜质度量衡器、彩绘漆盘、石简以及饮食用具。这些文物的

① 黄倩茜：《秦兵马俑与阳陵汉俑艺术特色之比较》，《西北大学学报》2000 年第 4 期。

② 黄倩茜：《秦兵马俑与阳陵汉俑艺术特色之比较》，《西北大学学报》2000 年第 4 期。

③ 王学理：《中国汉阳陵彩俑》，陕西旅游出版社，1992 年版。

出土也从一个角度反映了当时丰富的文化生活。

汉景帝时代，学术上采取的是诸子学说兼收并蓄、百家争鸣的局面。汉景帝不仅与黄老之徒相交，同时还为儒家设立博士官。地处西南边远地区的蜀郡太守文翁“选郡县小吏开敏有才者张叔等十余人……遣诣京师，受业博士，或学律令”。[①]同时他还在成都办起学馆，开启地方官办学校的先声。

多元化的文化生活、积极进取的精神面貌正是经济恢复并得到极大发展以及政治稳定的反映，同时也是景帝百家并重统治思想在文化上最好的体现。

公元前 141 年，景帝驾崩于汉都长安未央宫，遗诏“出宫人归其家，复终身”，一个时代宣告结束。这个时代的统治者景帝作为封建王朝统治集团代表人物，自然有其压迫、剥削、奴役劳动人民的一面。但是他的励精图治、他的变革措施毕竟在历史画卷上写下浓厚的一笔，昭示着一个辉煌新时代的到来。“周云成康，汉言文景，美矣！”

① 《汉书》卷八十九《循吏传》。

第七章

文景之治给当时社会带来的负面影响

汉文帝和汉景帝都是我国历史上有名的皇帝，之所以如此，是因为二人执政时期，出现了经济发展、社会稳定、国泰民安的现象，被誉为文景之治。但是我们在研究历史时，必须实事求是，在对文景之治进行赞美的同时，也应该充分看到由于当时实行的无为而治政策，在促进社会生产发展的同时，由于放任自流，给当时的社会也带来了一定的负面影响。

在文景之治繁荣的背后，由于政策的原因带来一些问题。因为在无为政治下，放任自流，法网疏阔，给许多犯罪不法行为提供了契机。司马迁就说："当此之时，网疏而民富，役财骄溢，或至兼并豪党之徒以武断于乡曲，宗室有土，公卿大夫以下，争于奢侈，室庐舆服僭于上，无限度。物盛而衰，固其变也。"①

公元前 180 年，吕后离开了人世，文帝当上了皇帝。谨小慎微的他继续推行无为而治的政策，在选用官吏上，一方面继承了高祖、惠帝、吕后时期的传统，任用武力功臣为公卿，据史书记载："孝文即位，躬修玄默，劝趣农桑，减省租赋。而将相皆旧功臣，少文多质。"② 另一方面，他又适应时代变化

① 《史记》卷一百二十九《货殖列传》。

② 《汉书》卷二十三《刑法志》。

和统治的需要，对前代吏治有所创新。明确提出举贤良文学、贤良方正、举孝者、举廉吏的选官制度，从而使察举制正式形成。但是，这一时期的察举制尚不够完善。这是因为：第一，文帝时只发过两次求贤诏书，察举制还没有成为选官的主要途径。第二，国家没有建立必要的激励和制约机制，对积极举贤之公卿大夫、郡守、县令给予奖励、表彰，对不举贤者给予必要的制裁。因此，官吏多不奉诏举贤，甚至有一县而不举一人者。故文帝时通过察举选拔的官吏，特别是中、高级官吏为数较少。如第二次举贤诏下达后，策者虽有百余人，唯有晁错为高第，升迁为中大夫。而通过举孝廉进入仕途、名闻当世者，从现有资料看，只有冯唐"以孝著，为中郎署长"。[①] 后官至车骑都尉。尽管如此，察举制的正式形成，却是汉文帝对西汉，乃至中国封建社会选官制度的重要贡献。不过，统观汉文帝统治的23年中，其在吏治上的弊端也是不可忽视的，主要表现在：

其一，重厚重长者，而轻新进锐敏之士。文帝时，公卿多武力功臣，且多"少文多质"。如丞相周勃，高祖时功臣，但为人"木强敦厚""不好文学"；[②] 丞相申屠嘉，高祖时功臣，"刚毅守节，然无术学"；[③] 太子太傅东阳侯张相如，高祖时功臣，是"言事曾不能出口"的长者；[④] 太子太傅石奋"无文学、恭谨无与比"。[⑤] 任用这些不善口辩、不扰民的厚重长者，在崇尚黄老思想、实行无为而治的西汉前朝，无疑是营造安定

① 《史记》卷一百二《张释之冯唐列传》。
② 《史记》卷五十七《绛侯周勃世家》。
③ 《汉书》卷四十二《申屠嘉传》。
④ 《史记》卷一百二《张释之冯唐列传》。
⑤ 《史记》卷一百三《万石张叔列传》。

环境、实行休养生息政策的重要组成部分，本无可厚非。但问题在于文帝对有才能、懂治国之术的新进锐敏之士则弃而不用或不重用。这是他在吏治上的最大失误。比如贾谊少年英才，20 岁便被召为博士。“每诏令议下，诸老先生未能言，谊尽为之对，人人各如其意所出。”[①] “诸法令所更定及列侯就国，其说皆谊发之。”也正因为如此，文帝准备任其为公卿，但由于受到思想守旧的绛、灌、东阳侯、冯敬（时为御史大夫）的诋毁、反对，认为“洛阳之人，年少初学，专欲擅权，纷乱诸事”。文帝对此不加分析，盲目听从这些老臣的不实之辞，竟疏远贾谊，不仅不用其议，还把他贬谪到当时偏僻的长沙。对此刘向曾评曰：“贾谊言三代与秦治乱之意，其论甚美，通达国体，虽古之伊、管未能远过也。使时见用，功化必盛。为庸臣所害，甚可悼痛。”[②]

后来文帝虽然还召见贾谊，但“仅问鬼神之本”，并未得到重用。正如唐代诗人李商隐在《贾生》中所云：“可怜夜半虚前席，不问苍生问鬼神。”即不听从他的政治观念。以后贾谊又“数上疏陈政事，多所欲匡建”。但多数建议当时并没有引起文帝的重视，如“众建诸侯而少其力”，削弱诸侯王势力的建议，在贾谊死后四年，随着诸侯王势力的增长，羽翼的逐渐丰满，与中央政府的矛盾越来越大。文帝此时才想起贾生之言。借“齐文王死，无子”的有利时机，分齐为六国，分淮南为三国。一定程度上抑制和削弱了诸侯王的势力。

对于贾谊怀才不遇、郁郁寡欢、英年早逝，绛、灌、东阳侯、冯敬等老臣，固然有不可推卸的责任，但作为当时最高统治者的汉文帝亦难辞其咎。此外，上林苑虎圈啬夫之不被提

① 《汉书》卷四十八《贾谊传》。
② 《汉书》卷四十八《贾谊传》。

升，亦是文帝不重用人才的典型事例。虎圈啬夫虽不像贾谊那样才华横溢，且有在文帝面前显示才能之嫌，然而他对其主管的虎圈乃至整个上林苑中禽兽事了如指掌，对文帝提出的问题，对答如流。文帝很欣赏他，诏令张释之拜啬夫为上林令。但张释之以啬夫不是如周勃、东阳侯张相如那样的"言事曾不能出口"的长者，如果仅因其有口辩而破格提拔，就会使"天下随风靡靡，争为口辩而无其实。且下之化上疾于影响，举措不可不审也"。[①] 劝文帝收回成命。诚然，张释之的本意在于反秦之弊，杜绝"以亟疾苛察相高"的不良风气死灰复燃。但是，他却忽略了选任官吏最重要的应是看其是否能胜任其职，有无口辩并不重要。张释之不识其本，而求其末，认为有口辩者一定不能重用，而"言事不能出口者"即为长者。所以他宁要对工作没有责任，对其主管之事一问三不知而被文帝斥之"无赖"（不能依赖）的上林尉，而不提拔精通业务的虎圈啬夫，未免因噎废食。倘若按张释之的意思，岂不是连他自己也被否定了。因为在此事之前，他是以能"善言秦汉之得失"而得文帝重用的。在此之后，他又曾多次驳回文帝令其重判违法者的诏令，使文帝无言以对，表现了他非凡的胆识和雄辩的口才。如按其"言事曾不能出口"的标准来要求，岂不也应列入不能重用之列吗？汉文帝对张释之的意见不加认真分析，便轻易放弃自己正确的意见，"乃止拜啬夫"。

其二，文帝往往以一人之言提拔或罢黜官吏。他对官吏，即使是中高级官吏也缺乏了解，对他们的功过是非心中无数，往往以一人之言提拔或罢黜之。召罢季布就是典型的例证。季布为河东守，"人有言其贤者，文帝召，欲以为御史大夫。复

① 《史记》卷一百二《张释之冯唐列传》。

有言其勇，使酒难近。至，留邸一月，见罢。”[1] 季布对此进言道：“臣无功窃宠，待罪河东，陛下无故召臣，此人必有以臣欺陛下者。今臣至，无所受事，罢去，此人必有以毁臣者。夫陛下以一人之誉召臣，一人之毁去臣，臣恐天下有识闻之有以窥陛下也。”即使对元老重臣周勃也不例外。周勃对朝廷一向是忠心耿耿的，然而当其免相后，有人竟上书告他欲谋反。文帝不问青红皂白，下令逮捕周勃，送廷尉治之。可见其对大臣、特别是像周勃这样有大功于汉室的社稷之臣，缺乏最起码的了解和信任。无怪薄太后责之曰：“绛侯管皇帝玺，将兵于北军，不以此时反，今居一小县，顾欲反邪。”[2] 反映出文帝在用人上的随意性。

其三，重用佞臣。文帝有佞幸之臣三，邓通最为得宠。通“以濯船为黄头郎”。[3] 文帝仅因其像梦中推己上天者，便“尊幸之，日异”。常燕饮游戏通家，赏赐累巨万，官至上大夫。邓通本无什么才能，为上大夫后“不能有所荐士，独自谨身以媚上而已”。由于文帝的宠爱，邓通全不把大臣看在眼里，甚至对丞相也怠慢无礼。为此，丞相申屠嘉曾对文帝谏言曰：“陛下爱幸群臣则富贵之，至于朝廷之礼，不可以不肃。”[4] 文帝不听。甚至在听到看相人说邓通“当贫贱死”后，一向以节俭著称的文帝，却一反常态，竟慷国家慨，赐邓通蜀严道铜山，得自铸钱。从此后，“邓氏钱布天下。”

其四，对官吏多放纵而少教育惩戒。汉文帝对触犯自己切身利益的犯法者，多主张超过法律规定重判之。而对官吏、特

---

① 《史记》卷一百《季布栾布列传》。

② 《史记》卷五十七《绛侯周勃世家》。

③ 《史记》卷一百二十五《佞幸列传》。

④ 《汉书》卷四十二《申屠嘉传》。

别是亲近者，诸如诸侯王、外戚等虽犯大罪，亦多放纵宽容，不严加制裁。如大臣张武收受贿赂，文帝发觉后，不仅不加制裁，反而更加赏赐，名曰："女鬼其心。"从而助长了官吏的贪欲，使其竞相奢侈，"弃礼仪，损廉耻……逐利不耳，虑非顾行。"① 对贪暴骄横的诸侯王刘濞、刘长更是优礼有加。刘濞因太子事怀恨在心，"失藩臣之礼，称病不朝。"② 文帝不仅不加追究，反赐几杖，准其不朝，养痈遗患，为后来的吴楚七国之乱播下了祸根。对于刘长，因其是文帝之异母弟，自以为与文帝最亲，骄横不奉法。文帝从不对其进行教育、规劝。后来刘长竟以私怨杀辟阳侯，文帝又以至亲故，赦之。由于文帝的宽容放纵，当时自薄太后以及太子诸大臣皆畏惧刘长，刘长更加有恃无恐。"不用汉法，出入称警跸，称制，自为法令，拟于天子。"③ 尽管如此，文帝仍不惩处，仅让薄昭以书谏之了事，后终至反叛。可见淮南王刘长之反叛完全是文帝放纵的结果。正如爰盎所言："上素骄淮南王，不为置严相傅，以故至此。"④ 此外，文帝对舅父薄昭也是先放纵，假之以权，令其典兵，终至骄而犯上，杀汉使者陷于死罪。

其五，求直言极谏者的言论多不重视。文帝在位时，数次求直言极谏者，十五年诏令对策者言："朕之不德，吏之不平，政之不宣，民之不宁。"何谓直言极谏，晁错在对策中作了精辟的阐述："法之逆者，请而更之，不以伤民；主行之暴者，逆而复之，不以伤国。救主之失，辅主之过，扬主之美，明主之动，使主内无邪辟之行，外无骞污之名。事君若此，可谓直

① 《汉书》卷四十八《贾谊传》。
② 《史记》卷一百六《吴王濞列传》。
③ 《史记》卷一百一十八《淮南衡山列传》。
④ 《资治通鉴》卷十四。

言极谏之士矣。”[①] 据此，爰盎、贾山、贾谊等皆可谓直言极谏之士。此三人的共同特点是懂得治国治民之术，所谓“明于国家之大体，通于人事之终始”。故其谏言多能切中时弊，所言措施多切实可行。

贾谊在所上《治安策》中对当时国家所面临的问题及其应采取的对策作了周密而细致的阐述。所提问题之尖锐、分析之透彻、措施之得力，文帝朝所仅见。当时一些大臣乃至进言者都认为“天下已安已治矣”，而贾谊却“独以为未也”。他明确指出：“曰安且治者，非愚则谀，皆非事实治乱之体者也。”他们所说的安，犹如“抱火厝之积薪之下而寝其上，火未及燃也”。而“本末舛逆，首尾衡决，国制抢攘，非甚有纪，胡可谓治”。他对当时社会风气的分析更是精辟透彻：“今世以侈靡相竞，而上无制度，弃礼仪，损廉耻，日甚，可谓月异而岁不同矣。逐利不耳，虑非顾行也。今其甚者杀父兄矣。盗者寝户之廉，搴两庙之器，白昼大都之中剽吏而夺之金。矫伪者出几十万石粟，赋六百余万钱，乘传而行郡国，此其亡行义之尤至者也。”[②] 而大臣特以薄书期会为急，不知正风俗，厉行义，见怪不怪，以为是理所当然。他认为“国已屈矣，盗贼直须时耳”。在这种形势下，国家必须改变“毋动”“毋为”政策，否则后果不堪设想。他特别指出诸侯王势力的增长对国家的威胁最大：“天下之势病方大肿，一胫之大几如腰，一指之大几如股，平居不可屈信，一二指搐，身虑无聊，失今不治，必为痼疾，后虽有扁鹊，不能为已，病非徒肿也，又苦庾。”他认为“欲天下治安，莫若众建诸侯而少其力。力少则易使以义，国

① 《汉书》卷四十九《爰盎晁错传》。

② 《汉书》卷四十八《贾谊传》。

小则无邪心”。[1]

爰盎也针对诸侯王骄横不奉法而谏文帝，“诸侯王太骄必生患，可适削地”，[2] 以惩戒之。贾山则上《至言》，以秦为例，言治乱之道，以劝谏文帝。其言辞虽激切，然忠正之心溢于言表。如他谏文帝少与大臣游猎曰：“今方正之士皆在朝廷矣，又选其贤者使为常侍诸吏，与之驰敺射猎，一日再三出，臣恐朝廷之解弛，百官之堕于事也，诸侯闻之，又必怠于政矣。”[3] “今功业方就，名闻方昭，四方向风，今从豪俊之臣，方正之士，直与之日日猎射，击兔伐狐，以伤大业，绝天下之望，臣窃悼之。……愿少衰射猎。”遵古“大臣不得与宴游，方正修洁之士不得从射猎，使皆务其方以高其节，则群臣莫敢不正身修行，尽心以称大礼。如此，则陛下之道尊敬，功业施于四海，垂于万世子孙矣。诚不如此，则行日坏而荣日灭矣”。此外如晁错亦上书文帝，“言削诸侯事及法可更定者”。遗憾的是文帝对这些有远见卓识切实可行的谏言并没有引起重视，甚至造成“书数十上，文帝不听”。[4] 对直言极谏之士多敬而远之，不予重用。如爰盎“以数直谏不得久居中”。[5] 贾山上《至言》文帝虽终不加罚，然却以敢直谏，终未能被文帝所用。至于贾谊虽对文帝多所匡正，然终未得重用。文帝之不纳直言，不重直谏之士，在当时虽未酿成大祸，但却为后来的吴楚七国之乱，淮南、衡山王反叛播下了祸根。

文帝时之所以在吏治上会出现上述弊端，其原因是多方面

① 《汉书》卷四十八《贾谊传》。
② 《汉书》卷四十九《爰盎晁错传》。
③ 《汉书》卷五十一《贾山传》。
④ 《史记》卷一百一《袁盎晁错传》。
⑤ 《史记》卷一百一《袁盎晁错传》。

的。

其一，由于实行黄老无为政治。惠、吕、文、景时期，出于巩固统治的需要，当权者大力倡导黄老无为思想，即尽量少管事，循规蹈矩。其首倡者为曹参，早在他为齐相的时候，就用厚币请来“善治黄老言”的胶西盖公，采纳了他“治道贵清静而民自定”的意见，这种方针在齐国实行九年，使齐国大治。后曹参代萧何为汉之相国，便把黄老思想推行到全国。在选任官吏上“择郡国吏木诎于文辞，重厚长者，即召除为丞相史。吏之言文刻深，欲务声名者，辄斥去之”。[①] 对官吏无制度约束，“见人之有细过，专掩匿复盖之。”

据史书记载文帝“躬修玄默”“本好刑名之言”。其皇后窦氏“又好黄老术”。[②] 丞相陈平“好黄帝、老子之术”。[③] 与此同时，文帝还为太子先后配置了两位谨厚长者为师，使太子“及诸窦不得不读老子，尊其术”。[④] 朝廷上下形成了尊崇黄老之学的氛围。任官、施政皆以黄老思想为标准，即使文帝想任用一些有远见、有才能者为官，但因大臣已习惯于用黄老原则选官任吏，也只好作罢，是“贵因循而重改作”思想的影响。遵照曹参之任官标准，贬低、罢黜所谓“言文刻深，欲务声名者”，重用讷于文辞的谨厚长者。对官吏中存在的种种错误倾向，则一味迁就，听之任之，没有采取得力措施加以纠正。如十二年诏曰：“导民之路，在于务本。朕亲率天下农，十年于今，而野不加辟，岁一不登，民有饥色，是从事焉尚寡，而吏未加务也。吾诏书数下，岁劝民种树，而功未兴，是吏奉吾诏

---

① 《史记》卷五十四《曹相国世家》。

② 《汉书》卷八十八《儒林传》。

③ 《史记》卷五十六《陈丞相世家》。

④ 《史记》卷四十九《外戚世家》。

不勤，而劝民不明也。且吾农民甚苦，而吏莫之省，将何以劝焉？其赐农民今年租税之半。”① 从诏令中看出，文帝对官吏中普遍存在的不奉诏令、敷衍塞责、不关心民间疾苦等等不良倾向是清楚的。但并没有采取切实措施加以纠正，只是下令减少农民租税之半而已。甚至对官吏贪污受贿、中饱私囊者也不加惩处，其目的无非是造成一种不苛察的宽松环境，使百姓得以休养生息，巩固封建统治，这样便埋没了一些贤能之才。

其二，由于文帝本人的阅历、性格所决定的。

1. 经历和性格上的弱点。文帝母薄氏，高祖时无宠，“自有子后希见。”② 吕后专权时，高祖之诸幸姬如戚夫人之属，皆被吕后幽禁宫中不得出。“薄姬以希见故，得出，从子之代。”③ 为了免遭不测，文帝母子二人自然异常谨慎。故文帝自小养成了谨小慎微的性格。当吕后死，诸吕被诛，丞相陈平、太尉周勃、朱虚侯刘章等人使人迎立其为帝时，虽宋昌等一再劝谏，令其勿疑，然文帝母子二人仍犹豫未定。经占卜，才派舅父薄昭见周勃等人，直到薄昭回到代国，认为无疑，刘恒才进入长安。为天子后，文帝以其从藩王承帝统，威望与权势远不如前代皇帝。因此，面对实力雄厚的诸侯王及高祖时的武力功臣，格外谨慎。对称病不朝的吴王刘濞、骄横不法的淮南王刘长也格外优容；对公卿大臣优礼有加。史载“绛侯为丞相，朝罢趋出，意得甚。上礼之恭，常目送之”。④ 对大臣所言之事，有时虽有不同看法，却很少当面驳斥。正是这种经历和性格上的原因，才使其在选用官吏上，谨慎有余而魄力不

---

① 《汉书》卷四《文帝纪》。

② 《汉书》卷九十七《外戚传》。

③ 《史记》卷四十九《外戚世家》。

④ 《史记》卷五十七《绛侯周勃世家》。

足，多次轻易放弃自己正确意见而唯大臣之意是从。

2. 对问题的认识水平有限。文帝八岁时被封为代王，一年之后，刘邦病逝。在此之前，一直处于战争环境之下，当时的刘邦无暇顾及诸子的教育和学习问题。刘邦死后，吕后专权，排斥并陷害诸姬子。所以，刘恒从小就不能如后代王子，尤其是太子那样受到系统和严格的教育，缺乏严酷斗争实践的锻炼。这就使他的认识水平、处理问题的能力，既不如没有多少文化而有丰富实践经验的高祖刘邦，也不如自小受到严格教育有雄才大略的汉武帝。他不采纳贾谊、爰盎、贾山的建议，并不是因为他刚愎自用，而是由于他对当时社会矛盾日趋尖锐化、尤其是诸侯王问题的严重缺乏清醒认识，没有把这些问题与国家兴亡、政权巩固联系起来。正如贾谊所言，陛下对这些问题“不自忧”也。同样，在选任官吏上，唯大臣之意是从，是因为他的根基不稳，同时也与他缺乏主见和判断能力有关系。文帝由藩王而承帝统，对朝廷大臣及地方官吏了解较少，既不像高祖自起事后，与其下属同生死、共患难多年，对他们的一言一行了如指掌。也不像武帝等自小长在宫中，为太子时直接参与国家大政之决策，对朝中大臣及地方官吏的情况多有了解。加之文帝时还没有建立一套完善的考核官吏的制度，他虽曾派使者巡行郡国，但尚未成为定制。因此，他对官吏、特别是地方官吏了解不多，对他们的功过是非较少作出明确的判断，多是人云亦云。

而汉景帝刘启是位谨遵祖业、墨守成规的皇帝。在被号称“文景之治”的盛世中，景帝自己守成有余，而开拓不足。

文帝前元元年（公元前 179 年），立年仅 10 岁的长子刘启为太子，32 岁始即皇帝位，故而景帝在皇储位置上经过 22 年见习，应该说在政治上较为成熟。此时，西汉经过半个世纪的休养生息，已呈现出“海内殷富，兴于礼义”的景象，政权得到了巩固与加强。一些开国老臣相继谢世，旧的影响与阻力相对减少，按道理景帝这时完全可以按照自己意愿行事，以大展宏图。但是，景帝自幼在黄老思想熏陶下长大，其母窦太后对其训诫甚严，“不得不读《老子》，尊其术”，从而养成了安于现状、不思进取的消极惰性。对父祖两代治国之道谨遵无违，继续推行黄老政治，与民休息，轻徭薄赋，劝课农桑，减省笞刑，治狱务宽，修好匈奴，与之和亲等等。故而史称“孝景遵业”，是个典型的守成皇帝。

随着无为政治的实行，国家政权巩固、经济开始走向发展繁荣，艰苦创业过程已成为过去，政治上的腐败逐渐暴露出来。官场上勾心斗角、嫉贤害能、趋炎附势、阿谀奉承等已渐成风气。官吏的贪污受贿、经济犯罪等腐败行为时有发生。景帝在解决这些腐败问题上，往往表现出平庸而束手无策，从而致使政多失误。前元元年（公元前 156 年），景帝认为以前对于官吏受部下饮食吃请，处以免职，有些惩罚过重，而对于收受贿赂、投机倒把的经济犯罪活动，处以没收赃物或降职，惩训过轻，令廷尉与丞相重新更定惩治条令。规定政府官员和无职而食国家俸禄者，在其职权所辖范围内和所到之处，凡接受其属下饮食，必须计价付费，不许白吃白用，否则必予追究论处；官吏中有从事贱买贵卖经济活动者，皆以坐赃为盗论处，没收其财物；官吏调转或免职时，如果接收部下财物，一律处以夺爵免职，贬为庶民，无爵者罚金二斤，没收所受财物。为使这条法令得到认真贯彻落实，鼓励揭发检举，广泛监督，将没收财务全部赏给揭发检举者。

事实上，官吏的经济犯罪活动，远非几条法令所能禁绝，只要在官吏中混入唯利是图者，经济犯罪就会发生。因此，关键是要纯洁官吏队伍，提高官吏素质，肃清奸宄不法之徒。中元五年（公元前 145 年）以后，官场腐败又有新的发展，景帝承认："吏或不奉法令，以货赂为市，朋党比周，以苛为察，以刻为明，令无罪者失职"，"有罪者不伏罪，奸法为暴"。[①] 说明官吏互相勾结，有法不依，胡作非为，已经成为天下公害。后元二年（公元前 142 年）景帝又称有些官员"诈伪为吏，吏以货赂为市，鱼肉百姓，侵牟万民"。[②] 甚至有些县丞"奸法与盗盗"，官吏队伍极度不纯，祸国殃民事件层出不穷。景帝终于领悟须选廉士为官，认识到"其唯廉士，寡欲易足"，耻于货赂为市行为。于是放宽廉士为官条件，由原来交纳 10 万钱为官，改为 4 万钱，以便"无令廉士久失职，贪夫长利"，从根本上整顿官吏腐败。

景帝的平庸，还表现在官场角斗中，他是一个不称职的裁判，明显表现出偏袒所爱、助长歪风、轻信谗言、错杀忠良，这就必然导致奸佞用事，正义难张，给国家造成无法挽回的损失。

首先是丞相申屠嘉的被害。他是位资深老臣，以其廉直无私的高尚品德和勤于国事的政绩，由一介武夫而一步步升为百官之长。最初，随刘邦争霸天下，转战四方，以其勇武为一队之长，后升为都尉。惠帝时，任淮阳郡守。文帝时，出任御史大夫，再迁升为丞相。景帝即位后，继续以申屠嘉为丞相。但是，自晁错步入政坛后，以其深谋远虑，宏论巨识，事事关心社稷安危，取得文景父子信任，甚至经常单独与其议事，"幸倾九卿，法令多所更定"，使应司其职的申屠嘉被冷落。按职司，晁错仅是掌治京邑的内史，景帝不应经常使其越职议事，背上人微而言重的包袱，成为官场中的不祥之兆。由于景帝过分依赖晁错献计献策，终于引起申屠嘉不满和忌恨，于是展开

① 《史记》卷十一《教景本纪》。
② 《汉书》卷四十九《爰盎晁错传》。

明争暗斗。景帝前元二年（公元前155年），晁错的官邸内史府坐落在太上庙内墙与外墙中间，府门东向，出入不便，于是晁错便擅自将太上庙外墙凿通，改由南门出入。申屠嘉闻知此事后，认为晁错触犯刑律，大逆不道，欲据以诛杀之，以泄往日之愤。晁错得知这一消息后，立刻入宫拜见皇上，抢先言明此事，请皇上予以化解。待申屠嘉奏报晁错擅凿庙墙为门，按律当斩，请求交廷尉治罪时，景帝却对申屠嘉说晁错所凿不是庙墙，是庙外空地之墙，而且是他让凿墙为门，没有犯罪，不能绳之以法。既然景帝如此包庇晁错，申屠嘉只好作罢，谢恩退出，深悔没有先斩后奏，低估了晁错的诡计，轻信了景帝的英明。事后，申屠嘉一气之下，病卧不起，呕血而死。

七年过后，景帝长子临江王刘荣在太庙内墙外空地上建筑宫室，被送交中尉治罪，而景帝却不予过问，刘荣被逼自杀，两相对照，亲疏昭然，景帝对晁错的宠信超过了亲骨肉。申屠嘉死后，景帝任晁错为御史大夫，位列三公，使其名正言顺参与朝政。曾先后出任齐及吴相的爰盎，在官场角逐中，以多谋善断，敢为直言，博得皇帝和大臣的赏识，也蒙骗了许多善良的人。事实上，爰盎是个不学无术、善于投机、唯利是图的小人。为了保全自己，不择手段，以牺牲他人利益和性命，来换取自己的荣耀。他尤其不喜欢晁错，晁错也很讨厌他，两人势同水火，不共戴天。

晁错是景帝的忠实鹰犬，而爰盎自文帝时告官归家，至景帝即位后仍无进身机会，常游说大臣之间，兜售私智，取悦于人。晁错曾使人暗察爰盎任吴相时，私受吴王财物，为吴王开脱罪过，当依法治罪，奏请景帝批准。但是，景帝失于明断，诏赦其罪，仅免为庶人。

吴、楚七国之乱爆发后，再次勾起晁错要对爰盎治罪的念头。他认为爰盎受了吴王金钱，专门为吴王掩盖反情，声言吴王不反。而今吴王已反，爰盎一定知道吴王的阴谋计划，欲请皇帝批准审问爰盎，法办。消息传到爰盎耳中后，爰盎先下手为强，借景帝之手杀害晁错，使忠臣大为寒心。当时的校尉邓公对景帝说："吴为反数十岁矣，发怒削地，以诛错为名，其意不在错也。且臣恐天下之士箝口不敢复言矣。""晁错患诸侯强大不可制，故请削之，以尊京师，万世之利也。计划始行，卒受大戮，内杜忠臣之口，外为诸侯报仇，臣窃为陛下不取也。"最后景帝不得不承认："公言善，吾亦恨之。"① 对邓公看法表示赞同，后悔杀了晁错。再聪明的人也会有失误，何况是平庸之辈。但是，历史上无数奸佞，往往是利用君主的平庸以售其奸，从而使忠臣无辜蒙冤，成为平庸的牺牲品。

吴楚七国之乱爆发后，景帝按文帝"即有缓急，周亚夫真可任将兵"的遗言，令周亚夫为太尉，统帅大军平乱，不违父命。在平乱过程中，周亚夫出奇兵，扼要津，深壁垒，仅用三个月时间，便平定了吴楚七国之乱，不负文帝所托和景帝信用。至景帝前元七年（公元前 150 年），周亚夫以功劳、德望迁升丞相，更为景帝所倚重。但是，正直的人特别是像周亚夫这样的人很难适应官场纷乱如麻的矛盾，稍不留神就会落入陷阱。

汉景帝妻妾成群，有六位夫人为他生下 14 个儿子。这六位夫人都有资格立为皇太后，14 个儿子都有资格立为太子。但是，皇后和太子的位置仅仅只有一个。为了争取坐上这唯一的宝座，便成为后宫经常发生的最激烈、最残酷斗争的主要因素，而且使许多朝臣卷入宫廷斗争之中。最初，景帝立栗姬所生临江王刘荣为太子，王夫人所生刘彘为胶东王。于是，争当皇后和太子的斗争首先围绕这两对母子展开，经过种种阴谋狡

① 《汉书》卷四十九《爰盎晁错传》。

诈手段，令景帝由爱转恶，又以其所爱易其所恶，将太子废为临江王，以胶东王为太子、王夫人为皇后。在这场争夺储位斗争中，正直的周亚夫认为废立太子是天下头等大事，表示反对，于是景帝开始疏远周亚夫。另一方面，七国之乱时，周亚夫为争取全局胜利，不肯调兵援救梁国，使梁王与其母窦太后衔恨在胸，成为政敌，于是经常在景帝面前诋毁周亚夫，制造君臣不和。再者，王皇后通过窦太后建议封其兄王信为侯，周亚夫坚持“不有功不得侯；不如约，天下共击之”的祖训，反对封王信为侯，这样既得罪窦太后，更使王皇后怨恨。接着匈奴王徐卢等五人降汉，景帝欲封之为侯，周亚夫认为背主降敌、不守臣节之人，不可为侯，再一次违圣意．而景帝对周亚夫意见却不以为然，悉封徐卢五人为侯。周亚夫为坚持正义而得罪权贵，汉景帝不辨是非而不信任忠良，周亚夫只好称病辞职，离开官场。这正中景帝之下怀，立即宣布免去其丞相职务，令其回家养老。

周亚夫谢病免相后，心中始终难于平衡，很想找个机会发泄。不久，景帝在宫中召周亚夫赐食，入席后，周亚夫见桌子只有一大块熟肉，既未用刀切开，又没有筷子，心里很不是滋味，感到景帝是在戏弄自己，随即也就不客气起来，让侍宴的人取筷子来。景帝见状笑着对周亚夫说：这还不能使你得到满意吗？周亚夫立即脱帽谢罪，感谢皇帝赏赐，遂不欢而散。景帝望着周亚夫走出的背影，自言自语地说：“此鞅鞅，非少主臣也。”他认为周亚夫是一个桀骜不驯、不可辅佐未来的皇帝的臣子。同一个周亚夫，文帝却认为他可属大事，有缓急可任大将，并经过实践验证，文帝很有远见。但在景帝眼中，周亚夫则不可为少主之臣，被贬回家中，弃而不用。原因很简单，能臣须有明君驾驭，否则对能臣为维护朝廷利益而违圣意、逆龙鳞，被视之为以下犯上，不可信用。

周亚夫闲居家中，其子向朝廷制造兵器的工官尚方购买500甲盾，为其父周勃将来陪葬用。但在雇人往家运回时，却没有给雇工运费，从而引起雇工不满，遂向朝廷告发其盗买县官器具，景帝遂将此案交廷尉查处。廷尉揣知圣上旨意，定其死罪，以谋反案进行审问。周亚夫据实回答说：“臣所买器，乃葬器也，何谓反乎？”狱吏却说：“君纵不欲反地上，即欲反地下耳。”[1] 明确表示活人要替死后的鬼魂顶罪，加倍逼迫周亚夫招供。君让臣死，臣不得不死，周亚夫只好在狱中绝食五日，呕血而死，又一位忠臣含冤九泉之下。可以看出，文景时期虽然社会安定，经济发展，但由于实行的“无为而治”政策，加之文景两个皇帝个人的素质和水平等原因，导致出现了不少的社会问题。

① 《史记》卷五十七《绛侯周勃世家》。

第八章

文景之治时期的重要人物

第一节　窦太后

文帝去世后，刘启即位，而刘启的生母就是后来被尊称为窦太后的窦氏。她能成为皇后确有一些传奇。

窦氏的老家在清河郡观津县（今河北省武邑县东南）。当年吕后在世时，选天下女子入宫服侍自己，年轻的窦氏以清白人家女子的身份被入选宫中。当时宫中的宫女太多了，许多人无事可干。于是吕后便下令将宫中美女赐给各诸侯王，一个王赏五个妃嫔。窦氏就在这批被赏赐的人中，并被分到代国。当时代王刘恒早已有王后和不少的妃嫔了，可当代王刘恒一见年轻美貌的窦氏就迷上了，将原来的其他美人抛掷脑后。窦氏先是为代王生下一个女孩，取名刘嫖，后来又生下了两个男孩。

在窦氏到来之前，代王的王后已为代王生下四个男孩，可这个王后不久便去世了，窦姬的地位当然就提高了。等到陈平、周勃等诛灭了吕氏势力并迎立刘恒为天子后，按理说刘恒前妻所生的四个儿子应被立为太子，但这四个儿子相继早早离开了人世，这样太子的位置就只有留给窦姬的儿子了。母以子贵，窦姬也就成为皇后。于是窦皇后的其他子女也跟着发达起来。

窦皇后后来病了，而且病得很重，以至于眼睛都瞎了。但由于文帝另外宠爱的慎夫人等都没有为文帝生下儿女，从而使得刘启的太子地位比较稳当。文帝去世后，刘启当了皇帝，窦皇后也就成为太后了。

窦太后非常喜欢黄老思想，黄老思想在汉朝初年是一种比较合适的统治指导思想。由于太后喜欢这种思想，所以刘启以及其他臣子们都不得不读黄帝、老子的书，更重要的是按黄老思想办事，对于保持汉初的稳定，促进经济发展具有积极的意义。

受封建宗法思想影响，自司马迁以降，历代史官都概莫能外地将帝王后妃参与朝政、从事政治活动视为“牝鸡司晨”和“悖礼作乱”。尽管他们有时也承认“贤妃开国，嬖宠倾邦”，[①]有限度地肯定圣后贤妃在维护封建王朝政权方面做出的功绩，但更多的却是不加分析地一概否定后妃从事政治活动的合理性，对她们在社会历史进步过程中所起的积极作用视而不见，隐而不书，反而把“前古邦家丧败之由”，一股脑儿归罪于帝王的后妃们“宫闱不正”，[②]认为“陵夷大运，沦亡神宝”的责任，全在于“权归女主”。[③] 这些封建史学家们的偏见，千百年来一直主宰着历代学人的认知理性，影响着对帝王后妃参政实践的价值评判，使得一些在社会历史进步中产生过重要影响的帝王后妃们的历史形象模糊不清，甚至扭曲变形。

曾经帮助汉文帝和汉景帝一块开创文景之治局面的窦皇后，应该说对当时历史的发展起到了积极的作用，但是在史籍记载中孝文窦皇后最为史学家们诟病的有三件事。

---

① 《旧唐书·列传第一·后妃上》。
② 《旧唐书·列传第一·后妃上》。
③ 《后汉书》卷十《皇后纪上》。

其一，是她不但极“好黄帝、老子言”，而且迫使汉文帝“及太子诸窦不得不读《黄帝》《老子》，尊其术”。[①]

其二，是汉景之时，《诗》博士辕固生因说《老子》这部书是“家人言耳”，不符合窦太后的心意，窦太后便逼着让他到兽圈里去和野猪搏斗，差点丢了性命。

其三，是汉武帝即位初年，窦太后把提倡儒学治国的太尉窦婴、丞相田蚡就地免职，迫使赵绾、王臧等儒生自杀。[②]

单从这几件事来看，窦太后很显然是个好“清静无为”、不思进取，心胸狭窄，专权蛮横而又生性残忍的女人。那么，历史上的孝文窦皇后究竟是一个什么样的女人，她又为什么独独偏爱黄老刑名之学呢？如果结合西汉初期的社会经济状况，汉初的学术思想以及窦氏集团根本利益需要等诸多历史因素，深入考察孝文窦皇后所作所为的内在动机，我们就会解开她偏爱推崇黄老刑名之谜，对她在历史上的功过给予恰当公正的评价。

首先，楚汉战争之后，汉高祖刘邦所建立的西汉王朝面临的经济局面是衰败的。据《史记》《汉书》等史籍记载，经过八年战争的残酷破坏，战国时期的万户大邑到汉初时存留的人口不过二三千户，人口剧减而且经济已到崩溃边缘，就连贵为天子的汉高祖，也为自己的马车配不齐四匹颜色一样的马匹。与此同时，雄霸一方称王的韩信、英布等人，企图割据一方，或者趁机起兵欲争皇权，成为封建统一的障碍，刘邦为消灭异姓割据势力而疲于奔命，征讨不息。为了恢复封建统治秩序、发展封建经济、维持和巩固西汉新生政权，刘邦以黄老刑名之学“清静无为”哲学思想，作为封建统治的政治指导思想，实

① 《史记》卷四十九《外戚世家》。
② 《史记》卷十二《孝武本纪》。

施“与民休息”的开明政策。与此同时，汉高祖刘邦一方面让萧何、张苍等人制定法令、历法及度量衡制式，让叔孙通制定礼仪。另一方面积极采取招募官僚、压抑商贾、和亲匈奴等措施，极力安抚社会各阶层，以维护社会稳定。尤其是在对待农民问题上，刘邦制定税率为“十五税一”，减轻农民负担，恢复农业经济生产。汉高祖刘邦在位七年，他实行的与民休息的政治方针，给汉朝的兴盛奠定了坚实的政治基础。继汉高祖之后的汉惠帝，实际操纵政权的吕后，任用黄老刑名大师盖公的弟子、建国功臣曹参为丞相，曹参更是坚定不移地执行与民休息的基本国策，他劝欲有所为的汉惠帝“垂裳而治”，以无为而达到有为的目的，为西汉初年的政治稳定、经济繁荣做出了应有的贡献。在这种“清静无为”政治思想已成为朝野上下相对统一共识的政治氛围里，作为长期浸淫其间的帝王后妃，孝文窦皇后不可能不受其影响，也不能不看到黄老刑名之学对恢复西汉初期经济所产生的积极影响。因此，当她被立为皇后之后，为了政治上的安全和出于对汉文帝皇权巩固的考虑，她可能是有意识地遵从祖法，推崇黄老刑名之学，将其作为汉文帝的政治思想和窦氏家族的崇信对象。

其次，就汉初的学术发展状况来看，黄老刑名之学此时已高居于儒、墨、法、阴阳五行等诸说之上，它的尊崇地位是历史的必然选择。范文澜先生曾一针见血地指出，儒学在这一时期的落败，最根本的原因是儒学“思想上还拘泥于残余的领主制度，不能完全符合新的地主统治的需要”。此外“儒家还是各种学派中的一派，不能吸收各种学派，使统一到儒家学派中来”。[1] 从汉武帝即位初年，儒家学派赵绾、王臧等人“欲设

① 范文澜：《中国通史》第二册，人民出版社，1978 年版。

明堂，令诸侯就国”[1] 等急功近利、好是古而非今的行政举措来看，儒家在朝中的代表人物们显然没有看到儒学中与汉初统治者需要相违悖的地方，因而“不达时宜”，招来被黜迫杀的灾祸。而法家此时已因其在秦之时施行“严刑峻法”导致秦朝短命而亡，而为士人们所抛弃，阴阳五行家也因其虚渺诡异而声名狼藉，墨家已失传人。和汉初诸家学派相比，黄老之学“清静无为”的哲学思想和“刑以战之”，“德以守之”以刑德为核心的思想体系，更能适应汉初社会各阶级的政治需要。顾颉刚先生指出，西汉初年的统治者们把“黄老之言”作为经国治世的政治指导思想，是“很适合于当时的社会条件的”。[2]从这个角度上说，黄老之学在西汉初期高居庙堂之上，而作用于万里邦国，是“正当其时”的历史厚爱。孝文窦皇后不逆历史潮流，顺应时势，身历文、景、武三代帝王而始终如一地将黄老之学作为治国施政的指导思想，这说明她并不是一个权力欲极强而又不学无术、昏聩残暴的恶妇，而是一位有着清醒政治头脑、稳操政治航舵的女政治家。

再次，我们还应从孝文窦皇后的出身经历和窦氏政治集团的内部关系去考察孝文窦皇后尊崇黄老刑名之说的原因。据《史记》外戚列传载，孝文窦皇后最初以“良家子”入宫侍奉吕后，后因吕后遣散宫人而得以侍奉薄太后之子，时为代王的汉文帝刘恒。窦氏以子刘启立为太子而贵为皇后。窦皇后少时家贫，其弟窦广国曾为人掠卖为佣。她的父母很早就去世了，直到她尊为皇后，才被薄太后诏封为武安侯和安成夫人。也正因她贵为皇后，窦氏家族中才有三人被封为侯。此外，由于汉文帝能够以代王（藩王）身份被立为帝，主要是趁当时有资格

① 顾颉刚：《秦汉的方士与儒生》，上海古籍出版社，1998 年版。

② 顾颉刚：《秦汉的方士与儒生》，上海古籍出版社，1998 年版。

立为皇帝的皇子废黜殆尽的空缺而侥幸继位。继位时，汉文帝战战兢兢，几次辞让，以探虚实祸福，然后才登上帝王之位。窦氏家族既非显赫功勋世家，又非豪绅巨族。文帝久为藩王，朝内尚无亲近股肱之臣，且以藩王登帝位，难免朝中先帝功臣有怠慢之心。所以，仅就窦氏家族来讲，要保持已有荣华和既得利益，就必须依仗汉文帝的皇权的牢固，而要保持汉文帝的皇权，就要在政治思想上与先皇，尤其是汉高祖制定的政治路线保持一致，对统治阶级内部实行宽松的安抚平衡之策，以求得最广泛的支持。同时也可显示出汉文帝尊先帝的政治风范，借以驾驭群臣，安定社稷，从而确保窦氏家族利益的最大化实现与政治上的稳固。从《史记·外戚世家》的记载中，我们就会看到，窦太后显然是吸取了吕太后临朝执政，欲以吕氏代刘氏的惨败教训，虽然她也有这种野心，或者这种权力欲望，但她是更巧妙地坚持了汉高祖以来“清静无为”政治思想，来达到她的政治目的。因此，无论是谁要对黄老刑名之说显出些许不敬，她便毫不留情地予以严惩。

综上所述，我们就不难理解孝文窦皇后为何钟情于黄老刑名之说，也就不难理解她为何如此冷酷地对待她的侄儿等人了。事实上，《诗》博士辕固生与窦太后关于儒家与道家孰优孰劣的争论，严格说来，并不只是一种纯粹的学术之争，也许辕固生作如是观，但作为政治家的窦太后决不会是这样看的。因为辕固生的话，除过语气不恭外，更重要的是他触动了孝文窦皇后最敏感的政治神经，谁要从政治思想上彻底推翻她，她岂能饶你？所以窦太后便让辕固生去和野猪搏斗。到底是汉景帝开明些，给了他一把好刀，才侥幸捡回了一条性命。至于罢免窦婴、田蚡的丞相职位，表面看来是窦、田二人要提倡儒学才惹得窦太后生气，实际上是窦、田二人支持的，由赵绾、王臧奏请实施的“立明堂，令诸侯就国”等举措，侵害了相当大一部分既得利益者的权益，将会造成新的政治风波，扩大矛盾。于是窦太后才采取果断措施，予以“釜底抽薪”式的制止。由此可以看出，谁要是从根本上违反或触动她所坚持的“无为而治”的思想路线，对黄老刑名之说稍有不敬，都概莫能外地予以坚持打击。哪怕你是皇亲国戚，或贵为天子，同样严惩不贷。

窦太后尊奉黄老刑名之说，对当时社会的发展是有益的。她强令汉文帝及太子诸窦读《黄帝》《老子》之书，从思想上给予强力灌输，这就为黄老之学能够长期占领上层建筑领域，为统治阶级的政治路线提供了坚实的思想保证。从汉文帝、汉景帝施政实效以后，这种强力灌输和独尊黄老的做法，的确是起到了正本清源、固其根本的积极作用。据史料记载，窦太后做汉文帝的皇后、汉景帝的母后、汉武帝的祖母，在位 44 年间，一直以各种方式影响并始终坚持尊崇黄老无为之学，为西汉初期社会经济繁荣和政局稳定做出了突出贡献。

汉景帝末年，朝廷官仓和钱库里堆满了粮食铜钱，由于堆积过多而粮腐钱朽的事实，有力地说明孝文帝窦皇后是一个有着清醒政治头脑和战略目光的女政治家。当然，窦太后所坚持推行的黄老之学“无为而治”的大政方针，也满足了新兴的封建地主阶级的政治和经济欲望，尤其是窦氏外戚集团更是获得巨大利益，仅窦氏一门，就有三人封侯。窦家子弟仗势作恶，横行无法成为国家祸患。

如果我们客观地看待孝文窦皇后在当时的所作所为，就可以看到，窦太后始终坚持黄老清静无为政治思想，显然是功大于过的，是一个杰出的女政治家。

第二节　贾谊

贾谊（前200—前168），洛阳（今河南洛阳市）人，为西汉初年著名的思想家、政治家、文学家和史学家。贾谊的思想，主要见诸其所作的《新书》、赋及《汉书》载录的诸篇奏疏。在贾谊的思想体系中，对历史的认识思想无疑是其重要组成部分之一，也是其精华部分。

作为汉初著名的思想家和政治家，贾谊非常重视通过对历史特别是秦王朝历史治乱兴衰的考察，从而为汉初统治提供借鉴，以期达到巩固这个新兴政权统治的目的。贾谊关于历史盛衰之理的认识，主要反映在他对秦朝历史盛衰之理的考察和认识。贾谊的思想主要体现在以下几个方面：

一、对秦速灭原因的认识

“过秦”是汉初思想家讨论的重要问题之一。这一时期的政治家、思想家和史学家们，都很重视探讨、总结秦朝兴亡的历史教训，纷纷发表自己的过秦之论。陆贾是汉初最早注意总结历史经验教训的思想家和史学家，他通过对历史特别是秦朝历史治乱兴衰的考察，提出了“逆取而以顺守之”的思想，在当时的政治和思想领域产生了重要影响。

贾谊的“过秦”之论，显然与陆贾的影响是分不开的。同时，与其学术渊源有很大关系。据《史记》载：贾谊师事吴公，又据唐人陆德明《经典释文叙录》载，贾谊还师事张苍。而作为汉初大臣的张苍，曾经做过秦朝御史，他对贾谊讲学时也会讲到秦朝历史教训的。这种说法是很有见地的。贾谊共作过三篇《过秦论》，被收录于《新书》之中。他的“过秦”之论，虽然有值得商讨之处，但可以称为汉人对秦之过的代表性政论或史论。

首先，贾谊认为秦的兴盛是势所必然。关于这一点，贾谊在《过秦论》中有大量的论述。他指出：早在秦孝公时，秦国就已有吞并天下之心。他一方面“据崤函之固，拥雍州之地，君臣固守”，一方面则重用商鞅，“内立法度，务耕织，修守战之具，外连横而斗诸侯”。从而逐渐取得秦对东方六国战略上的优势。孝公之后，惠文王、武王、昭襄王又遵其“遗策”，攻城掠地，秦国的实力因此而不断壮大。孝文王、庄襄王虽然在位时间短，却也国家无事。及秦始皇即位，他“奋六世之余烈，振长策而御宇内”，终于“吞二周而亡诸侯”，完成了国家的统一。贾谊认为：秦始皇为巩固这一统一大业，又采取了一系列措施。一是“愚黔首”，即“废先王之道，焚百家之言”；二是“弱黔首”，方法是“堕名城，杀豪俊，收天下之兵，聚之咸阳，销锋镝，铸以为金人十二，以弱天下之民”；三是加强军事，以“良将劲弩，守要害之处”。

秦始皇通过这一系列举措，自以为建立了“子孙帝王万世之业”。可以说，秦的国势此时已至鼎盛。贾谊认为：秦的兴盛并非偶然，而是势所必然。他明确将这种“势”归结为两种，一种是“形势”（或称“事势”），一种是“地势”。认为前者是秦的统治者通过主观努力而创造的；后者则指秦国的自然地理环境。以“形势”而言，贾谊认为秦在孝公时期就开始取得了对六国的优势，而依法治国、奖励耕战的内政方针和合纵连横的外交政策，正是取得这种优势的根本保证。孝公以后的历代秦君，一直秉承了这种治国之策，从而也使秦对六国的优势不断扩大，以至最终得以剪灭六国。当然，秦的兴盛与秦国所处的得天独厚的地理环境也分不开，也就是说，“地势”优越也是秦得以兴盛的一个重要因素。《过秦论》开篇即言“秦孝公据崤函之固，拥雍州之地，君臣固守，以窥周室”，将地理位置的优越作为秦得以窥视周室的重要原因之一。《过秦论》也说："秦地被山带河以为固，四塞之国也。"认为秦之所以能"常为诸侯雄"，"其势居然也"。而反观六国，则"形不利、势不便"，他们集大兵攻秦，却总是"困于险阻而不能进"，结果秦国未费一矢一镞，而六国军队却已困乏。秦始皇统一天下以后，还非常重视利用"地势"的作用。他"践华为城，因河为池，据亿丈之高，临百尺之渊以为固"。以此来巩固秦帝国的统治。

其次，贾谊认为秦的败亡在于仁义不施，逆势而行。秦统一以后，国势可谓盛极一时。这个庞大的帝国"以六合为家，崤函为宫"，"金城千里"。其地势之优，国土之广，古之未有。同时，秦始皇还采取了一系列"愚民""弱民"和军事防御措施，更使秦帝国表现出了前所未有的强大。然而，这个在秦始皇看来已是固若金汤的帝国，却在他死后不久便迅速土崩瓦解了。秦帝国的迅速败亡，其原因究竟何在，自然会引起后人的深思。作为思想家和史学家的贾谊，经过对秦朝历史的反思而提出了自己的看法。他说：秦"以六合为家，崤函为宫。一夫作难而七庙堕，身死人手，为天下笑者，何也？仁义不施而攻守之势异也"。在贾谊看来，秦朝已是铁桶江山，却被"才能不及中人"的"迁徙之徒"陈胜振臂一呼，就土崩瓦解了。原因在于秦朝的帝王们不懂得根据进攻与固守的形势不同，而采取不同的治国之术。他们陶醉于已往的成功，继续以诈力进行统治，而不懂得及时改变统治术，施仁心，行仁政，以此获取民心。那么，秦统一天下以后的形势究竟如何？秦朝统治者又是怎样逆势而行的呢？

众所周知，自东周以来，随着周室卑微，政权下移，先是春秋五霸逞强，接着则是战国七雄相争，数百年间，天下战火不断，民不聊生。秦始皇消灭六国、统一天下以后，"天下之士，斐然乡风”，“莫不虚心而仰上”。[①] 老百姓拥护秦始皇，对他寄予了很大的希望，希望他能从此与民休息，恢复生产，从而使他们得以过上安居乐业的生活。在贾谊看来，这就是当时的民情，就是当时的国势。然而，秦始皇自以为完成了统一天下的大业，功高可比三皇、五帝，便志满意得了，一意孤行起来。他不懂得兼并可靠武力，而稳定则需要文治，取与守不同术，还一如既往地“行自奋之智”。他无视当时的民情，逆势而行。秦始皇此时的所作所为，正如贾谊所说：“秦王怀贪鄙之心，行自奋之智，不信功臣，不亲士民，废王道而立私爱，焚文书而酷刑法，先诈力而后仁义，以暴虐为天下始。”[②]

在贾谊看来，秦始皇“行自奋之智”的主要表现，一是不信功臣，刚愎自用；二是灭除王道文化，不施仁义与民，而以诈力、酷法暴虐天下。当然，秦始皇逆势而行的结果，则是刚刚脱离战火之苦的广大人民，又重新承受着秦王朝严刑酷法和繁重赋役的暴虐。秦二世的即位，贾谊认为这是秦王朝改弦易辙的又一个好机会，因为“劳民易为仁”。贾谊说：“今秦二世立，天下莫不引领而观其政。夫寒者利裋褐而饥者甘糟糠。天下嚣嚣，新主之资也。”贾谊认为这就是当时天下之“势”。在贾谊看来，秦朝百姓已经劳苦至极。此时，新主秦二世只要稍稍施惠于民，天下百姓就会感恩戴德了。然而，秦二世并没有按照贾谊想的那样去做，而是逆势而行，“重以无道，更始作阿房之宫。繁刑严诛，吏治刻深，赏罚不当，赋敛无度，天下多事，吏不能纪，百姓困穷而主不收恤。然后奸伪并起，而上下相遁，蒙罪者众，刑戮相望于道，而天下苦之。”[③]

---

① 《史记》卷六《秦始皇本纪》。

② 《史记》卷六《秦始皇本纪》。

③ 《史记》卷六《秦始皇本纪》。

正是由于秦二世的逆势而行，使得秦朝的百姓生活雪上加霜。也正因此，才会出现陈胜大泽起义而天下响应的局面。当子婴被立之时，秦王朝的局势已岌岌可危。然而，此时的子婴却无良臣辅佐，根本无法支撑住这座将要倾倒的大厦。曾经不可一世的秦帝国，终于在公元前209年陈胜起义后，仅过三年就被推翻了。

对于秦的灭亡，贾谊颇有感慨，他指出："秦王足己而不问，遂过而不变。二世受之，因而不改，暴虐以重祸。子婴孤立无亲，危弱无辅。三主之惑。终身不悟，亡不亦宜乎？"①这段话道出了秦朝灭亡的一种历史必然性。

二、以民为本的思想

民本思想在中国起源很早，而最先对此进行系统阐发的要数周公。他的"敬德保民"思想对于先秦的政治史和思想史都产生过重要影响。时至春秋战国，民本思想则主要成了儒家学派的重要思想。孔子、孟子和荀子都对这一思想进行过系统阐发。孔子的富民、化民思想，孟子的"民贵君轻"论和荀子的"天立君以为民"的思想，都是中国政治史和思想史上的宝贵财富。

汉初的贾谊承继了先秦思想家的这份宝贵思想遗产，并结合自己关于历史的考察，对这一思想作了进一步的发挥，而使之成为其历史思想的重要组成部分。首先，贾谊明确提出了"民无不为本"的思想。贾谊对他的这一思想进行过集中而系统的阐述。

其一，贾谊认为以民为本的主体应该包括国家、君主和官吏。也就是说，以民为本不只是君主要有这种认识，官吏也要

① 《史记》卷六《秦始皇本纪》。

有这种认识，它们都应该以民为本。

其二，贾谊认为国家、君主和官吏不仅要以民为本，还要以民为命、以民为功、以民为力。“本”“命”“功”和“力”这四个概念的集中使用，更为系统地、全面地表述了民在国家政治治理中的重要作用。贾谊警告统治者不要与民众为仇敌。他指出：“自古至于今，与民为仇者，有迟有速，而民必胜之。”之所以如此，是因为“故夫民者，大族也，民不可不畏也。故夫民者，多力而不可适也”。[①] 贾谊认为老百姓占人口的绝大多数，是“大族”，不可不畏；同时，老百姓还“多力”，是生产劳动者，君主和官吏都要靠他们养活。贾谊借古人之言说：“一夫不耕，或为之饥；一妇不织，或为之寒。”由此可见，离开了民众之“力”，就没有衣食之源，国家也就无法存在。贾谊认为国家的灾与福并不完全取决于天，多半是取决于民，取决于君主对民的态度。统治者是否贵富，要以民众是否贵乐为标准，而民众是否贵乐，取决于统治者是否给民众带来福和财。

其三，贾谊主张要仁爱民众。他认为：既然老百姓是国家的根本，因此，要想固此根本，统治者就必须要仁爱民众。贾谊认为，古代圣君之所以能平治天下，关键是他们都有一颗仁爱之心。贾谊还以楚昭王“当房之德”为例，说明统治者具有仁心的重要性。相反，贾谊认为，如果统治者不仁爱民众，就决不会有好的下场。如商纣王就是一个典型的例子。春秋时期的卫懿公也是一个不仁爱民众的昏君。《新书》一书举了很多统治者仁爱民众的正反两方面的事例，之所以不厌其烦，旨在强调统治者仁爱民众的重要性。

其四，贾谊强调要力行仁政。贾谊认为：统治者以民为

---

① 《汉书》卷四十八《贾谊传》。

本，不仅只是凭着一颗仁爱民众之心，也不仅只是靠几件仁爱民众之举，而必须要力行仁政。当然，仁心又是仁政得以推行的前提或条件，统治者没有爱民之心，也就不可能有爱民之政。那么，仁政的内涵主要有哪些呢？其一要富民。贾谊认为，古圣王都是视利民为最大政治，民最大之利莫过于丰衣足食。因此，利民之政也就是富民之政。贾谊认为，富民的最好办法莫过于重本轻末，重农抑商。在贾谊看来，商业的发展，只会导致国家的贫困。道理很简单，因为商人们生活奢侈，他们不去耕织，却衣着锦绣，饮食精美。他们只是消费财富，而不去创造财富。贾谊重本轻末、以农致富的思想，一方面是对传统儒家重农思想的继承；另一方面也是顺应了汉初与民休息、发展生产这一总体国策的需要，因而具有积极意义。但他以抑商作为重农的前提条件，将农商对立起来，对社会商品经济的发展是有消极影响的。与以农富民思想相适应，贾谊还提出了"积贮"思想。积贮就是蓄积粮食，以备灾荒。贾谊认为：重视积贮是古圣王的一条成功的治国经验。而反观当时国家的积蓄情况，贾谊忧心忡忡。他说："今汉兴三十年矣，而天下欲屈，食至寡也。"[①] 他希望汉文帝对此要引起高度重视，早作打算，不要等到困穷至极之时才来图虑，那就为时太晚了。贾谊依靠积贮以备灾荒的思想，对于保障小农经济和稳定封建统治是有积极意义的。其二慎刑罚。贾谊认为，暴政与仁政的主要区别之一是暴政繁刑严诛，而仁政则约法省刑。

《过秦论》分析秦朝灭亡原因时指出，秦朝统治者"繁刑严诛，吏治深刻，赏罚不当"，致使"蒙罪者众，刑戮相望于道"，臣民皆"人怀自危之心"。正是由于秦朝的这种暴政，才最终导致了这个封建王朝的迅速溃败。贾谊认为，历史上一些

---

① 《汉书》卷四十八《贾谊传》。

滥用刑罚的统治者，最终都与秦朝统治者一样没有好下场。夏桀、商纣就是如此，他们滥作酷刑而国亡身死，楚平王亦是如此，他无罪而杀伍子胥之父伍奢，结果导致伍子胥率领吴国军队攻占楚都郢，楚昭王失国而奔，平王本人也遭掘墓鞭尸之辱。对于昭王之祸与平王之辱，贾谊明确说道："楚平王怀阴贼，杀无罪，殃既至乎此矣。"[①] 正是由于刑法的使用直接关系到国家的治乱兴衰，贾谊才奉劝统治者对之一定要慎之又慎，他甚至主张统治者宁失之有罪，也不可滥杀无辜。按照贾谊的说法，统治者在通常情况下要用仁义治国，而在非常时期则应用权势法制。他认为当时的诸侯王问题就是一个需要统治者运用"斤斧"才能解决的问题，因为它已迫在眉睫，已经构成了对中央集权的严重威胁。贾谊有时还以礼、法对称，说明它们的不同作用。他说："夫礼者禁于将然之前，而法者禁于已然之后，是故法之所用易见，而礼之所为生难知也。"[②] 在此，礼与仁其义略同。由此可知，在贾谊看来，法不仅可以与仁、礼互补，法还与仁、礼起着不同的作用。

三、以礼治国的思想

礼治思想是先秦儒家政治理论的重要内涵。儒家创立者孔子既重视仁，也重视礼。他视仁为一种自觉的道德，而将礼作为一种人伦规范。孟子发展了孔子仁的学说，而提出了一套系统的仁政理论。荀子则对孔子礼的学说作了发展，使礼成为其学术的核心观念和中心思想。西汉立国之初，陆贾有鉴于亡秦教训，着重强调了以仁义治国的重要性。然而，随着这个新兴政权各种失序现象的逐渐暴露，作为继陆贾之后的思想家，贾

① 《汉书》卷四十八《贾谊传》。

② 《汉书》卷四十八《贾谊传》。

谊敏锐地觉察到了这一问题的严重性。因此，他在强调力行仁政的同时，提出了以礼治国的主张。可以说，与上述大儒相比，贾谊则更为全面地对孔子的学说作了继承和发展。贾谊的礼治思想内容丰富，他以其独特的历史视角对礼治的必要性进行了论证。同时结合汉初的社会现状提出了自己的具体礼治主张。

首先，关于礼治的历史考察。贾谊的礼治论不是一种纯粹的思辨理论，而是一种考实性的历史理论。他是通过对先秦历史特别是秦朝历史的考察之后提出他的以礼治国理论的。贾谊认为：古圣王之所以能教化民众、平治天下，与他们重视礼治是分不开的。在贾谊看来，三代道德风尚的养成，是三代重视礼治的结果，在谈到商、周为何长久而秦为何短祚时，贾谊认为商、周国运长久，与二朝重视用礼规范太子有很大关系。《礼篇》记载了太公望不让太子姬发吃鲍鱼之事，在太公望看来，像食鱼这样的小事，如果不合于礼，也是不允许的。《保傅篇》则对商、周二朝如何教导太子有详细叙述。如太子初生就“举以礼”，养其“孝子之道”。少长则以五学（东学、西学、南学、北学和太学）相教；成人后“则有司直之史，有亏膳之宰”。所以贾谊说：“殷、周之所以长久者，其辅翼太子有此具也。”这个“具”指的就是礼义教化。贾谊也从礼治的角度对秦王朝的灭亡作了探讨。

在贾谊看来，秦朝的灭亡既是“仁义不施”的结果，也是“违礼仪”的结果。他认为，早在秦孝公时期，重用商鞅变法，使秦国国富兵强的同时，也埋下了后来帝国覆灭的种子。贾谊以卫道士的口吻斥骂秦人伤风败俗、不讲伦理，与禽兽没有什么差别，并明确指出秦人风俗败坏是商鞅推行法治而违逆礼义的结果。认为秦人以法治国，以力逆取天下，只是“功成而败义”，而无义之功是不可能长久的，秦统一后“十三年而社稷为墟”，足以说明这一点。《俗激篇》认为由于秦“四维不张”，从而出现了社会等级秩序失衡的现象，并因此最终导致了国家的败亡。《保傅篇》则具体讲到了秦俗对于秦二世的影响。由此来看，秦王朝的迅速败亡，与其长期以来违礼义，从而导致社会的全面失衡是有很大关系的。贾谊的这种观点是成问题的。实质上，秦王朝的灭亡原因是复杂的。[①] 其主要原因是秦王朝的举措暴政、大兴土木造成的，与秦实行法治没有太大的关系。关于这一点，笔者在前文秦快速灭亡的原因中有具体的论述，在此不赘。

贾谊通过对礼治的历史考察所得出的基本结论是：三代圣王依靠礼治而平治天下、国运长久。秦朝违礼治虽能获取了一时的成功，却终究落得个“十三年而社稷为墟”的下场。由此他认为，统治者要想长治久安，就必须要以礼治国。

其次，关于礼治的基本主张。其一是要建立君尊臣卑的等级秩序。在贾谊看来，礼的作用就是要确立等级秩序。而在众多的封建等级秩序中，首先要确立的则是君尊臣卑的等级秩序，这是由君主在社会政治生活中所处的特殊地位所决定的。贾谊认为，只有牢牢确定起君尊臣卑的等级秩序，以使上下相安，从而才能最终保证社会统治的稳定。《阶级篇》则以堂喻君，以陛喻臣，以地喻民，来说明君、臣和民的贵贱等级关系。堂高依靠陛阶，君尊依靠等级。“高者难攀，卑者易陵”，这是自然之势。很显然，在贾谊的这种君尊臣卑论中，已经掺进了先秦法家慎到之流的保权势的思想。

其三要“体貌群臣而厉其节”。从等级关系立论，贾谊主张君尊臣卑，而从养育大臣廉耻礼节立论，贾谊又主张要尊重

① 徐卫民：《秦隋速亡原因比较研究》，《陕西师范大学学报》1997 年第 1 期。

大臣。在贾谊看来，二者并不矛盾，而是相辅相成的。因为只有君主尊重大臣，才会使大臣在吏民面前有权威、立廉耻，从而才能树立起尊尊贵贵的等级原则。同时，也只有大臣厉行廉耻，才会视尊敬君主为天经地义之事。贾谊认为大臣犯法为何不应受刑辱，原因就在于大臣是君“尝宠”、民“敬畏”之人。正是由于大臣是君之“尝宠”。因此，贾谊认为刑辱大臣也有损于君主的权威。在《阶级篇》中，他将君与臣的关系比做器与鼠的关系，用“投鼠忌器”对此作了论说，鄙谚曰：“欲投鼠而忌其器。”此善喻也。鼠近于器尚惮而弗投，恐伤器也，况乎贵大臣之近于主上乎！廉耻礼节，以治君子，故有赐死而无戮辱。这段话出自文帝四年所上的奏疏中，而这个奏疏是贾谊有感于大臣周勃系狱受辱而作的。据《汉书》载，汉文帝对这篇奏疏颇有感悟，并“深纳其言，养臣下有节。是后大臣有罪，皆自杀，不受刑”。[①]

其四要以礼化俗。贾谊认为社会风俗的好与坏，直接关系到一个国家的稳定。在他看来，如果民众不讲礼义廉耻，整个社会就会出现君不君、臣不臣、父不父、子不子的混乱局面，国家政治治理就无法得以推行，最终将会导致国家的灭亡。如秦王朝“灭四维不张”而导致国家败亡就是一个典型例子。贾谊认为要整饬风俗，就必须要推行礼治，因为“教训正俗，非礼不备；分争辨讼，非礼不决，君臣、上下、父子、兄弟，非礼不定”。[②] 在贾谊看来，统治者只要努力推行礼治，就一定能建立起一个和谐的社会。他认为以礼治国的极致境界是“君仁臣忠，父慈子孝，兄爱弟敬，夫和妻柔，姑慈妇听”。

其五要定尊卑之制。贾谊认为，区别君、臣、民的尊卑贵

① 《汉书》卷四十八《贾谊传》。

② 《汉书》卷四十八《贾谊传》。

贱，还必须要借助于具体制度的建立。贾谊认为人的面目状貌并无不同，从中是看不出人的尊卑贵贱之分的。要区分人的尊卑贵贱，就必须要借助于等级、势力、衣服和号令的不同。在《新书·服疑篇》中，贾谊还对尊卑贵贱不同之人在制度上的种种不同待遇作了详细条例。在他看来，“名号”“权力”和“事势”自然是区别尊卑贵贱的主要制度，而“车舆”“服章”“器械”等制度，虽然只是具有象征意义，但却也是不可缺少的。

贾谊的礼治思想是极其丰富的。值得注意的是，贾谊一方面强调礼治，一方面又主张力行仁政。在贾谊看来，礼治与仁政不是对立的，而是相辅相成的。在《新书礼篇》中贾谊对此作了具体说明。他一方面认为仁的内涵需要通过礼的规范才能得以实现，“道德仁义，非礼不成”。一方面认为礼治本身就包含着仁，“礼，天子爱天下，诸侯爱境内，大夫爱官属，士庶各爱其家。”又说：“故礼者，所以恤下也。”

由此可见，仁与礼既有区别，又相一致。在贾谊的治国理论当中还有一个重要特色，那就是他在强调仁政与礼治的同时，也主张用“权势法制”治国。这与荀子“隆礼重法”的思想可谓一脉相承。我们考察贾谊的礼治思想，必须要把贾谊的仁政思想和法制主张结合起来，才能得出一个比较全面的认识。

四、削藩思想

削藩是当时加强中央集权制的重要举措，这一主张是由贾谊最早提出的。这是贾谊对当时社会的了解以后，为加强中央集权制而提出的。他指出各诸侯王“虽名为臣，实皆有布衣昆弟之心，虑无不帝致而天子自为者。擅爵人，赦死罪，甚者或戴黄屋，汉法令非行也。虽行不轨如厉王（刘长）者，令之不肯来，召之安可致乎？幸而来致，法安可得加！动一亲戚，天下环视而起，陛下之臣虽有悍如冯敬者，适启其口，匕首已陷其胸矣”。目前之安定，是因为诸侯王根基还不够稳固，“大国之王幼弱未壮，汉之所置傅相方握其事，数年之后，诸侯之王大抵皆冠，血气方刚，汉之傅相称病赐罢，彼自丞尉以上遍置私人，如此，有异淮南、济北之为邪？此时而欲为治安，虽尧舜而不能治。”他比喻当时的形势是“方病大肿，一胫之大几如腰，一指之大几如股，平居不可屈信，一二指搐，身虑亡聊。失今不治，必为痼疾”。因此必须立即采取措施，以削弱诸侯王势力，即“众建诸侯而少其力”，就是要把王国一个分为几个，一个大国分为几个小国，以削弱其势力，“力小则易使以义，国小则无邪心。令海内之势如身之使臂，臂之使指，莫不制从，诸侯之君不敢有异心，辐凑并进而归命天子……割地定制，令齐、赵、楚各为若干国，使悼惠王（刘肥）、幽王（刘友）、元王（刘交）之子孙毕以次各受祖之分地，地尽而止，及燕、梁他国皆然……地制一定，宗室子孙莫虑不王，下无倍畔之心，上无诛伐之志。”① 这确实是一篇极其优秀的政论文。贾谊在详细论证以后指出：“臣窃迹前事，大抵强者先反，淮阴王楚最强则最先反……势疏而最忠，非独性异人也，亦形势然也。……然则天下之大计可知已，欲诸王之皆忠附，则莫若令如长沙王；欲臣子之勿菹醢，则莫若令如樊、郦等；欲天下之治安，莫若众建诸侯而少其力。”贾谊建议“削吴楚而益齐”，显然是认为吴楚太大，后来的事实，正是吴楚先反。晁错也提削藩，遭杀身之祸。最后主父偃以明智的分恩办法来达到削藩的目的。从此巩固了汉朝中央的集权制度，使社会稳定了较长时间。应该说削藩是当时明智者的共识，贾谊最先提出这一看法，应该说是有先见之明的，是他对历史的深刻理

① 《汉书》卷四十八《贾谊传》。

解，从以上可以看出，贾谊还是了解治国之大体的。这一点也得到王夫之的肯定。

贾谊提出的“众建诸侯而少其力”主张是切实可行的，对形势的分析也是十分精辟的，故深受文帝嘉许，欲委以重任。但朝中元老如周勃、灌婴等人妒忌贾谊才华，纷纷反对，此事才未成功。

五、贾谊的悲剧

贾谊 18 岁时便以才华横溢而闻名于郡中。由于吴公的推荐，文帝召贾谊为博士。当时贾谊二十出头，年龄最小。文帝多次下诏让大家议论某一件事，许多老先生提不出自己的意见，贾谊却能够对答如流。汉文帝见他聪明能干，很喜欢他，不断破格提拔，一年之中，贾谊被提到太中大夫。贾谊认为汉朝建立 20 多年，天下比较稳定，但并不是没有问题，因此还要进行改革，包括改变历法的正朔；变易服色制度，改变官的名称；提倡礼乐文化。并且起草了改革的内容。主要内容有：颜色尚黄，数字用五，改变官员的名称，奏呈汉文帝。汉文帝赞成，但不主张全面改革。

朝中许多老臣对贾谊提出的改革政策不赞成，所以当汉文帝想任贾谊为公卿，主持改革，提出来让百官议论、征求意见时，便遭到了绛侯周勃、灌婴、东阳侯张相如、御史大夫冯敬等一批人的强烈反对。他们诋毁贾谊说：“洛阳之人，年少初学，专欲擅权，纷乱诸事。”[①] 年轻的皇帝看到这么多老臣反对贾谊，也就不再提关于改革的事，与贾谊的关系也就渐渐疏远了。《风俗通义·正史》中记载刘向的说法：汉文帝与邓通特亲近，又喜欢游猎。待诏贾山谏，以为不应该经常跟官员出去

① 《汉书》卷四十八《贾谊传》。

游猎，受到汉文帝的冷落。“太中大夫贾谊亦数陈（谏）止游猎。是时谊与邓通俱侍中同位，谊又恶通为人，数廷讥之，由是疏远，迁为长沙太傅。既之官，内不自得。及渡湘水……亦因自伤为邓通等所诉也。”

汉文帝疏远贾谊的主要原因有两个：一是谏游猎，扫了汉文帝的兴趣；二是他与邓通不和，邓通在汉文帝面前说了贾谊的坏话。汉文帝听信自己的佞幸邓通，于是就让贾谊到长沙任长沙王的太傅。贾谊被贬出去，心里自然不愉快，在渡湘水时，想起屈原被放逐，贾谊感到自己与屈原的命运有点相似，很是感慨，也作一赋来抒发自己的悲愤。贾谊当了三年太傅，有一天鵩鸟飞入贾谊住处，并且停在他的座位上。鵩鸟是不吉利的鸟，贾谊似乎看到自己快要倒霉了，于是又写了《鵩鸟赋》。汉文帝后来又召见贾谊，询问关于鬼神的事，贾谊做了回答。文帝不太满意，任他为梁怀王太傅。

当时匈奴强盛，多次侵犯边疆。制度不完善，诸侯王占地超过古代的制度，在礼仪方面也多有僭越行为，淮南王、济北王都由于叛逆，被诛灭。贾谊深感社会问题、政治问题、制度问题、边疆国防问题，以及太子教育问题，都存在危机。因此，就向文帝上《治安策》，开宗明义就说：“臣窃惟事势，可为痛哭者一，可为流涕者二，可为长太息者六，若其他背理而伤道者，难遍以疏举。进言者皆曰天下已安已治矣，臣独以为未也。曰安且治者，非愚则谀，皆非事实知治乱之体者也。夫抱火厝之积薪之下而寝其上，火未及燃，因谓之安，方今之势，何以异此！”[①] 贾谊针对汉文帝的行为提出过一些批评。例如：周勃被免就国，有人告周勃造反，就将周勃关入监狱，后来查无实据，恢复原来的爵位。贾谊认为对臣下有节，不应

① 《汉书》卷四十八《屈原贾生列传》。

该随便将大臣下狱。他说："夫尝已在贵宠之位，天子改容而体貌之矣，吏民尝俯伏以敬畏之矣。今而有过，帝令废之可也，退之可也，赐之死可也，灭之可也……死而死耳，贱人安宜得如此而顿辱之哉!"[①] 大官曾经受到皇帝与吏民的礼敬，有过可杀而不可辱。文帝听取贾谊的建议，从此以后，大臣有罪过都不受刑罚侮辱，最多让其自杀。说明"刑不上大夫"的古制，还有一定的合理性。淮南厉王因叛逆遭贬，自己病死。

汉文帝又要封淮南厉王的四个儿子为王。贾谊认为此事不妥。"淮南王之悖逆亡道，天下孰不知其罪？陛下幸而赦迁之，自疾而死，天下孰以王死之不当？今奉尊罪人之子，适足以负谤于天下耳。"而且这些人都还年轻，他们不会忘了为父报仇，或者像伍子胥那样起兵反叛，或者像荆轲那样进行暗杀，都会留下严重的后患。汉文帝没有听这些意见。后来梁王胜从马上摔下死了，贾谊感到不得志，又遇上这样倒霉的事，伤心至极，经常啼哭，一年后就抑郁而死。到了汉景帝时，吴楚七国叛乱，其中就有淮南厉王的两个儿子所治理的诸侯国参与造反。事实证明了贾谊的预见是正确的。汉文帝不能接受正确的意见，也给汉景帝留下了麻烦。

贾谊年轻，才华横溢，33 岁便英年夭折，令后人痛惜不已。后代学者对此议论颇多。司马迁在《史记》中，将贾谊与屈原合传，说明二人有相似之处。最后，太史公曰："余读《离骚》《天问》《招魂》《哀郢》，悲其志。适长沙，观屈原所自沈渊，未尝不垂涕，想见其为人。及见贾生吊之，又怪屈原以彼其材，游诸侯，何国不容，而自令若是。读《鹏鸟赋》，同死生，轻去就，爽然自失矣。"[②] 屈原与贾谊都是很有才华

① 《汉书》卷四十八《屈原贾生列传》。

② 《史记》卷八十四《屈原贾生列传》。

的，两人又都死于南方。读屈原的作品，“悲其志”，为他的坚贞志向所感动。但是，战国时代的屈原有条件游诸侯，他为什么没有出游，非要“自令若是”，自沉深渊。

而贾谊生于大一统的时代，无处可游，“同死生，轻去就”是必然的也是唯一的选择。关心国家大事，愿意为国分忧。像贾谊这样又有为国出力的实际本事，能够为国家做一些有益的事，立一些功，不论大小，都是国家的幸事，也是个人的幸事。汉文帝任用了贾谊一段时间，贾谊也为此做出自己的努力，并在实际中产生了实实在在的影响。汉文帝虽然不能说充分信用贾谊，也不能说没有任用贾谊。贾谊的才华虽然没有充分发挥出来，崭露头角已经展示了部分的才华，贾谊也就不枉此生了。机会难得而易失，有机会就要抓住，赶紧发挥才能，大干一番事业。他的《过秦论》《鹏鸟赋》《吊屈原》以及《新书》都能流传后代。因此，他的一生，比那些得势朝廷的庸臣来说，更加幸运，也更加辉煌。

班固在《汉书》中称赞说：“刘向称‘贾谊言三代与秦治乱之意，其论甚美，通达国体，虽古之伊、管未能远过也。使时见用，功化必盛。为庸臣所害，甚可悼痛。’追观孝文玄默躬行以移风俗，谊之所陈略施行矣。及欲改定制度，以汉为土德，色上黄，数用五，及欲试属国，施五饵三表以系单于，其术固以疏矣。谊亦夭年早终，虽不至公卿，未为不遇也。凡所著述五十八篇，掇其切于世事者着于传云。”这是班固对贾谊的评价，应该说其评价是中肯的。

贾谊的才华是杰出的，他的英年早夭实在可惜，虽然才华不能充分发挥，但也不能说没有发挥。司马迁与班固基本上就是持这样一种矛盾的有保留的态度。苏东坡在议论后来的学者对贾谊的遭遇，也有一些看法。影响很大的苏轼《贾谊论》说：“非才之难，所以自用者实难。惜乎！贾生王者之佐而不能自用其才也。”贾谊有王佐的大才，很可惜不能很好地用自己的才能。苏东坡对此感到痛惜，是对的。但是说贾谊不能用自己的才，或者说不善于用自己的才，未免能站得住脚。

作为一个二三十岁的青年人，从天上落到地下，心理不平衡是正常的，能够处之泰然，才是不可理解的。历史上，中老年被贬，也很少能那么平静，那么不在乎。如果贾谊从一开始就能“待”且“忍”，也许还不会登上天子之廷，也不会写出《过秦论》《治安策》《大政》之类的雄文。虽然可能寿命长一点，但也未必就会留名青史了。

贾谊的怀才不遇是与汉文帝有关系的。汉文帝对于周勃等一般老臣特别尊重，不敢得罪先帝时代的老臣、开国元勋，只好牺牲青年才俊。而且，当时没有对立面的压力，不用贾谊不至于导致亡国的危险。另外，汉文帝也没有那点远见卓识，也缺乏刚毅果断的气魄，实在顶不住那些老臣的进攻。总之，由于时代的不同，君主的不同，决定了陈平与贾谊的命运不同。淮南、济北之叛，并没有造成严重后果，而且淮南之乱和文帝优容骄纵有一定关系，但这是一个坏信号，预示着诸侯王国势力的继续发展，必然形成尾大不掉之势，威胁着中央政府的安全。一般朝臣大都漠然处之，仍然高枕无忧，但也有人洞察了这一严峻形势，并提出解决办法，贾谊就是其中的代表。

贾谊虽然怀才不遇，抑郁而死，但他的《治安策》却影响了文帝和后来的皇帝。文帝先是徙淮阳王刘武为梁王，尽有其地以为中央之屏障。贾谊死后，又尽立齐悼惠王六子为王，迁淮南王刘喜于城阳（今山东莒县）；分淮南为三国，尽立厉王刘长三子为王。这些都是贾谊“众建诸侯而少其力”建议的具体实施。

第三节　晁错

晁错，颍川人（河南禹州人）（前 200—前 154），是汉初著名的政治家和思想家，他提出的治国理论对于指导汉初皇帝施政起了重要作用。

晁错年轻时候，曾“学申商刑名于轵张恢生所”。[①] 因此受法家思想影响较深，但他接受秦亡的教训，引法入儒，具有自己的思想特征和时代特色。

对于秦王朝的快速灭亡，晁错和贾谊的态度大体接近。他肯定了秦所以战胜六国，除了地形便利、山川富饶外，还由于实行耕战政策，“财用足，民利战。”[②] 同样，他抨击了秦王朝的暴政和专制统治。晁错继承法家好利避害的观点，强调民之“趋利如水走下，四方亡择也”。[③] 统治者的法令措施要有依据并合乎人情。他吸收儒家“恕”的思想，强调统治者应该“取人以己，内恕及人，情之所恶，不以强人；情之所欲，不以禁民”。认为只有这样，统治才能稳固长久。晁错又继承了法家限制、打击“父兄大臣”的思想，赞扬“高皇帝不用同姓为亲”的政策。

他的削藩主张正是法家思想的具体贯彻。晁错强调统治者要推行改良政策，减轻赋税剥削，发展农业生产，防备水旱灾害。“明主知其然也，故务民于农桑，薄赋敛，广蓄积，以实仓廪，备水旱，故民可得而有也。”[④]

---

① 《汉书》卷四十九《爰盎晁错传》。

② 《全汉文·贤良文学对策》。

③ 《全汉文·说文帝令民入粟拜爵》。

④ 《全汉文·说文帝令民入粟拜爵》。

晁错认为要抗击匈奴贵族对边境的骚扰破坏，必须以远方之民更戍，提出了“募民徙塞”的思想。指出只有这样，才有利于边远地区的长期防守。他说：“今远方之卒守塞，一岁而更，不知胡人之能，不如选常居者，家室田作，且以备之。”[①]晁错主张先招募罪人、“免徙复作”和用来赎罪、拜爵的奴婢徙边，对于这些“久居危难之地”的居民，政府应加以鼓励和支持，提高这些罪人和奴婢的身份，以使他们“久安其处”，使他们成为封建国家的庶民，以缓和社会矛盾，特别是解放奴婢，把封建生产关系推向边境地区，大力培植地主和富裕农民的经济，加强封建统治者在边境统治的社会基础。

晁错还详尽阐述了他的屯垦戍边的思想。主张对徙边农民实行军事编制，“居则习民于射法，出则教民于应敌。故卒伍成于内，则军正定于外”，[②] 在边境地区实行农战合一，“寓兵于农”，使徙边农民安心屯垦戍边，“不思故乡”，以取得发展边地生产、巩固边防的积极效果。晁错的“徙民实边”政策得到了汉朝皇帝的重视，应该说，西汉在边疆的屯田政策就是徙民实边的发展。

面临诸侯王强大、割据的形势，晁错坚决主张“削藩”。他说：“今大国专治异政，不禀京师，恐不可传后。”[③] 景帝即位以后，他上书揭露吴王濞的叛逆行径，“公即山铸钱，煮海为盐，诱天下亡人，谋作乱逆。”[④] 他指出：“今削之亦反，不削亦反”，主张迟削不如早削。他分析说：“削之，其反亟，祸

① 《全汉文·言守边备塞务农力本当世争急务二事》。

② 《全汉文·复言募民徙塞下》。

③ 《汉书》卷四十九《爰盎晁错传》。

④ 《全汉文·说景帝削吴》。

小；不削之，其反迟，祸大。”[①] 这比贾谊“众建诸侯而少其力”的建议，态度更为坚决，打击也更为有力。在汉初的政治思想家中，晁错削藩的主张是最坚决、彻底的。吴楚七国之乱爆发以后，他虽然被冤杀，但汉王朝终于平定了七国之乱，剥夺了诸侯王治国的政治特权，“准得衣食税租，不与政事”，分封割据势力才受到了一次致命的打击。

汉初思想驳杂，并无一致的完整系统的思想体系。陆贾是抱着一种实用主义的体用思想。陆贾本“凡可用之说，皆为我采用”之精神成《新语》，可见其对诸家之解释，必曾按目下政治之要求而作出去取，使之见用于眼前。学者素谓汉初用道，《史记·太史公自序》“以因循为用”释道家精神。汉法不过是因循秦法，宜乎萧何“摭秦法”，前待诏贾捐之为孝元皇帝言：“太宗（文帝）时，民赋四十，断狱四百余。案太宗时民重犯法，治理不能过中宗（宣帝之世）。地节元年，天下断狱四万七千余人……前世断狱，皆以万数。”

之所以汉初未形成一种占统治地位的学说，主要是由于秦亡以后，汉初统治政权尚不稳固，各种学说都得以流行的缘故。晁错的思想就是以儒入法，形成了自己的独特思想体系。不管哪一种思想学说，哪一个思想家，他们面临的汉初的政治环境都是一致的。汉朝皇帝依然沿袭秦法，大肆削弱功臣的权力，分封同姓诸侯王，加强一姓之统治，大有法家一手遮天的气氛。而贾谊、晁错则主要鉴于秦亡的教训，都企图用儒家的“仁政”思想来中和法家易于造成统治者和农民之间矛盾的局面。虽然他们思想并不完全相同，但都看到了统治确立以后，不可完全依照秦法。他们都看到了分封诸王的坏处，要求统治者进行“削藩”。黄老无为思想只在最高统治层中的一部分人

① 《汉书》卷三十五《荆燕吴传》。

中推行。《史记·外戚世家》云："窦太后好黄帝、老子言，帝及太子诸窦不得不读《黄帝》《老子》，尊其术。"据此，在最高统治层，黄老无为思想的推行已是十分勉强。这位窦太后成为黄老无为思想的最后一位监护人。另一方面，黄老无为思想也造成了若干弊端，纵容诸侯骄横不法，听任豪强地主兼并不轨，忍受匈奴不时入寇等等。

卖爵赎罪，即人民可以用纳粟的方式，得以拜爵或赎罪。此法乃文帝时晁错所建议。能入粟以受爵者，必为富人。国家取用于富人，则贫民之赋可损，所谓损有余补不足，可以促进社会公平。但司马迁批评武帝时期实行的此类政策已经成为政府搜刮百姓的主要手段。晁错当时所实行的这种政策，卖爵不是卖官，亦不得补吏，只是可以提高社会地位和免去徭役。[①] 汉武帝时期实行的一些政策像抗击匈奴、禁盗铸钱、入谷补郎、移民实边、由国家掌握平准大权等等是贾谊、晁错等人提倡的增加国家实力又富裕百姓的手段，但为何司马迁却对汉武帝的这些政策不以为然呢？大概是由于汉武帝"多欲"造成"多事"，结果造成官商合力"竭财奉上"，导致"诈力相生"。

第四节　周亚夫

周亚夫，生年不详，卒于公元前169年。沛县（今江苏沛县）人，是周勃之子。周勃是秦末汉初名将，追随刘邦在反秦战争、楚汉战争及消灭异姓诸侯王的战争中，屡建战功，因功被封为绛侯，官至太尉、相国。

在西汉前期的历史上发生过多次诸侯王企图颠覆中央政府的叛乱，影响最大的当属吴楚七国之乱，这就是几个诸侯王联

① 《汉书》卷四十九《爰盎晁错传》。

合发动了武装反抗中央的叛乱，它使西汉王朝几乎面临灭顶之灾。但叛乱却奇迹般地很快被平息了，指挥这次平叛战争的就是当时赫赫有名的军事家周亚夫。

周亚夫在其父的影响下，自幼喜爱军事，广泛阅读兵书，从而掌握了大量有关军事方面的知识，为其以后建立军功打下了良好的基础。汉文帝后元六年（公元前158年），匈奴出动6万大军，分两路进攻中原。其中一路很快攻占了上郡；另一路则占领了云中。匈奴的军队来势凶猛，沿途“所杀戮甚众，烽火通于甘泉、长安”。在这危急的时刻，汉文帝与文武大臣商议后，很快作出了军事部署，任宗正刘礼为将军，驻军霸上，任祝兹侯徐厉为将军，驻军棘门，任河内太守周亚夫为将军，驻军细柳。三路大军成鼎足之势，守卫长安，以逸待劳，迎击进犯之敌。

因这三路大军关乎国都的安危，所以汉文帝非常重视，亲率文武大臣前往巡营慰劳。他们首先来到霸上和棘门的军营，都是直接驰入，戒备相当松弛，文帝看了以后很不满意。随后文帝又带着大臣们赶往细柳的军营。他们老远就看到军营里旌旗鲜明，军中将士都披着铠甲，各持兵器，张开弓弩，严阵以待。皇帝的先行官来到营门，不得进入。先行官说：“天子且至！”营门都尉说：“军中只听将军令，而不听天子诏。”过了一会，文帝来到，也被拒之门外。于是文帝就派使者持节进入军营中传谕将军周亚夫，说天子亲自前来劳军。周亚夫才传令打开营门。守卫营门的军官对赶车的人说：“将军曰，军中不得驱驰。”文帝只得命令车马在军营中缓缓地前行。来到中军大帐，周亚夫全副武装向文帝行礼说：“介胄之士不拜，请以军礼见。”[①] 文帝深受感动，肃然起敬。在慰劳了将士之后，

① 《汉书》卷四十《周勃传》。

文帝率群臣离去，周亚夫马上命令关上营门，严整如故。众大臣对周亚夫的一系列举动非常惊讶，都替周亚夫捏着一把冷汗。但文帝不仅没有责怪周亚夫，反而赞叹地说："嗟乎，此真将军矣。曩者霸上、棘门军，若儿戏耳，其将固可袭而虏也，至于亚夫，可得而犯邪。"[①] 过了几个月，匈奴军退走，三支驻军也撤回。文帝遂任周亚夫为中尉，主管都城的治安。

匈奴是活动于我国古代北方的一个少数民族。经济生活以畜牧业为主。他们过着"随美草甘水而驱牧""逐水草迁徙"[②]的游牧生活。与此同时也从事狩猎业，作为生活资料补充。逐渐形成了"宽则随畜，因射猎禽兽为生业，急则人习战攻以侵伐"的习俗。[③] 匈奴骑兵经常深入到中原地区，掠夺人民、牲畜、财产，使当地生产和生活遭到极大破坏。特别是冒顿单于统治时，东破东胡，西击月氏，南灭楼烦、白羊，重新占领河套地区。"是时汉兵与项羽相距，中国疲于兵革，以故冒顿得自强，控弦之士三十余万"，[④] 建立起了强大的奴隶制国家。冒顿派兵越过长城，侵扰今山西、河北、陕西一带，给刚刚建立的西汉王朝以极大威胁。为了解除这一威胁，汉高祖刘邦亲率 30 万大军征讨匈奴，结果兵败白登，差一点做了匈奴的俘虏。经过这次尝试，刘邦认识到，在当时的情况下走军事对抗之路是行不通的。因为西汉王朝是在经历长期战乱后建立起来的，社会经济残破不堪，国力空虚，百废待兴，百姓急需休养生息。同时地方上还有几个割据势力的异姓诸侯王存在，中央集权尚未建立，因此无论从经济上还是军事上来讲，均无力抗

---

① 《汉书》卷四十《周勃传》。

② 《史记》卷一百十《匈奴列传》。

③ 《史记》卷一百十《匈奴列传》。

④ 《史记》卷一百十《匈奴列传》。

拒匈奴的侵扰。有鉴于此，刘邦不得不委曲求全，采取妥协、退让的和亲政策，即以公主嫁给单于为阏氏，每年奉送一定数量的米、酒、帛等物品。这一政策虽在一定程度上缓减了匈奴对内地的侵扰，但并不能从根本上解决问题。

文帝即位后，一面继续与匈奴修和亲之好，另一面在经济逐步恢复的前提下，对匈奴的侵扰给予有力的军事反击，对匈奴采取了亦和亦战的态度，在一定程度上打击了匈奴贵族的嚣张气焰，减轻了匈奴侵扰所造成的破坏。如公元前 158 年，匈奴派出的骑兵达到 6 万多，从进攻方向来看，是有意于攻打汉都长安的。但由于汉王朝在军事上作了周密的部署，特别是有周亚夫这样善于治军的将军驻扎在长安附近，使匈奴最终放弃进军长安的打算，数月后从西汉境内退走。周亚夫在长安保卫战中所起的作用是不容忽视的。对于周亚夫在治军上所表现出来的杰出才能，文帝非常赏识，一直念念不忘，直到去世前，还叮嘱太子刘启说："即有缓急，周亚夫真可任将兵。"文帝去世后，周亚夫被拜为车骑将军。

一、平定叛乱建殊勋

汉景帝三年（公元前 154 年），吴王刘濞联合楚、赵、胶西、胶东、淄川、济南六国的诸侯王发动武装叛乱。导致七国之乱发生的根本原因在于汉初所实行的分封制。这些诸侯王占据了全国大片的土地。当时全国约有 54 郡，诸侯国就占了 39 郡，归西汉中央政府直辖的只有 15 郡。诸侯王国还享有许多特权。他们可以任命二千石以下的官吏，可以征收赋税、铸造钱币，"宫室百官同制京师"，这些特权使诸侯王国成为半独立性的地方行政机构。不过这些诸侯王初封时或年岁尚小，或羽翼未丰，尚未对中央政权构成威胁。到文帝时，由于长期实行与民休息的政策，使社会经济逐渐得到了恢复和发展。诸侯王国也一改初封时经济凋敝、户口稀少的局面，迅速强盛起来。如吴王刘濞受封后利用境内富饶的自然资源，“即山铸钱，煮海为盐”，[①] 积累了大量的财富。枚乘说：“夫吴有诸侯之位，而实富于天子。”[②]

随着诸侯王国势力的膨胀，他们逐渐萌发了与中央政权分庭抗礼的野心，“不用汉法”，“自为法令，拟于天子。”甚至有举兵叛乱者，如济北王刘兴居和淮南王刘长就先后发动了叛乱。虽然这二次叛乱很快被平息，但拥有三郡之地53城的吴王刘濞又露出了“不臣”的形迹。终因景帝试图采取措施削弱诸侯王的势力，而引起了一场大规模的叛乱。刘濞为发动叛乱进行了长期的准备。史称“积金钱，修兵革，聚粮食，夜以继日，三十余年”。[③] 为笼络人心，免征国内赋税，保护各地逃来的罪犯，还由官府出钱代人民支应朝廷之徭役，“如此者三十余年，以故能使其众。”[④] 在短时间内便聚集了20万大军，加上其他六国全力以赴，仅吴楚主力军就达30余万之多。一时间动乱几乎大半个中国，大有取西汉王朝而代之之势。叛军来势迅猛，似乎胜利指日可待，但结果却出人意料，叛乱仅持续了短短三个月，便被平息了。景帝即位，诸侯王欺其年少，更加骄横，御史大夫晁错遂上削藩之议。

晁错，颍川人，博学多才，兼儒法，其削藩主张是贾谊“众建诸侯而少其力”的发展，而又与之有别。“众建诸侯而少其力”只是分而治之，朝廷并不增加直辖地，削藩则把诸侯王的封地直接削归朝廷。景帝即位采纳了这一建议，先从势力较

① 《汉书》卷四十九《爰盎晁错传》。
② 《汉书》卷五十一《贾邹枚路传》。
③ 《汉书》卷三十五《荆燕吴传》。
④ 《汉书》卷三十五《荆燕吴传》。

小的王国削起：削楚王刘戊之东海郡、赵王刘遂之常山郡，又削胶西王刘印的六个县。景帝三年，晁错建议削吴，指出："今削亦反，不削亦反。削之其反亟，祸小；不削之其反迟，祸大。"[①]

吴王刘濞获悉这一消息后，即举兵叛乱。刘濞亲自为使约定胶西王，然后遣使联络胶东、淄川、济南、楚、赵共同发兵西攻长安，赵王刘遂还遣使请匈奴发兵支持。景帝三年正月，刘濞首先起兵于广陵（今江苏扬州市），下令国中曰："寡人年六十二，身自将。少子年十四，亦为士卒先。诸年上与寡人同，下与少子等，皆发。"得兵20余万，又遣使闽、东越，使之起兵响应。为迷惑人心，刘濞传书诸王，打着"诛晁错以清君侧"的旗号，下令军中："能斩捕大将者，赐金五千斤，封万户；列将三千斤，封五千户；裨将二千斤，封二千户；二千石，千斤，封千户。皆为列侯。其以军若城邑降者卒万人，邑万户，如得大将；……其小吏皆以差次受爵金。"[②] 形势急转直下，一时之间，东方半壁江山，落入叛军之手。

这次叛乱的导火线名义上是御史大夫晁错所提出的削藩策，实质上是诸侯对抗中央的具体行动。晁错看到诸侯王的分权势力与中央集权之间的矛盾日益尖锐，已经到了非解决不可的地步。于是主张通过削减诸侯王封地的办法，来达到削弱其势力的目的。指出"今削之亦反，不削亦反。削之其反亟，祸小；不削之其反迟，祸大"。[③]这个想法是正确的，是对当时现实问题的具体分析，景帝采纳了这个建议，下令削减一部分诸侯的封地划归中央直接管辖。

① 《汉书》卷三十五《荆燕吴传》。

② 《汉书》卷三十五《荆燕吴传》。

③ 《汉书》卷三十五《荆燕吴传》。

于是吴楚七国打着“诛晁错，清君侧”的旗号，发动了暴乱。吴王刘濞下令全国，聚集20余万人，从广陵出发向西汉统治的中心区域进发。接着，楚、胶西、胶东、淄川、济南、赵等国也都发兵响应。景帝最初被叛军的假想所迷惑，错误地认为只要杀了晁错，“复其故削地，则兵可无血刃而俱罢”，幻想通过和平的手段来解决叛乱问题。但当他杀了晁错后，七国不仅不罢兵，而且吴王刘濞公然对汉朝的使臣宣称“我已为东帝”。至此叛乱的真实意图已暴露无遗，景帝才恍然大悟，决心以武力镇压叛乱。

要保证平叛战争的胜利，选择好合适的军事统帅至关重要。这时，景帝想起了其父临终前的嘱咐，便命周亚夫以中尉的身份代行太尉之职，率领大军东进，反击吴楚叛军。周亚夫在领命后，对当时的军事形势进行了一番认真细致的分析，拟定了一个初步的作战方略，即“楚军剽轻，难与争锋。愿以梁委之，绝其粮道，乃可制”。向景帝请求，得到景帝的首肯。周亚夫率领大军行至霸上时，有个名叫赵涉的人拦住去路对他说：“将军东诛吴楚，胜则宗庙安，不胜则天下危，能用臣之言乎？”周亚夫并非恃才自傲，目空一切之人，见其人出言不俗，定有高见献出，赶紧下车行礼，向其求教。赵涉说：“吴王素富，怀辑死士久矣。此知将军且行，必置间人于崤、黾厄狭之间。且兵事上神秘，将军何不从此右去，走蓝田，出武关，抵洛阳，间不过差一二日，直入武库，击鸣鼓。诸侯闻之，以为将军从天而下也。”[1] 周亚夫采纳赵涉的建议，出武关，抵洛阳，会兵于荥阳，控制了敖仓。他还派兵到崤、黾之间进行搜索，果然捕到了吴王所遣的伏兵。这时吴楚军正在与梁军展开激战。

① 《汉书》卷四十《张陈王周传》。

吴军渡淮后与楚军合并，先攻梁，破棘壁，杀数万人，乘胜推进到梁都睢阳（今河南商丘）。梁王刘武请求周亚夫派兵救援。是派兵救梁，与吴楚军进行主力决战，还是按既定方略避实击虚，断其粮道，周亚夫一时拿不定主意，便向军中的邓都尉请教。邓都尉指出："吴兵锐甚，难以争锋。楚兵轻，不能久。方今为将军计，莫若引兵东北壁昌邑，以梁委吴，吴必精锐攻之。将军深沟高垒，使轻兵绝淮泗口，塞吴饷道。彼吴梁相敝而粮食竭，乃以全强制其疲极，破吴必矣。"听了邓都尉的话，周亚夫坚定了按原定方略办的决心。率军向东北进至昌邑，深沟高垒而防守。梁王又多次派人向周亚夫求援，但均遭拒绝。没办法梁王只好向景帝报告。景帝派使者诏令周亚夫救梁，结果也是碰了一鼻子灰。亚夫不执行诏令，坚壁不出，而派轻骑南下断吴楚军粮道，随后将大军推进到下邑。梁在救援无望的情况下，只得依靠自己的力量拼死抵抗，终于挫败了吴楚军的攻势，使其不能越梁西进。吴楚军在攻梁不下的情况下，便回军东向，要与汉军主力决战。虽多次向汉军挑战，但周亚夫始终坚守不战、以逸待劳。吴楚军试图利用夜间偷袭汉营、声东击西之策，使老弱士卒佯攻东南，把精兵埋伏于西北，结果这一计谋被周亚夫所识破，早就安排在营垒的西北角加强戒备，使敌人无法攻入汉营。吴楚联军在粮尽援绝、士卒饥困的情况下，不得不引军撤退。周亚夫乘机率精兵追击，大破敌军。吴王濞率数千人南逃东越，不久被东越人所杀。楚王戊自杀，叛军主力瓦解。

在消灭了叛军主力后，周亚夫又率军去援助攻击胶西、胶东、淄川和济南四个反叛的军队，四王很快伏法。前后仅用了三个月的时间就平定了叛乱。到这时候，将领们都承认太尉周亚夫的计策高明。

七国之乱之所以能迅速平息，过去论者多强调是由于人心的向背造成的，认为从刘邦时起西汉王朝就确立了“顺民之情，与之休息”的政策，把工作的重心放在恢复经济、发展生产、增强国力上。实行轻徭薄赋，奖励农耕，轻刑慎罚等政策，受到了民众的广泛欢迎。而七国叛乱破坏了社会安定局面，不利于社会经济的发展，因而不得人心，这就注定了其失败的命运。这是客观原因，但我们不应该忽视周亚夫在这次平叛战争中所起的重要作用。作为平叛战争的最高军事指挥官，周亚夫在战前便根据敌我双方的实际情况制定了正确的作战方案。他认为叛军经过长期的准备和训练，战斗力很强，如果与其进行主力相拼的话，难以取胜。因而只能避实击虚，断其粮道，使其不能持久作战，只有这样才可能取胜。在战争进行的过程中，他能虚心听取部下的意见，及时修改、完善作战方案。他还能把握住战机，在敌人疲惫而撤退之时，出动精锐部队给以致命打击。正是由于周亚夫的正确指挥，才使这次叛乱在短短数月后，便之土崩瓦解。

经过三个月的战争，七国之乱被平定了，诸侯割据势力遭到了毁灭性的打击，中央收回了叛国之地，壮大了中央实力。以后景帝在封皇子时，大国只有十余城、小国数城，同时规定“诸侯王不得复治国，天子为置吏”，剥夺了诸侯王的一切军政权力，王国军政由汉置之内史、相负责，诸侯王只享用封国内的租税而已；减削王国官属，降其秩位，“改丞相曰相，省御史大夫、廷尉、少府、宗正，博士官、大夫、谒者、郎诸官长丞皆损其员。”[①] 自此以后，诸王国和一般郡县已无差别，从制度上杜绝了地方势力做大的可能性。到汉武帝时期，采用“推恩令”的办法，诸侯王国势力得到进一步的削弱，中央集权的封建统治大大加强了。

① 《汉书》卷十九《百官公卿表》。

平叛战争的胜利使西汉王朝度过了一次严重的危机，景帝抓住有利时机，采取了一系列削弱和控制诸侯王国的办法。从此以后，诸侯王仅得衣食租税，再也无力与中央对抗，中央集权得到了极大的加强。

二、得罪权贵　抱冤而死

司马迁在《史记》里列举了周亚夫致死的原因，大体可以归纳为以下四点：

其一，平定“七国之乱”时，周亚夫坚持“以梁困吴”的策略，得罪了梁孝王。

其二，景帝欲废立太子，周亚夫“固争之，不得”。从此得罪了汉景帝。

其三，后元三年，景帝奉窦太后之命要立皇后兄王信为侯，周亚夫又以“高皇帝约‘非刘氏不得王，非有功不得侯。不如约，天下共击之。’今信虽皇后兄，无功，侯之，非约也”[①] 为由而反对，使景帝“默然而止”。

其四，免相后，景帝赐宴，而忘置箸，周亚夫有不平之气，引起了汉景帝的猜忌。

司马迁评论说他的死是由于“足己而不学，守节不逊，终以穷困”。[②] 但是，仔细审视整个汉初的政局之后，我们可以断言，他的死绝非一个政治上的偶然事件，也不仅仅是他个人的悲剧，而是与汉初的政局变迁息息相关，是汉代皇权在转向中央集权专制过程中的时代悲剧，也是汉初功臣集团的悲剧。

汉初经济政治的发展必然出现新的政治集团，进而在此基础之上形成了专制皇权，这是造成功臣集团没落的最重要原

① 《史记》卷五十七《绛侯周勃世家》。

② 《史记》卷五十七《绛侯周勃世家》。

因。而功臣集团的没落也与功臣集团“少文多质”的武人特性有着密不可分的关系。功臣集团的核心是“从高祖起丰、沛”的丰沛楚人集团，刘邦的重要文臣武将，如萧何、周勃、卢绾、王陵、樊哙等都出于这一集团，这一集团共约 3000 人，是刘邦军队和后来西汉政权的骨干和基础。

刘邦自称马上得天下，经历了“大战七十，小战四十”。这些功臣是攻城略地的英雄，大多数是武人。这些以质朴的武人为主体的功臣集团的素质，免不了武功有余而文治不足，而文治对于一个国家的和平时期的建设和发展却是极其重要的。早在西汉建国不久，陆贾就对刘邦讲到：“居马上得之，宁可以马上治之乎？且汤、武逆取而以顺守之，文武并用，长久之术也。”[①] 得到了刘邦的称赞。在排列功臣位次时，刘邦力排众议，以萧何为功臣之首。而“身被七十创，攻城略地，功多，宜第一”[②] 的曹参却屈居第二。这就反映了高祖由“武功”向“文治”的政策重心的转向，也是削弱将军力量的有效办法。但是萧何死后，还是不得不以曹参为丞相，这也与皇权的势力相对弱小有关。据《史记·儒林列传》记载：“孝惠、吕后时，公卿皆武力有功之臣。”直到文帝时，还是“将相皆旧臣，少文多质”。[③] 而“少文多质”的特性，则使功臣们多为“忠厚长者”，有利于他们接受黄老无为政治思想，从而推行“与民休息”的政策，保证了汉帝国政治上的统一和社会的稳定，有效地恢复了社会生产力，为汉初百年的鼎盛之世奠定了坚实的基础。

但随着汉初社会的发展和经济的恢复，到了文景时期，黄

---

① 《史记》卷九十七《郦生陆贾列传》。

② 《史记》卷五十三《萧相国世家》。

③ 《汉书》卷二十三《刑法志》。

老政治的副作用也日渐显露，一些潜在的社会问题如诸侯王国问题日趋严重，促使汉朝向强有力的中央集权的统治政策转变。功臣集团质朴的特点使他们拒绝改变现状，对贾谊、晁错的改革措施实行抵制，反而成为阻碍力量，在专制皇权形成之后，只能被迫退出历史舞台。同时，由于功臣们“不好文学”，功臣集团本身的素质随着社会经济的发展反而有了很大的下降。“汉兴，功臣受封者百有余人。天下初定，故大城名都散亡，户口可得而数者十二三，是以大侯不过万家，小者五六百户。后数世，民咸归乡里，户益息，萧、曹、绛、灌之属或至四万，小侯自倍，富厚如之。”① 崇尚质朴而又钟鸣鼎食，使功臣集团的后代普遍骄奢淫逸，成为纨绔子弟。到了文景之世，“子孙骄逸，忘其先祖之艰难，多陷法禁，陨命亡国，或亡子孙。讫于孝武后元之，靡有孑遗。”②

高祖和惠帝、吕后时期的功臣失侯的极少，且大多是由于政治上的原因。而文帝和景帝时期，失侯的功臣大为增加，占了功臣总数的一半以上，其中绝大多数是功臣子孙因有罪而除国的。武帝时由于法网严密，加上酎金律的推行，失侯者大为增加，而所有初封的功臣侯国没有一个过了武帝之世。纵观在文、景、武三世，大多数功臣后代都是“身无兢兢于当世之禁”，因杀人、奸淫等罪而被除632国。由此可见，功臣集团的衰落是和其自身的不断退化分不开的。周亚夫的家世及他本人，都深深地打上了功臣集团的烙印。

周勃在功臣中位次第四，是功臣集团的核心人物之一，“为人木强敦厚，高帝以为可属大事。勃不好文学，每召诸生

① 《史记》卷十八《高祖功臣侯者年表》。

② 《汉书》卷十六《高惠高后文功臣表》。

说士，东乡坐而责之：‘趣为我语。’”[1] 文帝称为“长者”，正是第一代功臣的典型。而其长子周胜之继侯六年后“坐杀人，国除”。[2] 周亚夫曾任河内太守，周胜之废后被封为条侯，继承了周勃的侯位。同时周亚夫也继承了周勃的武将之风，历任将军、中尉，仅用三个月就率军平定了“七国之乱”。但他同时也继承了功臣的“骄逸”习气。

周亚夫虽然善于指挥千军万马、冲锋陷阵，是一个难得的将才，但缺乏政治方面的才能。加之他为人正直，敢于直言，这就犯了官场之大忌，从而为自己招致了麻烦。景帝想废掉栗太子，征求周亚夫的意见，周亚夫坚决不赞成，“固争之”。景帝因此疏远了周亚夫。梁孝王刘武是景帝的亲兄弟，同为窦太后所生，两人关系亲密，“入则侍帝同辇，出则同车游猎”，景帝甚至说在他去世后要传位于梁王。窦太后对梁王亦非常喜爱，“赏赐不可胜道”。

刘武对周亚夫在平七国之乱中不派兵救梁之举一直耿耿于怀，每次入京朝见时，总忘不了在母亲面前说一番周亚夫的坏话。这时窦太后要求景帝封王皇后之兄王信为侯，景帝有些不愿意，便指出：先帝在世时没有封窦彭祖（窦太后兄子）、窦广国（窦太后弟）为侯，我即位后才封他俩为侯，因此不能封信为侯。窦太后说：君主应根据当时的实际情况办事，而不一定非要仿照前人的做法。我哥活着的时候未得封侯，死后，其子反而被封侯。我对此事甚为不满，你赶快封王信为侯。面对母亲的命令，景帝不敢再予以拒绝，而是采取了缓兵之策，于是对太后讲：这件事得和丞相商量一下。景帝所以要搬出周亚夫，是因为他知道周亚夫敢于讲真话，肯定表示反对，这样就

---

① 《史记》卷五十七《绛侯周勃世家》。

② 《史记》卷五十七《绛侯周勃世家》。

可以把母亲对自己的不满转移到丞相周亚夫的身上。

果然不出景帝所料，周亚夫直截了当地表达了自己的看法。他搬出白马之盟说：“今信虽皇后兄，无功侯之，非约也。”景帝最终未封王信为侯。窦太后见周亚夫竟敢反对自己的提议，想到梁王对周亚夫的评价，觉得周亚夫可恶至极，想办法一定要收拾他。后来，匈奴王徐卢等五人投降汉朝，景帝打算封他们为侯，以便吸引更多的匈奴人降汉。周亚夫又站出来表示异议，讲道：“彼背其主降陛下，陛下侯之，即何以责人臣不守节者乎？”周亚夫的话并非没有道理，但景帝听了刺耳，还是封徐卢等人为侯。

景帝看到周亚夫屡屡违忤自己的意旨，再加上窦太后与梁王也对周亚夫深表不满，便下令罢免了其丞相职务。景帝觉得还不解气，决定当面将周亚夫羞辱一番。于是派人召周亚夫入宫，说要宴请他。皇帝宴请，这是多大的面子，周亚夫当然就来了。但见席上孤零零地摆着一块没有切开的肉，也没有筷子。周亚夫心里非常不满，便叫管筵席的人去取筷子。景帝见周亚夫竟敢自作主张地要筷子，就对他说：“不是没有给你筷子吗？”周亚夫见皇上生了气，赶紧免冠称谢，景帝让他起来。周亚夫却快步出宫，不辞而别。这时景帝盯着周亚夫的背影说：“这个满脸不高兴的人，终究不是我这年轻君主的臣子。”到这时，景帝便有了除掉周亚夫的心思。但周亚夫是功臣之后，本人也为西汉立有功劳，没有恰当的理由是难以下手的，只有等待时机。机会终于来了，周亚夫的儿子为了孝敬其父，向工官购买了五百具甲盾，准备作为父亲死后的殉葬品。但雇人搬运，却不给工钱。雇工知道私买皇帝的器具是违法的，就上书告发周亚夫之子，这事牵连到周亚夫。景帝得知这件事后，马上就让官吏查办。官吏提审周亚夫，周亚夫却拒绝回答任何问题。景帝听到报告后，非常生气，便把周亚夫交给最高司法官廷尉处治。廷尉责问周亚夫说："君侯欲反何？"周亚夫说："臣所买器，乃葬器也，何谓反乎？"欲加之罪，何患无辞，廷尉说："君不欲反地上，即欲反地下耳。"① 官吏威逼他日益加重。周亚夫觉得冤枉，连续五天绝食，以示抗议，最后吐血而死。

周亚夫的一生，干了两件辉煌的大事。一是驻军细柳营，严格治军，为保卫国都长安免遭匈奴铁骑的践踏做出了卓越的贡献。二是指挥平定七国之乱，粉碎了诸侯王企图分裂和割据的阴谋，维护了统一安定的政治局面。可以说没有七国之乱的平定，就不会有诸侯王国割据势力威胁中央政权问题的最终解决，同样也就难以出现汉武帝时的强盛局面。显然周亚夫为巩固西汉王朝的统治立下了汗马功劳。从上述二事来看，称周亚夫为汉代杰出的军事家是公允的。

但就是这样一位功臣，最后却落了一个悲惨的下场，这在中国封建社会中央集权专制制度下并不稀罕。造成这一悲剧的原因，与周亚夫的耿直个性有关。在高度封建中央集权制时代，一个人要想在官场中站稳脚跟并有所发展，就必须时刻与上级官吏保持一致，对有权有势者只能顺从，特别是对皇帝的诏令只能无条件地去执行。君叫臣死，臣不得不死。但周亚夫为人正直，无论为将还是为臣，总是以国家利益为重，这就不可避免地要触犯某些人的利益，因为国家利益与个人利益并不总是一致的。周亚夫前有冒犯文帝之举，后有得罪梁王、窦太后、景帝之事（即把皇帝和皇帝之母、妻、弟、大舅子都得罪了）。所幸的是文帝乃胸怀大度之人，能广泛地求谏选贤，不拘一格地选拔人才，因而对周亚夫要自己按军令行事的举动，非但没有怪罪，反而加以赞扬，予以提拔。

① 《史记》卷五十七《绛侯周勃世家》。

不幸的是景帝与其父文帝相比，不如其父成熟，为人心胸狭隘，有怨必报，听不得半点不同意见。早在为皇太子时，一次与吴王太子下棋，为争棋着用棋盘将对方打死。“吴王由是怨望，稍失藩臣礼，称疾不朝。”成为其后来发动叛乱的导火线之一。又如刘启曾与梁王刘武同乘一辆车入朝，到了宫殿的司马门却不下车，被担任公车令的张释之拦住，并以他俩不下司马门为大不敬罪，奏请皇帝依法处理。刘启便对此怀恨在心，继位后不久即把张释之降职。在这样的专制君主的统治下，周亚夫的命运可想而知。景帝尽管对周亚夫在平叛战争中拒不执行诏令一事心怀不满，但毕竟战争取得了胜利，使自己保住了皇位，最后还是提升有功的周亚夫为相。丞相一职在汉初的文武百官中权力最大，“掌丞天子，助理万机”，辅佐皇帝，总管政务。周亚夫不想做庸碌之辈，而想尽职尽责地干好本职工作。凡属于自己职责范围内的事，他从不推诿，敢于表达自己真实的想法，结果多次与皇帝的意见相左，造成皇权与相权的矛盾，最终还是皇权战胜了相权，周亚夫被加上谋反的罪名，身陷囹圄，含冤而死。

1965 年 8 月，在咸阳市东边 20 多公里的杨家湾汉长陵附近，农民们在平整土地的时候，发现了一些彩绘的陶俑。于是考古工作者马上进行了考古发掘，一共清理出来 11 个兵马俑坑。其中一个是车马坑，四个是立俑坑，六个是骑兵俑坑。出土的陶俑有：骑兵俑 583 个，各种人俑 1965 个，其中文官武士、舞乐杂役应有尽有。① 这批陶俑的数量之多、品类之全、在当时的秦汉考古发掘中是十分罕见的。

11 个兵马俑坑，从南到北，排列成两行，组成了一个完

① 《陕西省咸阳市杨家湾出土大批西汉彩绘陶俑》，《文物》1966 年第 2 期；《咸阳杨家湾汉墓发掘简报》，《文物》1977 年第 10 期。

整的军阵。车马坑的位置，在军阵前部的中央，象征着整个部队的指挥机关。其两侧有四个立俑坑，后边有两个骑兵俑坑围绕，构成了这个军阵的主要部分。另外的四个骑兵俑坑，单独形成一个骑兵群，位于整个军阵的后部。这种独特的阵容，很可能反映了西汉初期军队布阵的真实情况。文景时期，西汉王朝正由动荡走向安定，由离乱走向强盛，对外要防范匈奴南下侵扰，对内要平定各诸侯国的叛乱。这一组兵马俑坑，就是当时日益强大的西汉军队的真实写照，也是对周勃与周亚夫两位将军生前军事功劳的纪念。

陶俑中的步兵俑，身高 44 厘米～48 厘米，相当于真人的四分之一大小。他们身披各种黑色的铠甲，手拿彩绘的盾牌和其他武器，有的身上还背着箭囊。这些步兵俑一个个仪态端庄、气宇轩昂，反映了汉初士兵在外部的匈奴入侵者和内部的割据叛乱者面前，严阵以待、充满必胜信心的雄壮气概。

还有一部分立俑，身着红、绿、黄、白等各种颜色的服饰，有的在跳舞，有的在演奏，有的在指挥，他们大概是军中的鼓乐队，鼓动战士们在作战中奋勇杀敌，冲锋陷阵。另外，有极少数形体比较高大的立俑，衣着华丽，可能是军中的各级文官武将。

在这批兵马俑中，最引人注目的还是骑兵俑。这些骑俑连人带马高 50 厘米～68 厘米，也相当于真人真马的四分之一左右。这些陶俑制作精细，造型优美。战马的颜色有黑、红、紫、白四种，栩栩如生，有的安然站立，有的昂首嘶鸣。马上的骑士威武剽悍，他们一手举着武器，一手紧握着缰绳，好像正在准备向前冲杀。虽然骑兵俑的数量少于步兵俑，但他们的阵势却比步兵俑大得多。除了作为指挥机关的车马坑以外，在 10 个代表作战部队的俑坑中，骑兵就占了六个。这反映了西汉初期骑兵已经在军队编制上占有重要的地位。

在战国以前的战争中，长期使用的是以战车为主的军车编制。交战的双方，都要选择平坦的地势排列成整齐的车阵。作战时哪一方的车阵被打乱，就等于战败了。因为车阵一乱，很难再重新组织队伍继续交战。这样，往往一天或者几个小时就决定了一场战争的胜负。另外，战车比较笨重，一遇到复杂的地形就无法行走，大大限制了军队作战的机动性。大约到了战国时期，步兵逐渐取代了车战，与此同时，骑兵作为一个新的兵种开始出现。战国时的赵武灵王实行“胡服骑射”，就是学习北方游牧民族，穿短小紧身的衣服，骑马作战，这种改革曾经使赵国的军队强盛一时，在与其他国家的战争中处于有利的地位，也使赵国的国力有了很大的增强。

但是，在整个战国时期，军队仍然以战车和依附于战车的步兵为主要成分，骑兵的数量很少，作战时骑兵只能起辅助作用，执行一些像轻兵偷袭、迂回包抄、断敌粮道、追歼逃敌之类的机动作战任务。长平之战就是秦国用骑兵配合步兵击败赵国的著名战争。

秦王朝建立以后，这种以车战和步战为主的传统作战方式，还没有根本改变过来。从秦始皇兵马俑坑的布局来看，虽然已经有了一定数量的骑兵俑，整个军阵以步兵为主，战车仍有相当数量。根据文献记载，从西汉前期开始，军队编制和作战方式都发生了很大的变化。在咸阳杨家湾汉墓的兵马俑军阵中，战车已经失去了实战能力，只作为指挥机关所在，反而要受众多的骑兵和步兵的保护，骑兵俑却独立地组成了阵容庞大的骑兵阵。这说明当时骑兵已经完全取代车兵，开始成为主要的作战力量，在军事史上，这个转变具有划时代的意义。后来到汉武帝时期，就是依靠骑兵取得了对匈奴作战的辉煌胜利。

那么，拥有如此庞大阵容的兵马俑坑，究竟是为谁陪葬呢？根据北魏地理学家郦道元在《水经注》中记载，汉初著名军事将领周勃、周亚夫的墓葬，就在今天的杨家湾一带。在兵马俑陪葬坑的北面，有两座并列的大型汉墓，分别被称为杨家湾4号墓和5号墓。1970年到1976年，考古工作者发掘了这两座墓。从墓葬的位置、规模、年代以及随葬品的种类等方面来看，这两座墓的主人很可能就是周勃夫妇或周亚夫夫妇。因此，兵马俑陪葬坑应是为周勃或者周亚夫修建的。

周勃从跟随汉高祖刘邦在沛郡起义开始，南征北战，为西汉王朝的建立和巩固立下了汗马功劳，被封为绛侯，官至执掌全国兵权的太尉。刘邦死后，吕后掌权，引起了刘氏统治集团同吕氏统治集团的激烈斗争。周勃在关键时刻发挥了重要作用，率领军队平定了诸吕叛乱，又主持迎立了汉文帝，从此威震天下，被史书赞誉为“周勃安刘”。周勃的儿子周亚夫，也是一代名将。他以带兵有方、军纪严明而著称，曾经率领军队外御匈奴、内平吴楚七国之乱，被封为条侯，官拜太尉、丞相。所以，如此壮观的兵马俑军阵，陪葬在周勃或周亚夫墓的前面，正是他们生前戎马生涯、叱咤风云、平定内忧外患的雄壮军容的真实写照。

第九章

建立在文景之治基础上的汉武盛世

建立在文景之治基础上的西汉王朝，经过文景时期的苦心经营，政治、经济、文化、军事等均有了显著的发展，汉初社会出现的凋敝局面已有了较大改善。与此同时，文景之治时期实行的无为而治政策随着社会的发展，有些弊病已表现出来，也需要进行调整。于是在汉武帝即位以后，便放弃了无为而治的政策，实行有为而治，进行了重大改革。在这些改革措施中，有对文景时期政策进行调整的，也有进行重大改变的。经过调整与改革，汉王朝的国力有了很大的增强，繁荣富强的西汉盛世出现了。

第一节　汉武帝强化中央集权的措施

一、继续实行削藩政策

西汉社会经过汉初六七十年的发展，经济已经恢复。经过景帝时对七国之乱的平定，同姓诸侯王的势力大为削弱，汉武帝即位后，为了巩固大一统的国家，进一步加强专制主义中央集权，又进行了不懈努力。

公元前127年，中大夫主父偃向汉武帝建议："古者诸侯地不过百里，强弱之形易制。今诸侯或连城数十，地方千里，缓则骄奢，易为淫乱；急则阻其强而合纵以逆京师。今以法割削，则逆节萌起，前日晁错是也。今诸侯子弟或十数，而適嗣代立，余虽骨肉，无尺地之封，则仁孝之道不宣，愿陛下令诸侯得推恩分子弟，以地侯之。彼人人喜得所愿，上以德施，实分其国，必稍自销弱矣。”① 从而可以看出主父偃“推恩分子弟”之策乃是在总结了过去同诸侯王国斗争的历史经验基础上提出的。诸侯疆域过大，对汉朝廷总是个大威胁，“合纵以逆京师”的事件已经发生多起。若朝廷明以法削之，则易招致叛乱，晁错之削藩与吴、楚七国之乱这段历史便是明证。主父偃总结了这段历史的教训，又吸取了贾谊的“众建诸侯而少其力”的历史经验，而提出“推恩”之策，下遂诸侯子弟之愿，上获“德施”之名，而“实分其国”，这是一种不劳天子而使王国势力“自销弱”之法。汉武帝完全接受了主父偃的建议，于元朔二年颁下了推恩令：“梁王、城阳王亲慈同生，愿以邑分子弟，其许之。诸侯王请与子弟邑者，朕将亲览，使有列位焉。”可见，在这诏令未下之时，已有梁王、城阳王等事先承旨，请分子弟以邑了。诏令既下，“于是藩国始分，而子弟毕侯矣。”②

“推恩分子弟”的具体办法是：令诸侯自裂地分其子弟为“侯”，而不是“王”。同时对所分子弟，“汉为定制封号”。③ 而更重要的一点则是推恩所分之侯国，在管理上并不属于原来的诸侯王国，而是“别属汉郡”。④ 这一点实是推恩之法的要害所在。推恩分子弟的结果，不仅使王国分析，势力范围缩

① 《汉书》卷六十四上《主父偃传》。
② 《汉书》卷六《武帝纪》。
③ 《汉书》卷五十三《中山靖王刘胜传》。
④ 《汉书》卷五十三《中山靖王刘胜传》。

小，而且扩大了汉天子直接管理的地区。这个时期形势已是“燕、代无北边郡，吴、淮南、长沙无南边郡，齐、赵、梁、楚支郡名山陂海咸纳于汉。诸侯稍微，大国不过十余城，小侯不过数十里……而汉郡八九十，形错诸侯间，犬牙相临，秉其阨塞地利，强本干，弱枝叶之势，尊卑明而万事各得其所矣”。[①] 达到了削弱地方势力之目的。这时汉天子与地方诸侯王的地位“尊卑”才彻底分“明”。经过推恩分子弟为侯之后，中央集权比之以前显然是大为加强了。

汉武帝采纳了主父偃的建议，下“推恩令”，允许诸侯王推“私恩”，把王国土地户口的一部分给子弟为列侯，由皇帝制定这些侯国的名号。于是诸侯王多以分户邑封子孙，致使王国里不断分出由郡统辖的小侯国。一时诸王的子孙都得以成为列侯，各个诸侯国已经在实力上自行解体。随着汉武帝利用淮南王刘安和衡山王刘赐谋反一案，在元狩元年（公元前 122 年）下令逮捕他们的宾客党羽，牵连致死的达数万人。接着汉武帝颁布“左官律”和“附益之法”，规定王国官为“左官”，当时以“右”为上，其意等于宣示其等级低下，以明确歧视之意，从而压抑诸侯王属下官吏的地位，严惩服务于诸侯王的犯罪官吏，并且严格限制士人和诸侯王交游，又严禁朝臣外附诸侯王，限制诸侯王结党营私。

公元前 112 年，汉武帝借口列侯所献宗庙祭祀用的酎金分量和成色不足，于是“王削县，侯免国”。[②] 仅一次夺爵达 106 人。其他列侯因为其他原因而陆续失爵位的也不在少数。

① 《史记》卷十七《汉兴以来诸侯王年表》。

② 《汉书》卷六《武帝纪》如淳注引。

二、镇压地方豪强势力

在汉初无为而治的政治气氛下，地主阶级获得了更大的发展，尤其豪强地主势力最为猖獗。正如司马迁所说："当此之时，网疏而民富，役财骄溢，或至兼并豪党之徒，武断于乡曲。"① 这些兼并之徒，豪猾之民，多为自战国传下来的强宗巨族势力，其中也有新暴发户，"其并兼者，则陵横邦邑，桀健者，则雄张闾里。"② 他们勾结游侠，结为死党，成为地方上的恶霸集团，甚而左右地方政治，这就严重地阻碍着汉政府统一政令的贯彻与执行。因而这些强宗巨族和豪强地主便当然成为汉中央集权打击的对象。刘邦接受刘敬"强本弱末之术"，徙六国贵族及豪杰名家10余万口居关中。景帝时"济南瞯氏宗人三百余家，豪猾，二千石莫能制"，于是景帝拜中郎将郅都为济南太守，"至则诛瞯氏首恶，余皆股栗"。③ 又，"符离王孟，亦以侠称江、淮之间。是时，济南瞯氏、陈周肤亦以豪闻。景帝闻之，使尽诛此属。"长安宗室外戚多犯法，汉景帝派宁成加以严惩，使"宗室豪杰人皆惴恐"。④

至武帝时，则更加严厉打击豪强。《汉书·酷吏传》记载："武帝即位……（周阳）由居二千石中最为暴酷骄恣……所居郡必夷其豪。"又《义纵传》说："（义纵）为长陵及长安令，直法行治，不避贵戚，上（武帝）以为能，迁为河内都尉。至则族灭其豪穰氏之属，河内道不拾遗。"又《王温舒传》："（王温舒）迁为河内太守。素居广平时，皆知河内豪奸之家。及往

① 《史记》卷三十《平准书》。
② 《后汉书》卷七十七《酷吏列传》。
③ 《汉书》卷九十《酷吏传》。
④ 《汉书》卷九十《酷吏传》。

……捕郡中豪猾，相连坐千余家。上书请，大者至族，小者乃死，家尽没入偿臧。奏行不过二日，得可，事论报，至流血十余里。”

至昭、宣之世仍在继续打击豪强。宣帝时，赵广汉迁为颍川太守。郡中有“大姓原、褚宗族横恣，宾客犯为盗贼，前二千石莫能擒制。广汉既至数月，诛原、褚首恶，郡中震栗”[①]。

武、昭、宣三代，诛锄豪强不遗余力，武帝一朝尤甚，武帝设十三部刺史，以六条察事，六条之外则不加过问。六条中即有二条是直接涉及或间接涉及强宗豪右的。第一条所问即“强宗豪右田宅逾制，以强凌弱，以众暴寡”。第六条为“二千〔石〕违公下比，阿附豪强，通行货赂，割损正令”[②]。不仅直接打击豪强，而且限制官吏阿附豪强。经过严厉惩治，使“豪富莫必其族姓”,[③] 势力大减，而吏治亦为之一肃。中央集权大为加强。

惩治豪强巨族除了剪除一法外，还采取了迁徙分化措施。豪强久居一地，宗族亲党庞大，其社会势力盘根错节，构成了一个个横行乡里、为非作歹的恶霸集团。如琢郡大姓东高氏、西高氏，据《汉书·酷吏传》记载：“自郡吏以下皆畏避之，莫敢与牾。”汉武帝时便禁止强宗大姓族居，以迁徙之法分化瓦解其庞大的势力集团。《汉书·主父偃传》载：主父偃建议汉武帝说：“茂陵初立，天下豪杰兼并之家，乱众民，皆可徙茂陵，使实京师，外销奸猾，此所谓不诛而害除。”武帝完全接受了这个建议。元朔二年（公元前96年）“徙郡国吏民豪杰于茂

① 《汉书》卷七十六《赵广汉传》。

② 《汉书》卷十九《百官公卿表》。

③ 《盐铁论·国病》。

陵、云陵”。[1]

三、中朝的形成

西汉初期，出于对秦政偏失的纠正和由于特定政局的制约，皇权专制程度有所松动，丞相的权力有了很大的增加。其结果是相权在一定程度上牵制了君权的恣意专行，在一些事情的处理上，相与皇帝分庭抗礼。像汉武帝的丞相田蚡，是武帝的母亲王太后的同母弟弟，他推荐人做官，一次就有几十个，其中包括两千石级的大官吏。

汉武帝为了加强皇帝的权力，集权于中央，便针对这种情况，频繁更换丞相人选，侵夺丞相正常职权，甚至以行政过失加罪诛杀，因而汉武帝时期先后辅政的 12 位丞相中竟有五人不得善终，以至群臣视拜相为畏途。

与此同时，为了独断朝政，武帝又提高执掌出纳章奏的尚书署权力，设置令、丞、员官属，让尚书参与政务。同时选用一批低职官僚，如司马相如、吾丘寿王、主父偃、朱买臣等亲信，给予侍中、给事中等加官职称，这些人出入禁中与尚书共议军国大政，从而形成宫中的决策机构，史称“中朝”。中朝又称“内朝”。“大司马、左右前后将军、侍中、常侍、散骑，诸吏为中朝，丞相以下至六百石为外朝。”[2] 而原来以丞相为首的官僚系统称为“外朝”，则成为执行政务的机关，以至于外朝形成门前冷落车马稀的情况。

通过设置中朝，就剥夺了外朝大臣处理日常政务的权力，而由皇帝通过中朝机构直接行事。丞相府的权力大大削弱。

---

① 《汉书》卷六《武帝纪》。

② 《汉书》卷七十七《刘辅传》孟康注引曰。

四、罢黜百家，独尊儒术

随着经济的发展，国力的强大，武帝即位后以有为政治代替了无为政治，黄老无为而治被儒家的有为之治所代替。

武帝即位以后做的第一件事就是“罢黜百家”，是由卫绾提出的。但由于当时窦太后还在摄政，因此未能得到落实。直到汉武帝即位六年以后，儒学才得到了独尊的地位。

董仲舒是景武之际儒家在汉代的代表人物，公元前134年，他以贤良对策，受到汉武帝的赏识。董仲舒在《天人三策》中提出：思想统治也应遵循大一统的“常经通谊”，而“今师异道，人异论，百家殊方，指意不同，是以上亡以持一统”，于是他建议“诸不在六艺之科孔子之术者，皆绝其道，勿使并进”。[①] 董仲舒从理论上阐明尊崇儒学的思想统治原则，和汉武帝的思想一拍即合。武帝于是采取一系列措施，确立儒家的统治思想地位。

公元前136年，武帝设置儒学五经博士，同时罢免其他诸子学博士。把儒学之外的百家之学排斥出官学，史称“抑黜百家，表彰六经”。公元前124年，武帝下诏批准董仲舒、公孙弘的建议，在长安兴办太学，这是我国历史上最早的大学，“为博士官置弟子五十人”。命令天下郡国皆立学校官。儒学成为官学教育的主要内容。武帝还改革选官制度，规定博士弟子成绩优异者可任为郎官，吏有通一艺者可选拔担任重要职务，还打破常规起用布衣儒生公孙弘为丞相，此后“公卿大夫士吏彬彬多文学之士矣”。皇帝诏令和廷议中多称引儒家理论，司法过程中以《春秋》义例决狱。

实质上董仲舒的儒学思想已经和早期的儒家思想不完全一

① 《汉书》卷五十六《董仲舒传》。

样，也不是纯儒家思想，而是吸收了法家、阴阳家等各家学说。统一思想带有一定的综合倾向，因而获得了成功。尊儒兴学，把教育、考试和选官结合起来是武帝时代的创造，在客观上促成了重视知识、重视教育的社会风尚。儒家思想逐渐渗透到社会各方面，造就了中国传统文化的基本模式。

但汉武帝的这种文化政策，抑制了思想文化的正常发展，禁锢了思想界的探索精神，使本来在汉初形成的思想解放局面再一次受到严重打击，因此对于中国古代文化发展具有消极的作用。

五、设立十三州部刺史

汉武帝时设置十三州部刺史，即除了在全国统治中心三辅（京兆尹、左冯翊、右扶风）、三河（河南、河内、河东）和弘农郡以外，在全国设定13个监察区域，每州设部刺史一人，以监察地方政治，加强中央对地方的控制。

这十三州包括冀、青、兖、徐、扬、荆、豫、凉、幽、益、并、交趾、朔方。后又设置司隶校尉一职，负责督察三辅、三河、弘农郡，职权和部刺史相当。刺史的设置，使地方行政官员受到直接的监察，有利于西汉王朝的大政方针能够有效地在地方实施。刺史的职责为：刺史班宣，周行郡国，省察治状，黜陟能否，断治冤狱，以六条问事，非条所问，即不省。一条，强宗豪右田宅逾制，以强凌弱，以众暴寡。二条，两千石不奉诏书遵承典制，倍公向私，旁诏守利，侵渔百姓，聚敛为奸。三条，两千石不恤疑狱，风厉杀人，怒则任刑，喜则淫赏，烦扰刻暴，剥截黎元，为百姓所疾，山崩石裂，祆祥讹言。四条，两千石选署不平，苟阿所爱，蔽贤宠顽。五条，两千石子弟恃怙荣势，请托所监。六条，两千［石］违公下比，阿附豪强，通行货赂，割损政令也。[①] 六条之中，一条为直接监察豪强地主，其余五条为监察郡国守相不法行为。

当时的刺史没有固定治所，大多数时间住在京城，每年八月巡视所部郡国，考察吏治，监察豪强。其职级仅为六百石官，但为皇帝特派官员，因此位卑权重，秩位虽不高，出巡时却代表朝廷，拿着皇帝的尚方宝剑，能够决定这些大官的命运。既可以监察两千石的地方实力派官僚和王国相，也可以监督诸侯王。

六、实行察举制，改变用人制度

中国古代各王朝在开国之初，最高执政集团多由创业功臣构成，被称之为“功臣政治”，随后往往有功臣子弟集中从政并占据高位的情形，这就是所谓“功臣子政治”，此后才能够逐渐实现贤臣执政的所谓“贤臣政治”。到汉武帝时代完成了由“功臣政治”向“贤臣政治”的演变。

汉初，选用官吏大致有二途，一为来自军功。由于汉初的特殊情况，故在景帝前造成了“吏多军功”的局面。[②] 而军功吏多不谙于政事，对于日益发展的封建政治显然是愈来愈不适应。二是由郎官入仕。郎官之选是选拔官吏之一大来源。做郎官的途径可“以訾为郎”。景帝后二年（公元前 142 年）曾下诏曰：“今訾算十以上乃得宦，廉士算不必众。有市籍不得宦，朕甚愍之。訾算四得宦。”[③] 如张释之“以訾为骑郎，事孝文帝”。司马相如“以訾为郎，事孝景帝为武骑常侍”。还可以任子郎，当时规定：“吏二千石以上视事满三年，得任同产若子

① 《汉书》卷十九《百官公卿表》注引《汉官典职仪》。

② 《汉书》卷五《景帝纪》。

③ 《汉书》卷五《景帝纪》。

一人为郎。”汉初选官路子很狭窄，而且弊端甚多，使很多人才被排挤在仕途之外。

董仲舒在对策中指出：“夫长吏多出于郎中、中郎、吏二千石子弟，选郎吏又以訾，未必贤也。”再加上靠“积日累久”进升，就势必造成“［累］日以取贵，积久以致官，是以廉耻贸乱，贤不肖浑淆，未得其真”的结果。因而他提出：“小材虽累日，不离于小官；贤材虽未久，不害为辅佐……使诸列侯、郡守、二千石各择其吏民之贤者，岁贡各二人以给宿卫，且以观大臣之能；所贡贤者有赏，所贡不肖者有罚。夫如是，诸侯、吏二千石皆尽心于求贤，天下之士可得而官使也。……毋以日月为功，使诸列侯实试贤能为上，量材而授官，录德而定位，则廉耻殊路，贤不肖异处矣。”[①] 董仲舒提出改革选举制度，使朝廷能选得更多的而且是真正的有利于巩固封建统治的人才。汉初选举制度必须进行改革，到汉武帝时遂“有一个划时代的变动”。[②] 这时除继续执行前期的一些选官办法之外，便是确立了新的察举制度。

在武帝之前，汉虽曾有察举之事，但无固定的察举制度。高祖十一年（公元前 196 年），刘邦曾下诏征求“贤士大夫”。诏中说：“今吾以天之灵，贤士大夫定有天下，以为一家，……贤人已与我共平之矣，而不与吾共安利之，可乎？贤士大夫有肯从我游者，吾独尊显之。布告天下使明知朕意。御史大夫昌下相国，相国酂侯下诸侯王，御史中执法下郡守，其有意称明德者，必身劝，为之驾，遣诣相国府，署行、义、年。有而弗言，觉，免。年老癃病，勿遣。”[③] 这次举“贤士大夫”

① 《汉书》卷五十六《董仲舒传》。

② 劳干：《汉代察举考》，《历史语言研究所集刊》第十一本。

③ 《汉书》卷一《高帝纪》。

的标准是“行、义、年”，“与后察举偏重知识的完全不同”。[①]后惠帝四年（公元前191年）“举民孝悌力田者，复其身”。[②]文帝二年（公元前178年）和文帝十五年（公元前165年）两次下诏郡国“举贤良能直言极谏者”，[③] 这些还都是临时性的措施。察举形成一种选官制度，还是始自武帝。

武帝元光元年（公元前134年），“初令郡国举孝、廉各一人”。[④] 是年，又诏贤良对策。元光五年（公元前130年）又下令郡国“征吏民有明当时之务习先圣之术者，县次续食，令与计偕”。[⑤]“起徒步，数年至宰相封侯”的公孙弘就是这次应选对策后而列为举首的。诚然，察举制度初设，地方执行起来未必认真，再加制度本身尚待完善，故武帝元朔元年（公元前128年）又下诏严令郡国，察举势在必行，同时对制度做了一些补充规定。诏曰：“今或至阖郡而不荐一人，是化不下究，而积行之君子雍于上闻也。二千石官长纪纲人伦，将何以佐朕烛幽隐，劝元元……且进贤受上赏，蔽贤蒙显戮，古之道也。其与中二千石、礼官、博士议不举者罪。有司奏曰：……令二千石举孝廉……不举孝，不奉诏，当以不敬论；不察廉，不胜任也，当免。奏可。”[⑥] 这个诏书在汉代选举制度史上相当重要，自此之后，察举相沿而为定制。

察举科目以孝廉为主，且为常制。除了察举之外，武帝还用“征召”之法罗致人才。元狩六年（前117年）六月诏曰：

① 劳干：《汉代察举考》，《历史语言研究所集刊》第十七本。
② 《汉书》卷二《惠帝纪》。
③ 《汉书》卷四《文帝纪》。
④ 《汉书》卷六《武帝纪》。
⑤ 《汉书》卷六《武帝纪》。
⑥ 《汉书》卷六《武帝纪》。

"今遣博士大夫等六人，分循天下……举独行之君子，征诣行在所。"①

汉武帝开创了献策上书为郎的选官途径，在一定限度内欢迎批评政治的意见。一时四方人士上书言得失者多达千人，其中有些因此而取得了相当高的职位。田千秋就是因上书而成为大鸿胪，后又升为丞相。

中国古代选官制度的演进大体经过"世官制""察举制""科举制"三个阶段。汉文帝时已经有"贤良""孝廉"之选，指令中央官吏和地方官吏得从下级属吏、地主和部分自耕农人中选拔从政人员。不过当时既没有规定选举的确定期限，也没有规定各地方选举的人数，就是说这种选举形式当时尚没有成为完备的制度。汉武帝即位以后的第一年，就诏令中央和地方的主要行政长官"举贤良方正直言极谏之士"。六年以后，他又下诏策试贤良，特别是在这一年，明确规定了郡国必须选举的人数，"郡国举孝廉各一人"。著名学者劳干先生指出："汉武帝初令郡国举孝廉各一人的元光元年（公元前134年），是中国学术史和中国政治史的最可纪念的一年。这是因为这一诏令表现察举制度已经发展成为一种比较完备的仕进途径。"②

汉武帝还用征召的办法，对有治国之术的人授予官职。所征之人，不拘一格，凡有专长，或被皇帝看中，皆可随时征召。被征召者既有政治家、军事家、经济学家，还有文学家等。

汉武帝时期汉朝之所以强盛，与他笼络了一大批人才有极为密切的关系。正像《汉书·公孙卜式兒宽传》讲的："汉之得人，于兹为盛"，"儒雅则公孙弘、董仲舒、兒宽，笃行则石

① 《汉书》卷六《武帝纪》。

② 劳干：《汉代察举考》，《历史语言研究所集刊》第十七本。

建、石庆，质直则汲黯、卜式，推贤则韩安国、郑当时，定令则赵禹、张汤，文章则司马迁、相如，滑稽则东方朔、枚皋，应对则严助、朱买臣，历数则唐都、落下闳，协律则李延年，运筹则桑弘羊，奉使则张骞、苏武，将率则卫青、霍去病，受遗则霍光、金日磾（䃅），其余不可胜计，是以兴造功业，制度遗文，后世莫及。”

七、控制工商，垄断财力

由于汉武帝“外事征伐，内事兴作”，耗尽文景时期留下的府库积蓄。为解决危机，武帝在工商政策和货币政策上进行了重大变革。武帝之所以从工商业领域着手解决财政危机，是封建政权与富商大贾间经济矛盾发展的结果。汉初以来，推行黄老放任政策，工商业和商品经济迅速发展，富商大贾势力雄厚，他们兼并土地，经营山海渔盐，“上争帝王之利，下锢齐民之业”，控制了大量社会财富。封建政府和工商业矛盾日益激化，武帝推行一系列剥夺工商利益强化对工商业干预控制的法令政策就具有了必然性。

（一）统一铸币

公元前113年，下令“悉禁郡国毋铸钱，诸郡国前所铸钱皆废销之，输其铜三官”，[①] 专令上林三官负责铸五诛钱，因五诛钱重如其文，铸造精美，式样规整，盗铸不易获利，从而官府垄断了铸钱。自武帝铸五铢后直到三国南北朝时期，700年间基本延用不废，成为我国历史上行用最久的货币。

在汉武帝统治时期，曾进行过几次货币改革，改革的目的：一是制止私铸之伪币流通，二是从改币制中剥夺商人和贵族的财富，以增加政府财政收入。

---

① 《汉书》卷二十四《食货志》。

汉初货币由郡国铸造，也允许民间私铸。这样，不仅造成币制十分混乱，也给富商大贾以从中渔利的机会，许多诸侯国因铸币而助长其势力膨胀，形成对中央政权的严重威胁。为打击商贾造币营利，景帝中元六年（公元前144年）下令禁止民间私铸货币，“定铸钱伪黄金弃市律”。[①] 从此只准郡国铸币。

但在武帝即位后，民间私铸之货币仍未能完全禁止流通。为消除币制混乱，建元元年（公元前140年）西汉政府下令，废除通行的四铢钱，改行三铢钱。不久，又于建元五年（公元前136年）废三铢钱，恢复四铢钱。这时，西汉政府财政尚未出现危机，改革币制的目的在于改变币制的混乱状况。不过，这种改革并没有取得明显的效果。

自元光二年（公元前133年）西汉王朝与匈奴的长期战争爆发以后，货币的问题就显得更加突出：一方面是封建政府财政的日趋困难；另一方面是商人利用手中货币，或私铸伪币大发其财，加重了政府的财政危机。为了打击那些兼并之徒，西汉王朝又决定改币制：“更造钱币以澹用，而摧浮淫并兼之徒。”[②] 元狩四年（公元前119年）下诏曰“用度不足，请收银锡，造白金及皮币以足用”。[③] 同时，还令更铸三铢钱，并重申“盗铸诸金钱者罪皆死”。[④] 这里所说的“白金”即银，“皮币”就是以白鹿皮做币。王侯宗室朝觐聘享，必以皮币荐璧，然后得行，每块鹿皮“值四十万”。[⑤] 这一政策是相当巧妙的，中央不需成本，只需将禁苑中的白鹿，杀取其皮，加以

① 《汉书》卷五《景帝纪》。
② 《汉书》卷二十四《食货志》。
③ 《汉书》卷六《武帝纪》。
④ 《史记》卷三十《平准书》。
⑤ 《史记》卷三十《平准书》。

缘馈，即成。因王侯宗室朝觐聘享必用此物，只得向朝廷购买，只一块皮就值40万。这样，宗室贵族手中的金钱，便流入到中央政府之手了。不过，这次改币，并未能解决伪币的问题，而且币制更加混乱，除了三铢、四铢以外，白金及皮币也进入流通领域，这就更加增加了币制的混乱，尽管重申对“盗币”者处以死刑，仍不能有效地制止私铸。所以，上述命令发布不到一年，武帝又下令：郡国铸五铢钱，“周廓其质，令不可得摩取铅（溶）。”[1] 即铸有廓之钱，以防磨取铸沿或改铸。但这种办法仍不能禁止盗铸，据《汉书·食货志》记载：“自造白金、五铢钱后五岁，而赦吏民坐盗铸金钱死者数十万人，其不发觉相杀者，不计胜计。”可见，西汉政府的改革，只是部分地达到了收罗王侯宗室金钱的目的，并没有解决“盗铸”的问题，因而并没有达到打击商贾的目的。

彻底解决币制的问题，是在元鼎年间，汉武帝下决心由中央垄断铸币权。元鼎四年（公元前113年）汉王朝在中央政府设水衡都尉，下属有均输、钟官和辨铜三官。这是一个铸钱的专门机构，将全国铸币的原料铜搜集起来运往中央，统一铸造。同年直令禁止郡国做币，“废天下诸钱，而专令水衡三官作”，[2] 并“输其铜入三官”。[3]

这次改革是比较彻底的。首先，中央收回铸币权，垄断了货币的铸造，并将铜材置于中央统一管制之下，这就使货币的伪铸失去了原料，从根本上制止了伪钱的泛滥。

其次，这次改革规定，非三官钱不得行，而三官钱的币值与重量相符“重如其文”，这是一种较重要的，也是较进步的

---

① 《汉书》卷二十四《食货志》。

② 《盐铁论·错币》。

③ 《史记》卷三十《平准书》。

措施。因在入汉以来历次币制改革中，其通行货币之币值与实际重量均不一致，如高帝时之榆荚钱，高后时的八铢钱，文景时的四铢钱以及武帝的四铢钱等，其文皆为半两，而实际重量都是不足的，这就为盗铸钱的地方豪强和富商大贾提供了便利条件。币值的实际重量一致，无疑是对伪造货币的富商大贾的沉重打击。

另外，由政府铸造的三官钱，工艺水平、铸造技术有很大的提高，工序也比较复杂，这就使伪造者不易造成，往往“计其费不能相当”，[①] 反而得不偿失。盗铸者自然减少。近年，陕西省文物保护中心对上林三官铸钱遗址进行了调查和发掘，获得了大量西汉钱范。从这些钱范实物可以看出，其铸造技术和工序确比以往之钱币铸造要复杂得多。[②] 证明文献记载是准确的。

元鼎四年西汉政府所进行的币制改革，终于取得了对豪强地主、富商大贾私铸钱的斗争胜利，从此三官五铢钱通行于世，盗铸者和伪铸基本绝迹。中央政府控制了铸币权，从一个侧面稳定了财政，从而加强了中央集权。

（二）盐铁官营和均输平准政策

汉初，盐铁任私人经营，国家仅设官收税，不问其余。特别是文帝以后，对盐铁经营采取放任政策，“纵民得铸钱冶铁煮盐”。[③] 于是富商大贾、豪强地主往往占有山海，或采矿冶铁，或煮盐制盐，一家冶铁或煮盐使用的“至僮千人”。[④] 他

---

① 《汉书》卷二十四《食货志》。

② 《汉钟官铸钱遗址》，文物出版社，2004 年版。

③ 《盐铁论·错币》。

④ 《史记》卷一百二十九《货殖列传》。

们“专山泽之饶”[①]，垄断了对国计民生有重要影响的产业部门，有的因而“富至巨万”，有的“与王者埒富”。他们“连车骑、游诸侯”，不仅影响中央财政收入，而且成为割据势力的社会经济基础。直到汉武帝时，蜀卓氏、程郑氏均以从事冶铁“拟于人君”，宛孔氏、鲁曹邴氏、齐刁间均以“冶铸”，或“渔盐商贾”“家致富数千金”，以致“富数千万”。[②] 为解决财政危机，西汉政府决定从这些大商人手中夺回财富。

元狩四年（公元前119年）由当时的大司农颜异属下的大农丞东郭咸阳和孔仅“领盐铁事”，他们同当时还是侍中的桑弘羊共同筹划管理盐铁之事。东郭咸阳和孔仅乃是大盐铁商人出身，桑弘羊也是“洛阳贾人之子，以心计（即不用筹算）”。[③] 这三人“言利事析秋毫矣”，他们当然深知垄断盐铁的重要，经过一段时间的斟酌，在元狩五年（公元前118年）通过大司农颜异向皇帝提出了一个盐铁官营的计划。这个计划的要点是：

1. 将煮盐、冶铁之事均收归政府管理，所得收入，以补充赋税。

2. “愿募民自给费，因官器作鬻盐、官与牢盆。”[④] 就是由官府招募盐户，主要费用由他们自己负担，政府给他们煮盐的器具和一定的生活费用。这样，煮盐自然由政府垄断。

3. “敢私铸铁器鬻盐者，钛左趾，没入器物。”[⑤] 即严禁私自铸铁、煮盐。

---

① 《盐铁论·禁耕》。
② 《史记》卷一百二十九《货殖列传》。
③ 《史记》卷一百二十九《货殖列传》。
④ 《汉书》卷二十四《食货志》。
⑤ 《汉书》卷二十四《食货志》。

4. “郡不出铁者置小铁官。”[①] 管理铁器的专卖事宜。

盐铁专营的计划一提出，就遭到许多人反对，那些依靠盐铁发家的“浮食之民”反对政府专卖，自然不在话下，连许多朝臣和知识分子“贤良文学”也纷纷反对。像董仲舒和司马迁这样的人也认为这是与“民”争利，抱以否定态度。尽管对盐铁官营的争论一直继续到武帝死后的昭帝时期，但在当时，汉武帝的态度是十分明确的，毅然决然批准这一计划。并于元狩六年（公元前 117 年）派孔仅与东郭咸阳到全国各产盐铁地，选用家产富裕又对铁、盐之事有经验的人任盐、铁官，建立专卖机关，前后任命盐铁官和建立盐铁专卖机关，计全国共有盐官 36 处、铁官 48 处。这样从北至南、从东到西均设置了盐铁官，全国的盐、铁生产和销售均控制在政府手里了。

由于盐铁官营使盐铁的生产规模空前扩大，如在河南巩县发现的西汉冶铁遗址，其面积有 21000 多平方米，有 18 座冶铁炉，又有一座熔炉，一火化锻炉，据推算这一铁官冶炼的铁，累计产量达 2600 多吨。[②] 冶铁的技术也有空前提高，据专家断定“西汉的冶炼生铁技术，这是我国封建社会前期冶铁技术发展的一个高峰”，[③] 这与官营当有密切的关系。

当然，最重要的结果是：自盐铁官营后，西汉政府取得了大宗的收入，剥夺了大盐铁商人的财源，不仅增强了西汉中央政府对经济的控制，而且直接解决了当时国家所需的部分经费。“当此之时，四方征暴乱，车甲之费，克获之赏，以亿万计，皆赡大司农。”[④] 盐铁官营使政府收到了预期的效果，在

---

① 《汉书》卷二十四《食货志》。

② 河南文化局文物工作队：《巩县生铁沟》，文物出版社，1962 年版。

③ 杨宽：《中国古代冶铁技术发展史》，上海人民出版社，1982 年版。

④ 《盐铁论·轻重》。

实行盐铁官营的同时，西汉政府又推行均输平准政策。

均输法实行较早，在元鼎二年（公元前115年）即开始试办，不过，那时范围较小。至元封元年（公元前110年）理财家桑弘羊“为治粟都尉，领大农”，总管全国财经大权，得到武帝批准在全国推行均输、平准法，据《汉书·食货志》记载：“桑弘羊以诸官各自市，相与争，物以故腾跃，而天下赋输，或不偿其僦费，乃请置大农部丞数十人，分部主郡国。各往往置均输盐铁官，令远方各以其物如异时，商贾所转贩者为赋，而相灌输。置平准于京师，都受天下委输。召工官治车诸器，皆仰给大农，大农诸官，尽笼天下之货物，贵则卖之，贱则买之。如此，富商大贾无所牟大利，则反本，而万物不得腾跃。故抑天下之物，名曰‘平准’。”对于这段文字，许多人的理解是不相同的。不过，其主要意思是清楚的，即：

1. 政府各部门在市场上争购物品，致使物价昂贵，而各地向京师上缴之贡赋，由于路远，运来的物品尚不够运费。

2. 为解决上述问题，置大农部丞数十人，分主郡国，各县设盐铁均输官，令农民将旧日商贾用做贩卖的东西，拿来作赋，地方官吏，也得以交换或买卖方式，收购各类物品。这不仅调剂了中央政府各部门所需要的物品，也调剂了道路远近和运输难易的情形。简单地说，就是调剂运输，即“均输”。

这一套以国家机关代替商人的办法，乃是从商人手中夺利的性质，因此立即得到武帝的批准。

盐铁垄断、均输、平准三大政策，在桑弘羊任治粟都尉，领大农的元封元年（公元前110年）得到全国贯彻，成为一套完整的经济措施。这套措施在推行后不久，就有了显著成效，不仅打击了商贾的投机，而且解决了政府的财政困难。正像桑弘羊后来说的：“往者财用不足，战士或不得禄，而山东被灾，齐赵大饥，赖均输之蓄，仓廪之积，战士以奉，饥民以赈。”[①]因这都是从商贾手中夺来的利，故“民不益赋，而天下用饶”。[②] 皇帝的赏赐，战争的费用“皆仰大农。大农以均输调盐铁助赋，故能澹之”。[③]

还应当提出：均输、平准和盐铁垄断，也给一般人民带来许多不便。由于政府委派的官吏经营管理不善，政府所造之产品往往质量低劣。均输平准也不一定达到制止物价“腾跃”的目的，“轻贾奸吏，收贱而取贵，未见准之平也。”[④] 这正是官商必然出现的弊病。

（三）“算缗”和“告缗”

为了打击富商大贾和高利贷者的经济势力，增加政府收入，元狩四年（公元前119年）西汉政府颁布了算缗和告缗令。

所谓“算缗”就是向工商者征税，其主要内容是：

据《汉书·食货志》记载：凡“诸贾人、末作、贳贷、买卖、居邑、贮积诸物，及商以取利者，虽无市籍，各以其物自占，率缗钱二千而一算”，这是说对商人及高利贷者收取营业税，先让仓储自己估计财产上报，然后每二千钱收一算。

“诸作有租及铸（《集解》引如淳曰：以手工所作而卖之者）率缗钱四千一算。”[⑤] 这是对手工业者收的营业税，每四千钱收一算。

“非吏比者，三老、北边骑骑士、轺车一算，商贾人轺车

① 《盐铁论·力耕》。
② 《史记》卷三十《平准书》。
③ 《汉书》卷二十四《食货志》。
④ 《盐铁论·本议》。
⑤ 《汉书》卷二十四《食货志》。

二算。船五丈以上一算。”[1]这是对有车、船的（官吏除外）收的车船税。

“匿不自占，占不悉，戍边一岁，没入缗钱”，“有能告者，以其半畀之。”[2] 这就是说：不如实呈报者要受到制裁，有揭发者，以所得之财产一半作为揭发者的奖赏，这就是“告缗”。另外，还重申禁止商人占有土地，违者没收。

以上就是“算缗”的主要内容，以及由“算缗”而产生的“告缗”规定。

“算缗”“告缗”之法公布后，自然又遭到许多人非议。不过，当时汉王朝正处于财政危机时期，“汉大兴兵，伐匈奴。山东水旱，贫民流徙，皆仰给县官，县官空虚”，[3] 急需钱财。所以，汉武帝不顾任何反对，坚持推行此法。尤其强调“告缗”，鼓励人们告发。元狩六年（公元前 117 年）令杨可专掌“告缗”之事，为西汉政府搜刮财富，向富商大贾发动进攻。

杨可初掌“告缗”事，曾受到有名的“酷吏”右内史义纵反对，“以为此乱民，部吏捕其为可使者。”[4] 对此，汉武帝毫不留情，以“废格沮事”罪，处义纵以“弃市”。从此，朝廷内外无人再敢表示异议了。于是“告缗”之风便在全国大兴。

至元鼎二年（公元前 115 年）已经是“杨可告缗遍天下”了。结果是“中家以上，大抵皆遇害”，朝廷“乃分遣御史、廷尉正，监分曹往，即治郡国缗钱。得民财物以亿计，奴婢以千万数。田，大县数百顷，宅亦如之。于是商贾中家以上大抵

① 《汉书》卷二十四《食货志》。
② 《汉书》卷二十四《食货志》。
③ 《汉书》卷五十九《张汤传》。
④ 《汉书》卷九十《酷吏传》。

破”。[1] 由“告缗”而使西汉政府从富商“中家以上”的手中夺得一部分财产。这些财产对于缓和当时的西汉政府的财政危机无疑是有重要作用的。

汉武帝的有关经济政策，在当时曾引起过激烈的争论，反对派指责这些政策是导致民间疾苦的主要原因，呼吁予以废止。汉昭帝始元六年（公元前 81 年），曾经作为汉武帝经济改革实际主持者的御史大夫桑弘羊等与郡国所举贤良、文学就有关施政方向进行辩论。贤良文学力主罢盐铁、均输官等新经济政策，以为这些政策的实质是与民争利。桑弘羊等仍然认为这些政策扩大了政府的财源，是抗击匈奴、消除边患的经济保证，同时这些经济改革的形式有益于民生，执意不同意废止。这次辩论后出了一本集子叫《盐铁论》。

上述在经济方面实行的措施，缓解了武帝内外兴作造成的财政危机，在经济上巩固了专制主义中央集权制度，在满足统治集团奢侈消费的同时，也支持了对匈奴的反击战争。但从社会经济发展的角度看，武帝以强权干预经济，浸夺民间工商之利，严重摧残了当时正在发展的封建商品经济，并为后世封建王朝推行抑商政策提供了样板。

汉武帝为加强中央集权所采取的一系列措施，是为他实行有为之治服务的，也确实达到了预期的效果，有了强大的中央集权，才可以保证汉武帝的各项政策落到实处。

① 《汉书》卷二十四《食货志》。

第二节　汉武帝时期与周边民族的关系

一、对匈奴的战争取得了决定性的胜利

秦朝灭亡，中原战乱，一度北退的匈奴又趁机越过蒙恬修筑的长城进入中原边界，其时冒顿立为单于，势力庞大，灭掉周围小民族，辖区东起辽东，西至西域，南括河套与燕代边为界，有控弦之士30万众。

高祖六年（公元前200年），韩王信降匈奴，领兵南侵。次年高祖御驾亲征，领兵32万北击匈奴，冒顿佯败，为诱兵之计。高祖轻敌，骑兵冒进追击，大队步兵没能跟上，被冒顿40万骑兵围于平城附近白登山上七日之久，几陷绝境，最后陈平派人贿赂阏氏（单于正妻），请她劝单于退兵，冒顿也因原先约定的韩王信的部队未能按时到来，汉朝援兵陆续抵达，遂解围而去。经过这次交锋，高祖明白难以用武力征服匈奴，遂采纳刘敬建议，实行和亲。高祖九年（公元前197年），刘敬奉宗室女以公主名义，嫁给单于，结好匈奴。惠帝、文帝、景帝都先后送公主远嫁匈奴。除此而外，汉朝每年还向匈奴纳贡黄金等贵重物品。

但和亲不能带来永远的安宁，相反却助长了匈奴的气焰和贪欲，匈奴仍不时入侵中原。公元前127年，匈奴入侵，汉武帝命卫青率数万大军从云中沿黄河北岸迅速向西北挺进，一举攻占军事要塞高阙，切断了占据河南的匈奴白羊王、楼烦王所部与匈奴王廷间的联系。随后卫青率军又沿黄河西进，直下陇西，完成了对白羊王、楼烦王所部的战略包围。匈奴在河南的防务全线崩溃之后，白羊王、楼烦王只得率残部逃出塞外。卫青以收复河南的战功，被封为长平侯。

丧失河南的匈奴贵族又连年率部袭扰汉边境。公元前124年，汉武帝又派卫青出击匈奴，北出边塞六七百里，奔袭匈奴右贤王部成功。这次战役的胜利，确保了朔方郡的安全，又切断匈奴单于主力与占据河西地区的休屠王、浑邪王所部的联系。

公元前121年，骠骑将军霍去病率领汉军远征，自陇西出兵，过焉支山，西北行千里，数战数捷，缴获匈奴休屠王祭天金人。同年夏季，又从北地出走，逾居延海，南下祁连山，孤军辗转两千余里，斩杀敌人32000余人，俘虏匈奴贵族59人，官吏63人，沉重地打击了匈奴右部。匈奴西部地区连受打击，浑邪王、休屠王在西方的统治无法维持。单于又怪罪他们，匈奴贵族内部分裂，浑邪王率4万人降汉。汉政府把他们安置在陇西、北地、上郡、朔方、云中五郡，称为“五属国”。这次战役后，汉先后在这里置武威、酒泉、张掖、敦煌四郡，历史上称为“河西四郡”，并向那里移民，实行屯田，从而确保了中央政府对西域地区的统治。从此打开了汉通西域的道路，使我国的疆域第一次扩大到了西域地区，奠定了西汉以后我国西北疆域的基础。

汉王朝对匈奴作战的连续胜利，使得西北边境上的威胁基本解除。然而匈奴活动于汉王朝北边东部的左贤王的军队始终没有遭受到沉重的打击，仍然在右北平、定襄诸郡侵扰边地。而且匈奴主力退居大漠以北，以其飘忽若飞、出没无常的高度机动性，依然威胁着汉王朝北部边疆的正常农耕生活。公元前119年，汉武帝又发动了远征匈奴的大规模的战略大决战，使用了10万骑兵。卫青率军从定襄出发，向北直进一千余里，战胜匈奴伊稚斜单于的主力。霍去病率军从东路代郡出发，轻装疾进，长驱二千余里，在大漠击溃匈奴左贤王的主力，进军至狼居胥山。

这次战役的胜利，使汉王朝在与匈奴的军力对比上占有了优势。匈奴在军队主力以及人畜资产受到严重损失的情况下，继续向北远遁，形成了漠南无王庭的形势。汉军占领了从朔方至张掖、居延间的大片土地，保障了河西走廊的安全。此后相当长的一段时间，匈奴已无力向汉王朝发动大规模的军事进攻。汉与匈奴的重心地域，也由东而西转移到西域方向。

霍去病曾六次出击匈奴，屡建奇功。汉武帝要为他修治宅第，他谢绝道："匈奴未灭，何以家为？"公元前117年，这位功勋卓著的青年将领病逝，享年不足30岁。他的墓建在汉武帝茂陵的西边不远处，即现在的茂陵博物馆所在地。墓园中有不少石刻，如马踏匈奴等，是目前所发现的中国最早的石刻艺术作品。

二、张骞两次出使西域，打通了丝绸之路

公元前139年，汉中人张骞应募率众100余人出使西域。他出使西域的目的就是要联合西域的大月氏，来共同对付匈奴的进攻。结果途中被匈奴人拘禁，历时10年左右方得逃脱。于是西越葱岭，经大宛、康居，到达大月氏。张骞东返，途中又被匈奴俘获，扣留一年多，于元朔三年（公元前126年）回到长安。张骞出使西域，以前后13年的艰难困苦为代价，使中原人得到了前所未闻的、丰富的西域知识，同时使汉王朝的声威和汉文化的影响传播到了当时中原人世界观中的西极之地。

汉军击破匈奴，打通河西通道以后，公元前119年张骞再次奉使西行，其目的是试图招引乌孙东归，这一目的虽然没有实现，但是通过此行，加强了汉王朝和西域各国的联系。此后，汉与西域的通使往来十分频繁，民间商贾也得到发展。

此后，汉王朝还曾派赵破奴、李广利等西征，取得了胜

利，在楼兰、渠犁、轮台等地屯田，并设校尉管理。汉宣帝时任命郑吉为西域都护，从此以后汉在西域的统治完全确立，汉对西域有权册封国王。

张骞的两次出使西域，不但加强了西域与内地的政治、经济与文化联系，更重要的是，这条丝绸之路影响深远，使中国之名远播于中亚、西亚和欧洲，扩大了中国在当时世界的影响，也使当时的欧洲人、西亚人、中亚人知道在遥远的东方还有一个伟大的国家。

三、与南越国的关系

在南越地区，原南海郡尉赵佗，乘秦亡之机，割据南海、桂林、象郡，自立为南越武王。西汉建立后，汉高祖于公元前196年遣陆贾为使者，立赵佗为南越王。吕后时由于“禁南越关市铁器”，赵佗乘机断绝和西汉的臣属关系，自尊号为南越武帝，发兵攻打长沙边邑。文帝即位后，对赵佗采取拉拢政策，并派陆贾劝说赵佗取消帝号，赵佗废帝号称王。

汉武帝时，派使者宣谕南越王赵兴和王太后入朝。丞相吕嘉不同意，并起兵杀赵兴、王太后及汉使，立建德为王。前112年，汉武帝派卫青、路博德为伏波将军，主爵都尉杨仆为楼船将军，分路进击，会师番禺。第二年灭南越，并将南越故地分设为九郡。从此后东南沿海地区与内地的联系更加密切。

南越国王赵鄴的墓葬已于1983年被发现，在广州市内越秀公园对面，该墓未被盗掘，因而其墓葬随葬品极为丰富。墓中出土大量玉器、青铜器、铁器和“文帝行玺”龙纽金印等八枚印章，其中，“文帝行玺”是目前所见最大的一枚西汉金印，同时又是考古发掘出土的唯一一枚帝印。此墓出土文物数千件，包括宴乐用器、饮食用器、衣冠服饰、车马帷帐、弓矢甲胄、玉帛及玩赏之物，尤以玉器和青铜器居多。其中不少珍品不仅为广东所首见，在全国也是不可多得的。后在该遗址上建立了西汉南越王墓遗址博物馆。近几年又在附近发现了南越王的宫苑遗址，保存情况较好。目前，广州市政府正努力将南越王的各个遗迹联合申报“世界文化遗产”。

汉武帝一生通过南征北战，奠定了现代中国辽阔疆域的初步基础，大大提高了汉朝的国力。正如张维华先生在《论汉武帝》一书中指出的：汉朝“是当时世界上最强大的国家”。汉王朝以一个世界性的帝国屹立于世界的东方就是从汉武帝时期开始的。

第三节　汉武帝晚年的社会危机与昭宣中兴

汉武帝晚年年老体衰，往往精神恍惚，甚至有时出现幻觉，加之大兴土木，对外用兵，劳民伤财，“始征伐四夷，师出三十余年，天下户口减半”，“海内虚耗”。导致大量流民出现，爆发了不少的农民起义。

一、汉武帝的穷奢极欲

造成西汉政府财政危机的另一个原因，是汉武帝个人的好大喜功和穷奢极欲的生活，挥霍掉大量的资财，浪费无数的劳动力。

如果我们把秦始皇与汉武帝进行对比的话，就会发现汉武帝在许多方面与秦始皇如出一辙。两个人都有好大喜功的特点，都一样的迷信鬼神。因此，同秦始皇生前一样，汉武帝也一直在追求长生不老之药，崇信方士，迷信神仙。他一生听信了许多巫女和方士，如李少君和齐人少翁、栾大和公孙卿等，每次虽均被骗，但事后仍不悔改。甚至将自己的女儿也嫁与栾大。对这些方士的话，汉武帝深信不疑，不惜耗费巨资，如拜少翁为文成将军，“赏赐甚多”，封栾大为乐通侯，“赐列侯甲第，僮千人。……又以卫长公主妻之。资金万斤。”[①] 至于封禅，求“天马”[②] 所耗费的人力、物力更是不计其数。

汉武帝一生和秦始皇一样，大造特造离宫别馆，建筑壮丽宫室及亭台楼榭，供其腐朽生活享用。如元鼎二年（公元前115年）春，“起柏梁台，作承露盘，高二十丈，大七围，以铜为之……宫室之修，自此日盛”；[③] 元封二年（公元前109年）又在长安做飞廉、桂馆，甘泉作益寿、延寿馆，又做通天台。这些建筑不仅是出于迷信思想，为“招来神仙之属”，而且也供武帝享乐。太初元年（公元前104年）又在长安城之西营造规模空前的建章宫，“度为千门万户。前殿度高未央，其东则风阙，高二十余丈，其西则商中，数十里虎圈，其北治大池，渐台高二十余丈，名曰太液，池中有蓬莱、方丈、瀛洲、壶梁，像海中神山龟鱼之属，其南有玉堂璧门大鸟之属。立神明台，井干楼，高五十丈，辇道相属焉。”[④] 此外，在元狩三年（公元前120年）和元鼎二年（公元前115年）两次做昆明池“乃大修昆明池，列馆环之”，[⑤] 也是耗费甚巨的工程。在这些宫室苑囿中，陈设着无数珍宝，养着珍禽异兽和奇花异草，“明珠、文甲、通犀、翠羽之珍，盈于后宫；蒲梢、龙文、鱼目、汗血之马，充于黄门；巨象、狮子、猛犬、大雀之群，食于外囿；殊方异物，四面而至。”“兴造甲乙之帐，落以随珠

① 《史记》卷二十八《封禅书》。
② 《汉书》卷二十二《礼乐志》。
③ 《汉书》卷二十五《郊祀志》。
④ 《汉书》卷二十五《郊祀志》。
⑤ 《汉书》卷二十四《食货志》。

和璧，天子负黼衣，袭翠被，冯玉几，而处其中。”[1]在这富丽堂皇的宫殿中，汉武帝过着荒淫腐朽的生活，这都是需要有大量财富才够他挥霍的。

汉武帝不仅生前生活奢侈，而且也为其死后修建了庞大的陵园，即位于今天兴平市的茂陵。他的陵墓是西汉帝陵中最大的，据记载，由于他在世时间长，直到他死以前，墓葬中的随葬品已放不下了。可见厚葬制度在武帝时期已达到登峰造极的地步，据《晋书·索琳传》记载：当时汉王朝用于帝王陵墓的修建费用占去中央财政收入的三分之一。当然造成了巨大的浪费，也必然引起人们的不满。

一方面，由于武帝“外事征伐，内事兴作”，耗费了巨量的资财，出现了财政危机。另一方面，工商业主却“专巨海之富，擅鱼盐之利”，[2] 有的竟能“富数千万”，他们不仅与封建国家分利，而且在政治上也有影响，有许多富商利用财富交通王侯，成为一方之冠。“大者倾郡、中者倾肢、下者倾乡里者，不可胜数。”[3] 这些富商大贾拥有的财富，不仅用以剥削贫民，而且使贵族、官僚也不得不向他们“低首仰给”，他们“冶铸煮盐，财或累万金，而不佐国家之急，黎民重困”。[4] 这就使西汉政府的财政危机陷于严重的境地。

二、巫蛊之祸

这是发生于汉武帝统治晚期的一场激烈的政治风暴。其导火线是有人在利用汉武帝与太子刘据之间的矛盾。其结果造成

① 《汉书》卷九十六《西域传》。
② 《盐铁论·刺权》。
③ 《史记》卷一百二十九《货殖列传》。
④ 《史记》卷三十《平准书》。

西汉王朝的政治危机，极大地削弱了汉王朝的统治基础，加速了西汉王朝的灭亡。

刘据是一个有才能的太子，对于武帝晚年的施政有意见。在这种特殊的政治背景下，具有相当敏锐的政治嗅觉，又有投机之心、受到汉武帝信任并赋予重要权力的大臣江充，便利用汉武帝父子政治倾向不同的矛盾，制造了太子宫中埋木人行“巫蛊”的冤案。江充本来是赵王的门客，他得罪了赵王，逃到长安，揭发密告了赵王儿子的许多隐私，使赵王太子被废，而江充则受到汉武帝的信任。汉武帝把他任命为绣衣使者，这种官吏有很大的权势，是专门监督大臣和贵戚行为的一个特殊官职，只要他说哪一个官员有问题，马上就会被治罪。

江充在巫蛊之祸以前，就在长安捉了许多老百姓，用烧红的铁钳烙人等办法逼供，使他们承认用巫蛊诅咒皇帝，犯了大逆不道之罪。一些有仇的人也互相告发，长安成了一座大监狱，先后被冤死的达好几万人。

巫蛊本是民间出于迷信，以为可以加害于人的一种巫术。汉时传说，使许多毒虫互相吞食，最后剩下的不死的毒虫叫“蛊”，可以用来放在食物里害人，使人陷入病患。而巫蛊就是用迷信、虚妄的东西迷惑人。武帝时代所通行的巫蛊之术的形式，大致是用桐木削制成仇人的形象，有的插刺铁针，埋入地下，用恶语诅咒，以为能够使对方罹祸。武帝时代巫术大盛，当武帝晚年病重时，迷信思想特别严重。因此江充就编造谎言，说汉武帝得病的原因是由于“巫蛊”，于是武帝任命江充为使者治“巫蛊”之狱。江充率领胡巫掘地寻找偶人，江充为了达到自己的目的，往往出于阴暗心理，有意指使胡巫伪造现场，从而诬陷无辜。江充利用搜查巫蛊的权力，向汉武帝报告“宫中有蛊气”，先陷害了一批已经失宠的嫔妃，然后步步深入，把矛头对准太子和皇后，在皇宫中掘地三尺。巫蛊之祸就是胡巫受江充之命，在调查皇后宫和太子宫时有意制造冤案，编造在皇宫中发现了桐木人。

太子刘据听到这个消息，也吓坏了，他知道自己若被安上了这个罪名，一场大祸是躲不掉的，当时汉武帝正在甘泉宫休养，刘据欲向汉武帝解释，但被江充缠住不放。不得已才听了少傅石德劝说太子的话，举兵反抗。石德说前丞相公孙贺父子及两位公主都因此遇害，现今胡巫与使者掘地得到物证，不知是巫人特意，还是本来就有，已经无以自明。石德用秦太子扶苏的悲剧警告刘据，处于极端被动境地的刘据于是终于下决心起兵杀江充，动员数万市民与政府军战于长安城中。当时在甘泉宫休养的汉武帝命令严厉镇压太子军，紧闭城门，不许反者逃走。他迅速回到长安，驻扎于城西建章宫，颁布诏书，调发三辅地区邻近的军队，亲自进行现场指挥。

太子军与政府军在长安城大战五日，死者数万人。刘据最终兵败，出城东逃，后在追捕中自杀。事件过了八个月后，汉武帝才清醒过来，连忙派人将巫蛊之祸重新调查，结果发现自己果然上了江充的当。于是专门为太子建了思子台，表示悔过，并且开始调整其统治政策。

三、轮台诏

巫蛊之祸后，“巫蛊”冤情逐渐显现于世，汉武帝知道太子起兵只是由于惶恐而已，并没有其他的意图，接受了一些臣下的劝谏，内心有所悔悟。他命令族灭江充家，并且肃清了江充的同党。在刘据去世的地方筑起思子宫与归来望思之台，以表示对太子刘据的哀念。

与此同时，汉武帝利用汉王朝西域远征军作战失利的时机，下决心实行政策的转变。公元前 87 年，他公开宣布：“朕即位以来，所为狂悖，使天下愁若，不可追悔，自今事有伤害百姓，糜费天下者，悉罢之。”于是正式颁布了被誉为“仁圣之所悔”的轮台诏，深陈既往之悔，从而否定了部分朝臣主张将西域战争继续升级的计划，表示要“禁苛暴，止擅赋，为本农”,[①] 把工作重心转移到安定生产、恢复经济方面来。同时又封丞相田千秋为富民侯，以表明使百姓得以“休息”。

汉武帝晚年的政策转变，对缓和阶级矛盾和恢复社会经济有重大意义，这是他有“亡秦之失而免亡秦之祸”的重要原因，也是他在政治上比秦始皇高明的地方。由于这一政策的转变，使西汉王朝得以继续统治下去，没有重蹈秦快速灭亡的覆辙。

四、霍光辅政与“昭宣中兴”

当汉武帝病重以后，立刘弗陵为太子，年八岁。以霍光为大司马大将军，金日磾为骑将军，太仆上官桀为左将军，搜粟都尉桑弘羊为御史大夫，同受遗诏辅少主，而政事壹决于霍光。这时上官桀、桑弘羊对此安排不满，燕王旦以昭帝兄自居，也心怀不满，于是他们通谋，准备杀掉霍光、立燕王旦为皇帝。不料阴谋被发觉，于是霍光尽诛上官桀、桑弘羊家族，燕王旦自杀。昭帝将一切政事委托霍光。

昭帝死，无嗣，迎立武帝孙昌邑王贺即位。行淫乱，霍光欲废贺，便召集群臣，迎立武帝曾孙戾太子孙刘洵，是为宣帝。

霍光虽称“不学无术，谙于大理”，然而当武帝托孤，他能毅然拥立幼主而摧灭逆党，稳镇朝纲，使不致酿成内乱，这还是应该肯定的，尤其应当指出的是霍光虽擅权，使昭宣帝为傀儡，然而霍光却能秉承武帝哀痛之诏，不扰民，与民休息，

---

① 《史记》卷二十八《封禅书》。

使社会趋于稳定，经济继续发展。究其实，这种局面的出现与霍光的施政有直接关系。

昭宣时期由于实行与民休息的政策，重视发展生产，减轻赋税徭役，因而这一时期出现了开明政治的现象，使一度中衰的西汉王朝又趋兴盛，史称昭宣中兴。

从昭宣中兴以后，西汉王朝便开始走向衰败。

参考文献

司马迁：《史记》，中华书局，1959 年版。

班固：《汉书》，中华书局，1962 年版。

孙星衍等辑、周天游点校：《汉官六种》，中华书局，1990 年版。

马非百：《盐铁论简注》，中华书局，1984 年版。

何清谷：《三辅黄图集释》，中华书局，2005 年版。

吕思勉：《秦汉史》，上海古籍出版社，1983 年版。

林剑鸣：《秦史稿》，上海人民出版社，1981 年版。

钱穆：《秦汉史》，台湾东大图书公司，1992 年版。

林剑鸣：《秦汉史》，上海人民出版社，1989 年版。

田昌五、安作璋：《秦汉史》，人民出版社，1993 年版。

翦伯赞：《秦汉史》，北京大学出版社，1983 年版。

林剑鸣等：《秦汉社会文明》，西北大学出版社，1985 年版。

安作璋、熊铁基：《秦汉官制史稿》，齐鲁书社，1984 年版。

熊铁基：《秦汉新道家》，上海人民出版社，2001 年版。

黄留珠：《秦汉仕进制度》，西北大学出版社，1985 年版。

孙玉良：《西汉文景盛世》，河南人民出版社，1998 年版。

徐复观：《两汉思想史》，华东师范大学出版社，2001 年版。

李玉福：《秦汉制度史论》，山东大学出版社，2002 年版。

〔英〕崔瑞德、鲁惟一编，杨品泉等译：《剑桥中国秦汉史》，中国社会科学出版社，1992 年版。
金春峰：《汉代思想史》，中国社会科学出版社，1987 年版。
祝瑞开：《两汉思想史》，上海古籍出版社，1989 年版。
孔庆明：《秦汉法律史》，陕西人民出版社，1992 年版。
刘庆柱：《西汉十一陵》，陕西人民出版社，1987 年版。
黄留珠、周天游：《陕西通史·秦汉史》，陕西师范大学出版社，1998 年版。
黄留珠：《汉武帝》，西安出版社，2003 年版。
熊铁基：《秦汉军事制度史》，广西人民出版社，1990 年版。
钱剑夫：《秦汉货币史稿》，湖北人民出版社，1986 年版。
黄今言：《秦汉经济史论考》，中国社会科学出版社，2000 年版。
黄今言：《秦汉商品经济研究》，人民出版社，2005 年版。
杨育坤：《广润集》，陕西人民出版社，2003 年版。
杨生民：《汉武帝传》，人民出版社，2001 年版。
廖伯源：《秦汉史论丛》，（台湾）五南图书出版公司，2003 年版。
刘庆柱：《古代都城与帝陵考古学研究》，科学出版社，2000 年出版。
王学理：《中国汉阳陵彩俑》，陕西旅游出版社，1992 年版。
陕西省考古研究所编：《汉阳陵》，重庆出版社，2001 年版。

后 记

文景之治的出现，是由于汉初的统治者能够吸取秦快速灭亡的教训，实行一系列改革措施才形成的。今天我们再回味这段历史，对于现今社会是有好处的。文景二帝都是历史上比较贤明的君主，在汉高祖既定方针的基础上，励精图治，颁行了一系列利国利民的政策，使西汉王朝较快地发展和强盛起来，使社会呈现出一派政治安定、经济繁荣的兴旺景象。从而形成了中国封建社会的第一个盛世，史称文景之治。认真剖析文景之治的治国方略，对于我们吸取历史精华，总结经验教训，促进经济发展和社会进步，无疑大有裨益。这也是我写这本书的根本目的。

文景之治的表现主要体现在：首先文景两帝以农为本、轻徭薄赋。通过一系列措施，减轻了人民的负担，激发了农民的积极性，促进了农业的发展。我国是一个以农业为主的国家，但由于农村的基础薄弱，发展一直很落后。目前出现的三农问题已经严重影响到我国社会发展的大局，如果不解决好这个问题，我们国家的发展就会受到很大的影响和制约。中共中央已经深刻认识到这一问题的重要性，在十五届三中全会政治报告中指出：我国 12 亿多人口，9 亿在农村，这是我国的基本国情，农村工作是关系改革开放和现代化建设全局的重大问题。没有农村的稳定就没有全国的稳定，没有农民的小康就没有全国人民的小康，没有农业的现代化也就没有整个国民经济的现代化。因此，必须采取一系列措施，积极解决三农问题，减轻农民负担，将政策向农村倾斜，使农民真正富起来，没有农民的富裕，国家是强大不起来的。

其次广开言路、虚心纳谏。汉文帝在治国上能广开言路，虚心纳谏，听取臣民的声音，纠正自己的错误。从而巩固和加强了西汉王朝的统治。

再次，重视立法、身体力行与依法治国。汉文帝要求大小官吏执行法律，以法办事。汉文帝自己也带头遵守法律，成为历史佳话。关于这一点，在前面的书中有大量的论述。新中国成立以后，党和政府认识到应该效法历史上的法制和西方的法制国家，制定了一些法律。改革开放以来，全国人大更是颁布了很多重要法律，使法律建设初具规模。但在执行中仍然会出现这样那样的问题，有法不依、违法不究等现象经常会出现。说明我们的不少领导干部并未能做到依法治国。

最后，提倡节俭。汉文帝生活十分节俭。他在位 23 年中，宫室、园林、服饰、车马、玩物等都没有增加。死后还要求丧事一切从简。这种精神确实值得我们现在的领导好好学习。目前党中央国务院提出了节俭过日子的号召，说明我们国家的能源有限，为了可持续发展，必须节约能源。

文景之治对汉初社会发展的作用是巨大的，使一个“自天子不能具钧驷，而将相或乘牛车”的烂摊子变为“汉兴七十余年之间，国家无事，非遇水旱之灾，民则人给家足，都鄙廪庾皆满，而府库余货财。京师之钱累巨万，贯朽而不可校。太仓之粟陈陈相因，充溢露积于外，至腐败不可食。众庶街巷有马，阡陌之间成群”的繁荣景象。这就是当时实行无为而治的积极作用。

打铁先要本身硬。古代皇帝能够做到的，我们没有理由做不到。如果这本书出版以后，能够引起各级领导的注意，起到一点作用，我的目的也就达到了。

读史使人明智，也帮助人学会做事。中华五千年的文明史，既有不断进步的方面，也有落后和退步的方面，通过总结历史经验教训，达到教化育人的目的，这是历史工作者责无旁贷的职责。

笔者之所以能够完成这部小书，得益于史学界的同仁，我在写作过程中参考了不少同仁的研究成果，特向这些学者表示诚挚的谢意。在本书即将出版之际，我要感谢丛书编委会让我来写这本书，也要感谢我的博士生导师朱士光先生，他审查了本书的目录，提出很好的意见，并鼓励我完成写作。我的硕士生导师何清谷教授审阅了全稿，并提出了很好的修改意见，在此深表谢意。还要感谢西安出版社的责任编辑邰亚建女士，她为本书提出了很多好的建议，付出了艰辛的劳动。还要感谢我的研究生丁晓雯和方原，为我整理材料、校稿。最后我要感谢我的夫人曹西雅，她不但操持了家务，还抽空帮忙为我录入。